《世界500强高效管理笔记》

管理不是为了管人，而是为了做事

李博恩 ◎ 著

中国商业出版社

图书在版编目（CIP）数据

管理不是为了管人，而是为了做事 / 李博恩著. —北京：中国商业出版社，2018.7

（世界500强高效管理笔记）

ISBN 978-7-5208-0465-3

Ⅰ. ①管… Ⅱ. ①李… Ⅲ. ①企业管理 Ⅳ. ①F272

中国版本图书馆CIP数据核字（2018）第148701号

责任编辑：唐伟荣

中国商业出版社出版发行
010-63180647　www.c-cbook.com
（100053　北京广安门内报国寺1号）
新华书店经销
北京彩虹伟业印刷有限公司印刷
*
710×1000毫米　1/16　16.5印张　220千字
2018年8月第1版　2018年8月第1次印刷
定价：48.00元

* * *

（如有印装质量问题可更换）

前　言

　　管理工作纷繁复杂，许多领导者常常会迷失方向，或者不得要领，结果陷入到忙乱的工作状态中，效率低下。穿透管理的迷雾，领导者必须跳出"管人"的误区，明确"管理不是为了管人，而是为了做事"。

　　大家都知道，如果一个管理者陷入人事的纷争，为了管人而管人，势必舍本逐末，忘记了管理的初衷是什么。显然，高效管理的根本目的是为了解决问题，推进工作计划，达到预期市场效果。

　　在管理中追求行动结果、强调办事效率，就能有效推动组织目标的实现。按照这种理念从事管理工作，就会减少不必要的人事纠葛，把复杂问题简单处理，充分发掘员工的最大潜能……总之，追求做事的结果是一条永恒的管理法则，就是管理的灵魂、管理的实质。

　　作为一名管理者，为了实现成功管理，在日常管理的每个时刻都要树立这样一个信念：放弃管人的欲望，追求做事的效果。因为事情本来再简单不过，复杂的是你的思想，是你对事的态度，是你处理问题的方法。就像原本可以直奔行动的结果、办事的主题，却偏偏有的人陷入到利益的纷争、人事的误区中，结果把简单的问题复杂化，最终降低了管理的效率。

　　比如，一个部门在工作中是否尽善尽美，真正有意义的是最后的市场结果。在向现代企业转变的过程中，企业的各个部门，尤其是人力资源部门必须要将那种惟经理马首是瞻的行为方式转变为以工作的结果为导向的工作方式。在人力资本越来越重要的今天，人力资源部门在整个执行过程中处于至关重要的位置。如果人力资源部门的这种转变进展缓慢就可能导致整个企业战略的流产。

轻人情、重结果是世界500强企业高效管理的经验总结。在制度、纪律面前追求做事的效果，让团队运行更有效率，这实际上是在回归管理的真谛。本书系统而全面地介绍了高效管理的结果导向模式，同时也注意了理论与实践的充分结合。书中集合了无数成功人士的智慧和经验，相信对广大管理者将大有裨益。

目　录

第01章　超越管理误区，激活企业效益

领导者要超越管理误区　002
注意管理中的官僚主义　003
管得好的企业没有激动人心的事　007
执行问题没有商量的余地　009
管理者实施管理的根本就是协调　014
树立细节管理观念　017
唤起员工的竞争意识　020
将责任种在脑袋里　023
没有谁是不可替代的　026
以工作业绩作为提拔员工的标准　029

第02章　一切管理工作都要以结果为导向

以结果为导向的人力资源管理　034
鼓励员工做到最好　038
设立简单、明确和统一的目标　040

目标也是最大的激励 044
管理者不作太多决策，只作重大决策 047
着眼于结果，树立绩效意识 050
少说"我"，多说"我们" 053
改变环境不如改变自己 055
不问做了什么，只问结果如何 058

第03章 合理选拔、使用人才是成事的关键

选人才事业兴，选奴才事业衰 064
拿出淘金的精神去挖人才 066
决不可用朽木去造大船 068
用人需把握平衡互补之道 072
培养人才是一种战略性投资 074
留住公司里的关键员工 076

第04章 按流程办事让公司运营更高效

学习力是最活跃的管理力 080
困境中突破"瓶颈" 083
采取具体途径领导变革 086
处理危机的"九大黄金法则" 088
独具一格，别出心裁 091
实行渐进式的创新 093
走强强联手之路 097
以身作则，使下属自觉追随 101
该出手时就出手 104
一手放松，一手抓紧 107

第 05 章　抓落实：确保每项工作执行到人

像小公司一样行动　114
做正确的事比正确地做事更重要　117
拆毁所有阻碍沟通和找出好办法的"高墙"　121
只有偏执狂才能成就大事　125
永远不要坐着不动　127

第 06 章　团队培训：提升员工执行力是根本

确立长期的人才培养计划　134
员工培训，从更新观念开始　139
保证培训成果的转化是关键　143
岗位再培训同样重要　145
让员工通过培训实现自我提高　148
边干边学，言传身教　150
把继续学习看成是工作需要　151

第 07 章　细节管到位，事情才能做到位

对待员工要将心比心　156
无为而治是管理的最高境界　160
"心"动才能行动　163
爱员工等于爱自己　169
一个都不能少　174
告诉每个人"你很重要"　178
用最简单的方式打动人　184
一碗水要端平，因人而管　189

第08章　管理的艺术：把握好松与紧的尺度

不要让指令成为一纸空文　198
正确看待下属没有完成任务的情况　201
以紧盯的方式让员工产生紧迫感　204
必要时刻，也应适度责惩　207
通过协调，使"松""紧"平衡　210

第09章　简单寓言里的管理智慧

重复就是渗透　216
最有效的工具是团队章程　217
专注于结果，不要探究过程　220
简单是一种方法　223
挖墙脚是夺取优秀人才的捷径　225
容人，容可容之人　228
关心从一件小事开始　230
为工作自豪，哪怕是在擦地板　232
不要忘了与员工共享　234
让员工产生拥有感　238
"精简高效"在行动上要下狠斧　240
耐心地倾听　242
多余的管理层级必须摒弃　246
除了老婆和孩子不能变外，其他一切都要变　247
竞争，时刻都要在刀下讨生活　252

第 01 章

超越管理误区，激活企业效益

领导者要超越管理误区

要解决管理的误区,首先是思维不能陷入误区。我们知道,管理是一项非常复杂的工作,各个企业都有自己的管理误区,突破了就会成功。对于企业管理者而言,管理是头等大事。或者说把管理如何做得条理清楚、程序明确、上下一致,是其管理重点。但是一名优秀的企业管理者应该懂得怎样在实际工作之外培养自己的管理思维,怎样才能把平时的积累化为自己的思维能力,这就是所谓"超越管理误区"。

超越管理误区,是作为一名企业管理者在工作上不可或缺的能力,许多成功的企业管理者往往具备这一才能,并赢得了大家的赞誉。超越管理,不是越权,而是在自己工作方法上、思维上的超越,在自己工作精神上、素质上的超越。企业管理者掌握了这一点,工作会更轻松、更挥洒自如。

超越管理误区,看起来比较抽象,但却最具意义。这个成功地管理部属的法则,就是要开阔胸襟、放开眼光,多在工作环节上动脑筋,多在工作之外寻求一些补充自我营养的"佐料",多方面地充实自我与磨炼自己。例如:多数企业会将工作详细分类,每一种工作有其一定的实行方针,由于规定得过于详尽,执行者难免会囿于它的方法,将它当成工作的目的,反而忽略了工作本身更大的意义,而这也就是身陷管理误区的结果。那么,是否可以找到一条捷径,把管理进行得清楚明了呢?

要确实做到超越管理误区,首先就是要扩展你的视野,其方法如下:

一是与企业以外的人尽可能多地接触,聆听他们的意见。

二是多阅读书籍,参加讲习会、听演讲等。

三是多与同事及部属闲谈。

总之,一个心胸狭窄、视野短浅的人必无法成为成功的企业管理者。

国家有百年大计，企业的经营同样也需要高瞻远瞩，而不是一味地迁就现实。

企业管理者比别人的高明之处应在于：能够及时发现一项工作在什么环节中出现了障碍，而且导致这个障碍产生的原因是什么，是由于以前的工作思路所致，还是工作的条框太多？是由于安排的工作方法欠妥当，还是有人不能胜任？诸如此类的问题一定要弄个水落石出，才能超越管理误区，真正把工作做得出色。

企业管理者要避免陷入管理误区，也要在自身的思维、方法上多下些功夫，真正做到"换脑筋、想办法、干实事"，不能死钻牛角尖。只有开通的大脑，没有呆板的工作。关键要看你是否能想个明白，尤其是在新的竞争环境里，你更应该想明白管理的一些具体方法，并以此激活企业效益。

注意管理中的官僚主义

一些国家在管理上存在严重的官僚主义，国家内等级制度森严，一级管一级的审批制度多如牛毛，在处理问题上不但繁琐复杂，还会在同一个问题上浪费许多不必要的时间。同理，在一些企业里也存在严重威胁效益的因素，那就是企业内高度发展的官僚体制。而层级审批制度正是现代企业发展的脚镣。

层级审批制度曾经一度被奉为组织信条和行之有效的方法，而在现代经济中已经开始扼杀企业本身的发展，企业被官僚主义吹毛求疵的正式审核制度弄得喘不过气来，不但延误决策，还打击了生产者的积极性。

官僚制的管理目标在于使整个组织系统维持谐调运行。而那些审查预算及大部分经营决策的"精英官僚"，正是一些企业策略的规划者。他们为审查提案而举行的会议，无论是研究企业产品的新定价方法还是审查创新设计的产品，都必须遵照规定的程序和步骤。一旦提案的创意通过了这种层层考验，通常它的最佳商业机会也已经错过了。

官僚主义的管理体制本身就包含着一些非理性成分。从这个意义上讲，"官僚制"与"官僚主义"的界限难以划分，正是官僚制滋生养育了官僚主义。一旦企业产生了广泛的、过度的官僚体制，便会使企业成员丧失掉创造激情。可以说，官僚主义日益威胁着企业的前途、命运。

杰克·韦尔奇说，我们要让公司的各个阶层对官僚充满仇恨。官僚主义必须受到清除，必须排斥……我们的每时每刻都要与官僚作风作斗争，我们要粉碎官僚机构，使我们的机构保持纯洁、清新和自由。即使官僚作风在通用公司内部已经基本上被清除了，但我们也应该保持警惕——有时候甚至是一种猜忌，请原谅我用这个词——因为官僚倾向是人性的一部分，是容易滋生蔓延的，它就像人的天性一样，瞬间就可能占满你的思想。官僚使人感到压抑，使人不分主次，限制人们的梦想，使整个企业停滞不前。

美国的企业之所以在上世纪 70 年代和 80 年代之交受到了挑战，不单单是因为其他国家开发出了某些更伟大的技术，更重要的是因为它们向美国的管理技能发出了挑战。在这种新的竞争形势中，公司成败的决定因素最主要在于管理能力，而官僚主义却在时时刻刻侵蚀着这种管理能力。

在杰克·韦尔奇接手通用电气公司之前，处于瘫痪边缘的通用电气公司普遍存在着这样的问题。通用电气公司所跨行业广泛，几乎每个人都可以算是经理。在通用电气公司的 40 万名雇员中，有 2.5 万人具有"经理"这个头衔。这些经理中有 500 名是高级经理，130 名是副总裁或处于更高的地位。在"管理"方面，这帮管理人员除了审查下级的活动之外几乎什么也不做。从理论上讲，为了保证企业沿着正确的道路前进，这种审查是必不可少的。但实际上，经理人要耗费过多的时间填写日常表格，将自己的计划汇报给上级经理，而不是自己动手实施。

通用电气公司的管理结构一度被形容为像一个雕刻精细、层层相叠的结婚蛋糕。比如事业部主管必须要向资深副总裁汇报工作，资深副总裁按规定向执行副总裁汇报工作，然后向总裁汇报，最后才到集团总裁的办公室。

韦尔奇认为，像通用这样的大公司要在竞争越来越激烈的全球市场中生存，就必须改变大公司般的行动和思考模式，破除企业内部的官僚主义。它应该学会轻巧、灵活，并开始以小公司的角度来思考。

上台伊始，韦尔奇便精简了组织层次。例如，精简后的通用电气公司重型燃汽轮机制造基地，全厂有2000多名职工，年销售收入达20多亿美元。全厂由一位总经理负责，他下面只有几位生产线经理，如叶片生产线、装配线、调试线等，每个生产线经理直接面对100多名工人。没有班组长，也没有工长、领班，更没有任何副职。又如飞机发动机公司，从1990年开始，把厂长以下的各级组织全部取消，把协调人员、技术人员、市场销售、质量控制和供应人员与生产工人混在一起，自愿组成若干业务小组，每组20～50人，选举产生组长，自我管理整个生产工序，实行自我控制。

他还简化了企业内部官僚制的层层审批制度，在企业领导的设置上，从公司到产业集团直至基层，都采用上层的副职担任下一层次的正职的办法，每个人只向一个上级报告工作，因而层层有职、有责、有权，避免了多头领导，做到了决策迅速、办事效率提高。每一个产业集团的主要负责人都是公司的高级副总裁，而产业集团的副职都是产业集团某一主要部门的负责人，分管一个主要部门的工作。这样的干部设置既保证了产业集团一级负责人参与公司一级事务的讨论、决策，了解公司的工作目标和战略思想，以便更好地贯彻公司的总体战略，也使公司可以更好地了解下面的情况和意见，便于正确决策。这样的机构设置人人职责明确，避免了下级向上级的多头汇报和越级汇报，以及上级越级干预下面工作而产生的混乱。

在这种思想的指导下，通用电气公司由一个"肥型"组织机构的大企业转变为"瘦型"组织机构的大企业，业务流程更加顺畅了。

"瘦型"组织机构的大企业较之"肥型"组织机构的大企业有很多优势：

首先，"瘦型"组织机构的大企业有更好的沟通。没有官僚体制的啰啰嗦嗦，听的人同时也在说；因为人比较少，他们通常也更能认识和了解彼此。

其次，"瘦型"组织机构的大企业行动较快。它们清楚在市场上犹豫不决的代价。

再次，"瘦型"组织机构的大企业里有较少的层级和粉饰，领导者的表现会清楚地显露出来，他们的表现和影响大家都很清楚。

最后，"瘦型"组织机构的大企业的内部耗损比较少。它们只花较少的时间在无穷无尽的审察、认可、打通关节及文件上。人较少，因此只做重要的事。

对于一些规模比较大或内部官僚严重的企业，不妨试着破除内部的官僚主义，精简企业内部层次，打造一个全新的轻巧型企业，让企业轻装上阵。

"官僚主义"者的特性表现为：喜欢夸夸其谈，不负责任，喜欢推诿扯皮等等，他们不喜欢躬亲力行、做最基础的调研考察，而是喜欢高谈阔论。"官僚主义"存在的地方，享受主义横行，信息不通，决策拖延，工作没有激情，肌体没有活力。"官僚主义"就像病毒，侵蚀了企业的每一寸肌肤，如果不及时医治改正，那也许将发展成不治的顽疾！在官僚主义盛行的企业组织中，过多的阶层阻拦和横向条块的分割使得组织内部的信息交接和沟通出现了障碍。命令的贯彻和任务的执行不断弱化，最终的误差使执行远远偏离了预定轨道，这就造成了企业高层与基层严重的脱节，以至于矛盾丛生。最可怕的是,官僚主义作风不是明显能看出来的,没有高度的事业心、责任心,以及敏锐的洞察力,就只能任由这种风气滋生蔓延开来。

每个企业都想要快速发展并保持健康而稳定,那就不应该给自己任何理由无视"官僚主义"的存在,必须要坚决杜绝"官僚主义"作风,因为"官僚主义"是损害并毁灭企业的"隐形杀手"。

做人也忌有"官僚主义"。这里所说的"官僚主义"是指这个人做事我行我素、独断专行,以自我为中心。现在社会上这样的人大有人在。

管得好的企业没有激动人心的事

企业管理得好,就不会有更多出人意料的事发生,没有意外就不会引起骚动。

1985年3月的一天,某钻井队工人接班执行起钻施工作业。井架工小金和往常一样,佩戴好安全带,小心谨慎地爬上了井架二层台,开始了紧张的作业。突然听得"啊呀"一声,原来,当钻具起到31柱的时候,小金一不小心踩空了,非常危险。幸运的是,安全带把他倒挂在了井架的横梁上。同事马上报告给了井队领导。闻听此消息后,井队领导立即组织人员爬上井架,采用了多种手段和措施,终于将小金安全解救下来。

现在,小金已调到一家重型机械厂的保卫科,并被提升为安全科副科长,他对安全工作的要求极其严格,态度非常认真。每当有同事马虎大意或对安全事项掉以轻心,认为没什么大不了时,小金便会告诉他:当年就是一根看似无用的安全带救了自己的性命,如果当时不系牢安全带,他就不能站在这里和大家说话了。

小金的危险经历告诉人们,加强安全管理,提高员工的自我保护意识和自我防范意识是极其重要的。

杜拉克认为，没有安全就没有效益，没有效益就没有稳定。管得好的企业，员工就会严格按照要求去做，不会因为麻痹大意而造成事故。下面这件事就是因为企业管理松散造成的严重后果。

2003年12月23日21时57分，重庆开县高桥镇罗家寨发生了在国内乃至世界气井井喷史上罕见的特大井喷事故。这次事故中累计有2.6万多人硫化氢中毒，其中有243人死于硫化氢中毒、6.5万多人被紧急疏散撤离，造成直接经济损失9200多万元。

事故责任调查结果表明，定向井服务中心工程师、罗家16H井现场负责人王建东没有严格执行相关规章制度，违章卸下了原钻具组合中的回压阀，否则井喷事故就不会发生；钻井队井控管理人员宋涛如果能坚持原则，不违章执行王建东卸下回压阀的决定，就不会埋下事故的隐患；钻井队队长、井队井控工作第一责任人吴斌如果对一系列违规行为监督到位，在发现违规拆卸回压阀的情况后能够及时采取纠正措施，这一重大隐患也能得以及时控制和消除；钻井12队副司钻向一明如果严格执行操作规程，在起钻中及时灌注钻井液，井下液柱压力就不会下降进而导致事故发生；录井工肖先素如果在发现向一明严重违章操作后及时报告，还能够在最后时刻对这一重大安全隐患进行补救；分管安全工作的川东钻探公司副经理、总工程师吴华如果能够正确认识当时的情况，不做对有毒气体尽快实施点火燃烧的决定，这次事故也就不会进一步恶化。

杜拉克说过："一份工作所需要的资源与工作本身并没有太大关系，一件事情被膨胀出来的重要性和复杂性与完成这件事所耗费的资源成正比。"也就是说，一件事情由于管理不善造成资源的额外付出是很难估量的。

杜拉克之所以说管理得好的工厂没有任何激动人心的事件发生，是因为：管理得好的企业用不着表面上轰轰烈烈的誓师大会，"无志之人常立志"，那些"心中无数决心大"的誓师大会对于提高管理的有效性并没有任何本质上的帮助。那些在突发事件中表现英勇的人和事的确激动人心，但企业需要的不是英雄人物，也不表现在对他们大张旗鼓的表彰上，而是要扎扎实实建立避免发生这类突发事件的机制。管得好的企业没有突发的意外事件，因此就很难有英雄人物出现。

那些激动人心的英雄事迹往往是由于管理的缺陷造就的。如果是细化管理、严格执行，那就不需要英雄。

企业管理是一种平静的、连续性的工作，可以这样比喻管理，它就像一条细小而永不枯竭的河流，虽不汹涌澎湃，但却源远流长。企业管理本来就是枯燥乏味的，企业的战略执行、产品质量、市场销售等工作，都是以日复一日、年复一年的日常形态而存在的，假如这些管理工作只在本月轰轰烈烈的运动中有效，而下一个月却因为被忽视而失效，那其就不能够成为持续性的日常形态，管理也就会成为时断时续的、杂乱的管理，企业就不会实现长远的目标。

企业管理是科学的东西，讲究的是责任明确、各负其责，它必须要面向绩效和结果负责。没有效率和绩效的企业不可能造就持续性的成功。企业管理需要的是扎扎实实地做好工作。企业生存需要的不是多少英勇事迹，而是靠一点一滴地下功夫。

执行问题没有商量的余地

杰克·韦尔奇说："我们杜绝将资源浪费在行政体系上的做法，摒弃所有仅有美丽外壳的计划与预算。"

没有哪一个企业不希望自己的公司永葆青春、充满激情。让我们回首历史，看看一些有名的企业是如何做到这些的。GE是我们耳熟能详的超级企业，100多年前它曾和十几家公司一起成为了道琼斯指数股。然而100多年后的今天，那十几家公司中也只有GE仍然是道琼斯指数股。是什么使 GE 能够基业长青？原因有很多，但无疑，卓越的企业执行力在其中起到了举足轻重的作用。

GE 执行力的有力推动者之一就是韦尔奇。韦尔奇有过一个著名的领导者 4E 公式：有很强的精力；能够激励别人实现共同目标；有决断力，能够对是与非的问题作出坚决的回答和处理；最后，能坚持不懈地实施并实现他们的承诺，也就是执行。

韦尔奇在《赢》一书中这样写道：

其他三个"E"我们总是能轻易地明白，第四个"E"也好像是水到渠成，但是好些年以来，其实我们在 GE 只关注到了前三个"E"。很多人以为，能具有前三个"E"的品质的人就已经相当好了。也因此，我们选拔出了数百名员工，并把他们归结为前三个类型。然后，很多人走上了管理岗位。

想想那个时候，我经常会去参加一些业务会议和一些管理论坛，同行的还有 GE 负责人力资源管理的老板比尔·康纳狄。在评议会上，我们经常会查看一些管理者的资料，那上面有每一位经理人的照片、他的老板所做的业绩评定。另外，每个人的名字上都画有三个圈，分别代表上面的一个"E"。这些圆圈会被涂上一定面积的颜色，以代表该员工在相应的指标上所展示出来的实力。例如，有的人在"活力"上面可能得到半个圈，在"激励"上面得到一个圈，在"决断力"上面得到 1/4 个圈。

在对上面这些人进行了考察之后，我们从中西部地区乘坐飞机出发，飞回总部。比尔一页页翻看着那些厚厚的"很有潜力"的员工的资料，发现它们大都有三个被涂满的圆圈。于是，比尔转向我说："你知道，杰克，他们都是这样的出色，但我能肯定，我们肯定遗漏了某些重要的指标。"他说："实际上，通过调查，他们中一些人的成绩并不是很好。"

被我们遗漏的东西正是执行力。

结果显而易见。你能拥有奋斗的激情，懂得如何去感染每一个人，能够不断进步，有出色的分析能力，还能够作出坚决的判断，但你可能依旧不能跨越终点。执行力是一种专门的、独特的技能，它意味着你要明白如何去做，要有决然的毅力去付诸于行动，而且不能退步。在这其中，你可能要受到很多非议、阻力、迷茫、模糊，甚至是上级的阻挠。而有执行力的人会非常明白，"赢"才是结果。

这就是韦尔奇，当年，他从 GE 最基层的一个普普通通的员工，一步步地走到了 GE 的首席执行官岗位。他完好地展示着自己特立独行却又行之有效的管理论，矢志打破 GE 这个多元帝国的官僚主义，以强硬的作风、追求卓越的理念推动 GE 业务重组，构筑"数一数二和三环"战略（核心、技术、服务），实现通用电气公司"6σ 管理、全球化、E 化、听证会"的四大创举。

韦尔奇曾经立下宏志，要用自己的管理方式让通用电气成为"世界上最有竞争力的公司"，他明确地向所有 GE 的员工发出了号召，并且将其作为一种人生的准则：

- 直截了当：明确、坦诚地传达需要完成的任务。
- 不出人意料：始终如一，不要隐瞒重要问题。
- 用事实说话：应该提供作出战略选择的依据，包括数据。
- 信守诺言：要言行一致，否则将会失去信任。

从韦尔奇的故事以及他向员工传达的指导思想中我们可以肯定，优秀的"执行力"对于成就 GE 可谓是居功至伟。

正是这种对执行的执着成为他出任 CEO 后一切改革的原动力。他历经旧体制的层层曲折，深知哪里是最阴暗的深处、哪里有无所事事的敷衍、哪里是最殷切的盼望，所以，大刀斧所到之处，必斩而后快，且绝不手软。为此,他曾有过"中子弹杰克""美国最强硬的老板"之称。

《执行力》一书的作者托马斯和伯恩曾经讲过关于执行力效果的故事。他们在其中叙述了施乐公司因缺乏果敢而有效的执行力而使得公司陷入困境的情况。

提起施乐公司来,大家自然而然地便会想到复印机,但是令人意想不到的是,这家历史悠久的企业曾经一度被一家日本企业淘汰,因为日本复印机制造商推出的复印机的销售价格仅相当于施乐公司的生产成本。正所谓祸不单行,在世纪之交,施乐又遇到了更大的麻烦,长时间将收入停留在原来的基础上,出现亏损。而且其上市的股票价格也一度从63美元下跌到7美元。"世界头号复印机生产企业濒临破产"的传言风声四起。

为了扭转被动局面,公司提出了一个新的改革方案,即大幅度削减生产成本的开支、减少日常管理费用,同时减少市场供给以及业务的规模。除了部分销售人员外,不再招收新的员工,以减少薪金的开支。

此外,公司还主动出售部分资产,其中包括一些公司的核心资产,以积极地缓解在外界看来要覆灭公司的困难。虽然是这样,但这些措施仍无法使施乐彻底摆脱所面临的困境。因此,公司决心采取一项根本性的措施,那就是仿效IBM 20世纪90年代在郭士纳的带动下所进行的改造。为了获得他曾经的改造计划,公司在1997年聘请了曾经长期跟随郭士纳的助手里克·托曼出任首席营运官。1999年4月,托曼升任首席执行官之后开始进行一些大刀阔斧的重组计划,目标是将施乐公司彻底改造成一家像IBM的企业,出售"解决方案"——软件、咨询及文件的制作和储存,而不仅仅是像现在这样保守而又呆板地生产与销售利润日趋降低的复印机。

这是一个看起来不错的改变,但公司不仅仅是为了这些才请他过来的,施乐公司更需要的是如何在运行过程中具体实施与执行,也就是说施乐公司应如何将战略、人力与企业运作协调并整合起来。在托曼的指导下,一些优秀的推销员被调离了他们熟悉的业务地区,并被放在了集中关注工业企业的推销模式小组中去。很多推销员失去了有利可图的地域，失去了与老客户的联系，而这些推销模式小组为企业所提出的建议显然是不切合实际的。托曼还试图将36个开票中心合并为3个，以此来减少机构的臃肿，以便降低经营成本。急剧减少的开票中心，给推销员带来了很大压力，他们要花费大量精力确认这些订单已经开出了发票并且是否按时交货。更加失败的是，在产品销售旺季的时候，托曼却下令大幅降低许多产品的价格，这使公司的情况变得更糟，因为这样做虽然暂时增加了营业收入，但同时却存在着巨大隐患，赚回的利润还常常不够成本支出的。总之，这些执行措施使得整个公司的情况不但没有好转，反而连公司的周转资金都捉襟见肘了。面对竞争对手毫不留情的进攻，施乐公司的效益继续滑坡。

在万分紧迫的情况下，公司又下了很大决心，决定解雇托曼，重新起用阿莱尔（施乐公司董事长，既是托曼的前任又是他的继任者）。将半生心血都花在了施乐公司身上的阿莱尔是从该公司一个不起眼的小员工提升到公司顶层的。在他感人至深的号召下，公司各个阶层的经理们均表现出了强烈的忠诚。但是，事实上他也并不是一位特别有执行力的领导者，而且与托曼一样，他缺乏实际经营经验，而良好的人际关系并不能成为他最有力的优势。很明显，他也没能制止公司的颓势，结果公司失去了大片的市场。而且，托曼遗留下来的问题也没有得到很好的解决，其他问题却都浮出水面，呈现出兵败如山倒的局面。可想而知，阿莱尔也受到了批评。这种在执行力方面表现出来的软弱现象一直延伸到了施乐公司的董事会。董事会里充斥着大量政界要人或者是在彼此公司中担任董事的人。施乐公司缺少的是懂得如何在一个混乱的技术变革时代对一家企业进行有效改造的管理人才。

其实在很多情况下，面临像施乐公司相类似的问题时，很多领导者也会束手无策，习惯于借鉴和运用别人的经验、理论，然后生搬硬套地运用到自己身上来，并希冀由此带领公司走出困境。然而，期望的结果往往难以实现。因为在此过程中，中途接手的领导者经常会理不清头绪，以至于导致执行力不足，从而造成改革的失败。可以说，如果没有足够的执行力，最好的战略、员工或者管理工具都难以发挥应有的作用。对于此时的施乐公司来说，真正需要的是上下达成执行力。而要做到这一点，领导者就必须亲自参与到企业中，从中吸取失败的教训，总结出合适的理论，并坚决地落实决策于企业的具体行动中。

一个公司的效率不在于它的大楼，也不在于它的人员，更不在于它的会议，而在于它的贯彻力度。韦尔奇所说的执行力，指的是无论是企业的领导还是管理者，在对待大大小小的决策和文件时都要坚持贯彻。正如我们常说的，"光说不练假把式"。执行力的重点在于执行，也就是行动起来。无论你年纪多大、命运怎样、生活怎样，立即行动，做自己喜欢做的事，实现目标，永远都为时不晚。

管理者实施管理的根本就是协调

绥山芳雄说："领导干部的重点工作就是交涉或协调。因此，这种说服的力量就成为该干部优秀与否的决定因素。"

我们常常会看到，为了同一个项目，同一个公司不同部门之间的员工互相竞争、互相拆台，搞得公司无所适从，不仅浪费人力、物力、财力，也贬损了公司的形象，甚至在社会上产生了不好的影响。这都是因为公司没有协调好造成的。

我们都知道，每个企业都是由若干不同的个体组成的团队，但团队的整体力量并非所有个体力量的简单相加，关键是个体之间的组合及协作程度。如果哪位管理者总是坐在办公室里苦苦思索他企业里的人为什么总像一盘散沙，那么他应该去看看赛龙舟。看完赛龙舟后，他一定会大受启发,茅塞顿开。

赛龙舟的场面甚是壮观。"当"的一声锣响,十来条披红挂彩的龙舟在江岸边数万名观众的呐喊中箭一般地冲出去。你看那龙舟上的十几名划船人,在号令员的指挥下,动作是多么协调一致!似乎有一条无形的绳索将他们连接在一起,而绳索的一端紧紧握在号令员的手中。随着号令员的指挥,他们强壮的手臂同时举起来,又同时挥下去,那种高度一致的行动确实令人赞叹。最先到达终点的肯定是行动上最协调一致的船。胜利的荣誉不是属于某个人的,而是属于龙舟上的群体,包括号令员和每一位划船手。

作为公司的管理者,重中之重是协调各方面的关系,把公司所有员工的努力都拧成一股绳,把各个管理部门有机有序地联系到一起,使他们朝着一个方向发挥合力的作用,指导他们去实现一项共同目标的活动,体现出团队精神,让企业成为最快的那条"龙舟"。

协调是管理的一项基本职能,管理者实施管理的根本就是协调。加强协调是管理工作的客观要求。卡耐基曾经说过:"组织的第一个原则就是协调。协调是一个首要的法则。"协调的过程是提高管理者管理水平的过程,协调的效果关系到管理行为的成败。

概括地说,协调的意义有以下四点:

(1)协调是实现目标的重要条件

协调的目的在于谋求组织和全体人员思想的统一和行动的一致,以实现组织目标。

(2)协调是组织和人员团结统一的需要

通过协调使组织内的各部门、各要素之间密切配合、互相支持开展工作。

(3)协调是提高效率、减少浪费的重要手段

协调可免除工作中的扯皮和重复,减少摩擦、冲突与内耗。

（4）协调是调动起广大干部、员工积极性的重要途径

最成功的管理者，不一定是最优秀的行业带头人，但一定是最优秀的中间协调员。只有这样，才能产生协同效应，提高组织的工作效率。可以说，管理者活动的范围有多大，他所应组织和协调的范围就有多广。

具体说来，协调包括以下四方面内容。

（1）上下级之间关系的协调

有隶属关系的部门或人员之间，由于所处的地位不同，有时难免会产生相互利益和观点上的矛盾。而对于这些矛盾的协调，就是上下级之间的协调。

（2）领导之间关系的协调

上级与下级之间有矛盾，同级之间也有矛盾，所以在工作中要努力协调好同级之间的关系。

（3）部门之间关系的协调

在企业管理中，组织是个大集体，各部门是不同的小集体，而各部门之间也即是小集体之间的合作，则是事业成败的关键。如果部门与部门之间闹矛盾、搞斗争，往往互相掣肘，难以协调作战。这就需要高一层的管理者来协调。

（4）公共关系的协调

企业作为社会的一个基本细胞，每时每刻都处于错综复杂的矛盾之中和纵横交织的网络之中。作为管理者要精于公共关系的协调，要从全局着眼来处理方方面面的事务及关系，平衡各种利益冲突，否则，企业的经营环境将不堪设想。

最佳整体，其实就是个体的最佳组合。在公司发展越来越依赖于团队协作的知识经济时代，公司管理者不仅应重视个体能力的培养，更要注重团队精神的培育——对个体实行动态管理，进行合理有效的组合，强调个体之间的团结协作。

树立细节管理观念

世界500强企业的中层领导尤其关注执行力的问题,他们非常清楚,执行在于细节,执行的成效在于对细节的关注。

这样说起来也许有些笼统,让我们以上海地铁为例,来看看细节的差别对于执行力的影响。上海地铁一号线是由德国人主持设计的,在我们这些外行人看起来,它并没有什么特别的地方。

后来,咱们国家要自己修建二号线,投入运营后才发现,设计施工中的很多细节都被忽视了。结果,二号线的运营成本要远远高于一号线。二者之间的差异就在于二号线忽略了下面所罗列的细节。

(1)三级台阶的作用

上海地区毗邻海洋,只比海平面高那么一点,降水丰富,特别是到了夏天,雨水经常会淹没一些低洼处。德国的设计师在设计时便很注意这一点,所以地铁一号线的每一个室外出口都设计了三级台阶,要进入地铁口必须踏上三级台阶,然后再往下进入地铁站。就是设计三级台阶这么细小的事情,在下雨天可以阻挡雨水倒灌,从而减轻地铁的防洪压力。不得不承认,德国人设计时的细心出乎人们的意料,一号线内的那些防汛设施几乎从来没有动用过;而地铁二号线却因为缺了这几级看似平常的台阶,曾在大雨天被淹,造成了巨大的经济损失。

(2)对出口转弯的作用没有理解

在地铁一号线中,每一个地铁出口处都有一个转弯的设计,很多人就不明白了,这是为什么呢?原来德国设计师根据地形、地势建造的转弯,大大减少了地铁站和外部的热量交换,从而减轻了空调的压力。以前很多人不知道这是怎么回事,还嘲笑这样做增加出入口的麻烦,增加了施工难度。而当二号线地铁投入使用后,人们才发现这一转弯的奥秘。我们可以仔细想想，仅仅是一个简单的转弯出口，就省下了多少电，每天又省下了多少运营成本。

（3）一条装饰线让顾客更安全

我们都知道，当机车从隧道开来的时候，等候地铁的人如果距离机车太近，就会有一种扑面而来的压迫感、一种心悸感。德国设计师在设计上就体现了"以人为本"的思想，他们在站台距离地铁轨道大约半米的地方，用金属装饰品铺在地面上，而且还用黑色的大理石把站台边嵌了一条黑边。这样一来，当乘客靠近站台的时候，就会自觉不自觉地站在半米开外等候地铁，不但安全，而且美观。可是，二号线的设计师们就没有想到这一点。地面全部用同一色的瓷砖，这样乘客很容易忽视自己已经靠近了轨道的情况，地铁公司不得不安排专人来提醒乘客注意安全。

（4）不同的站台宽度给人的舒适度不同

在乘坐一号线的时候，特别是在上车的时候，由于站台设计宽阔，上下车都很方便，很少发生拥挤的情况。而当你转入二号线后就会感到窄窄的站台拥堵闷涩，尤其是遇到上下班高峰期。在上海这种国际大都市，二号线的站台显得极为逼仄。同时也丧失了在站台内做广告的收入。

（5）为什么省掉站台门

在一号线，站台的每处都设计了相应的站台门，车来打开，车走关上。这是为了让乘客免于掉下站台，德方设计师可谓是处处为人着想。而中方的施工单位可能是时间紧迫从而"节省成本"，居然没安装站台门，当然，更不可能理解德国设计师的用心了。

任何事情的完成都是由很多个细节组成的，战略的制定也不例外，因为它关系到最终的执行成效。要想使战略目标得以实现，就必须做到从细节中来、到细节中去。

（1）前期做得越细，战略定位越准确

战略的本质其实就是判断、反思和各适其位。所谓"判断"和"反思",其实就是在进行每个战斗之前对形势发展的估计与选择,以便作出最后决定的过程;"各适其位"其实就是战略定下来以后,对各个环节的实施与运用的过程。那么,这个前期的过程,拆开来看,就是对每一个细节的关注。

兰德公司不仅是当今美国,也是世界上名声赫赫的策划研究、关系分析、决策咨询机构,一直属于全球十大智库之首。在这个公司里面,职员有1000人左右,其中500人是各方面的专家。兰德公司影响和左右着美国政治、经济、军事、外交等一系列重大事件的决策。

1950年,朝鲜战争爆发之初,就中国政府的态度问题,兰德公司集中了大量资金和人力加以研究,得出了七个字的结论:"中国将出兵朝鲜",作价500万美元(相当于一架最先进的战斗机价钱),卖给了美国对华政策研究室。研究成果还附有380页的资料,详细分析了中国的国情,并断定:一旦中国出兵,美国将输掉这场战争。而美国对华政策研究室的官员们认为兰德公司是在敲诈,是无稽之谈。

后来,从朝鲜战场回来的麦克阿瑟将军感慨地说:"我们最大的失误是舍得几百亿美元和数十万美国军人的生命,却吝啬一架战斗机的代价。"事后,美国政府花200万美元买回了那份过时的报告。

"中国将出兵朝鲜"七个字,字字无价,那380页的资料是兰德公司研究了多少细节问题才总结出来的呢?

军事上的战略决策要从研究每个细节中来,商战中的战略决策也同样如此。麦当劳在中国开到哪里,火到哪里,令中国餐饮界人士又是羡慕,又是嫉妒,可是我们有谁看到了它前期艰苦细致的市场调研工作了呢?麦当劳在进驻中国前,连续五年跟踪调查,内容包括中国消费者的经济收入情况和消费方式的特点,提前四年在中国东北和北京市郊试种马铃薯,根据中国人的身高体形确定了最佳柜台、桌椅和尺寸,还从香港麦当劳空运成品到北京,进行口味试验和分析。开首家分店时,麦当劳在北京选了五个地点反复论证、比较,最后才一炮打响。这就是细节的魅力。试问,我们中国哪个餐饮企业在开业之前做过如此深入的市场研究?

(2)再好的战略,也必须执行到每个细节上

事实上,中国绝不缺少拥有雄韬伟略的战略家,缺少的是精益求精的执行者;绝不缺少各类规章、管理制度,缺少的是对规章制度不折不扣的执行。好的战略只有执行到每个细节上才能发挥出应有的作用,也就是前面所说的"各适其位"。

海尔、联想为什么可以成为中国传统产业和科技产业的领头羊,就是因为它们的中层领导、一般员工对公司的战略执行到位。

所以说,战略和战术、宏观和微观是相对的,战略一定要从细节中来,再回到细节中去;宏观一定要从微观中来,再回到微观中去。世界500强之所以成为竞争中的强者,就是因为对这些辩证关系分得清看得明。而作为中坚力量的中层领导更是处于战略与战术、宏观与微观的衔接处,他们对此较高的把握水平是500强企业具有强大竞争力的重要一环。

那些优秀的企业之所以能够取得成功,很大程度上在于其对细节的重视,因为细节往往决定着企业的成败。细致入微地做好细节方面的事情便能体现出管理者的与众不同,从而使企业蒸蒸日上、发展壮大。

唤起员工的竞争意识

"安居乐业"通常是人们生活追求的一种理想状态,统治者也常常以百姓的这种生活状态来作为他们政绩的炫耀。因此,在人们内心深处往往存在这样一种观念:一份好的事业便等于安定。于是,我们往往为争取安定而不惜放弃进步,认为只要"做一天和尚撞一天钟"便可享受"安定",不思进取。然后,在这种"安定"中,消磨了曾经对更美好生活向往的热情与意志,如同挤在一起的沙丁鱼一样无声无息,并且毫无光彩地成为社

会的负担，等待生命的消失。

而我们都必须意识到，"逆水行舟"是我们的生活常态，"不进则退"更是生活的真理。更何况，我们是生活在当今这种高速发展的社会中。作为企业的管理者，也更应当明了这一点，懂得利用这一点，使每位员工都能在各自的岗位上发挥最大的作用。这便有赖于建立企业的竞争文化。

在团队内部引入竞争机制，有利于团队结构的进一步优化。团队在组建之初，对其成员的特长优势未必完全了解，分配任务时自然也就不可能做到才尽其用。引入竞争机制，一方面可以在内部形成"学、赶、超"的积极氛围，推动每个成员不断自我提高；另一方面，通过竞争的筛选，可以发现哪些人更能适应某项工作，保留最好的，剔除最弱的，从而实现团队结构的最优配置，激发出团队的最大潜能。

不少企业误认为只要引进人才，就能实现"引进一个，带动一片"的人才效应。殊不知这是有条件的，是要经过科学评估与运作的，如果不能将人才竞争机制放在整个人力资源开发之中去全盘考虑，就会适得其反。

这种评估与运作其关键是准确地判断员工是否安分守己、不思进取，如果恰恰相反，你所在的部门内部员工中有一个或几个生龙活虎、锐意进取的人，本身就有一个良好的状态，这时你仍然我行我素地坚持引进人才，就可能发生"能人扎堆、内部起哄的情况"，人力资源管理效率自然会很低下。

拿破仑曾经说过这样一句话："狮子率领的兔子军远比兔子率领的狮子军作战能力强。"这句话一方面说明了主帅的重要性，另一方面还说明这样一个道理：智慧和能力相同或相近的人不能扎堆儿，能人扎堆儿对企业的发展不利。

三个能力强的企业家分别入股进了一家高新技术企业，并且分别担任董事长、总经理和常务副总经理的职位。

一般人认为这家公司的业务一定会欣欣向荣，但结果却令人大失所望,这家企业非但没有赢利,反而是连年亏损。原因是不能协调,三个人都善决断,谁都想说了算,又都说了不算,最后啥事也没干成,管理层内耗导致企业严重亏损。

这家公司隶属于某企业集团,总部发现了这一情况后马上召开紧急会议,研究对策,最后决定敦请这家公司的总经理退股,改到别家公司投资,同时也取消了他总经理的职位。有人猜测这家亏损的公司经过这一番撤资打击之后一定会垮掉,没想到在留下的董事长和常务副总经理的齐心努力下,公司生产和销售总额达到了原来的两倍,不但弥补了几年来的亏损,而且还创造出了相当高的利润。而那位改投资别家企业的总经理,自担任董事长后,充分发挥自己的实力,表现出卓越的经营才能,也创造了不俗的业绩。

这的确是一个值得研究的例子,三个都是一流的经营人才,可是搭配在一起却惨遭失败,而把其中一个人调开,分成两部分,反而获得了成功。习惯上,我们愿意承认多数人的意见,因而有"集思广益"和"三个臭皮匠,胜过一个诸葛亮"的说法,认为采用一个人的智慧不如综合多数人的意见。然而,每一个人都有他的智慧、思想和个性,如果意见不一或个性不投缘往往容易产生对立和冲突,这样一来力量就会被分散或抵消。一加一等于二,是尽人皆知的算术问题,可在用人上就不同了,配置得当,一加一可能等于三、等于四,甚至等于五;而如果配置不当,人员失和,一加一就可能等于零,也可能是个负数。

怎样使人员配置更加合理呢?一般地说,一个单位或一个部门的管理人员最好不要都配备精明强干的人。道理很简单,假如把十个自认为一流的优秀人才集中在一起做事,每个人都有其坚定的主张,那么十个人就会有十种主张,根本无法决断,计划也无法落实。但如果十个人中只有一两个才智出众,其余的人较为平凡,这些人就会心悦诚服地服从那一两位有才智的领导,工作反而可以顺利开展。所以,经营者用人,不光要考虑其才能,更要注意人员的组合。

在英特尔公司,其 CEO 格罗夫就十分注意这方面的问题。

格罗夫说,很多制定商业决策的人都有以傲气、野心、恐惧和不安全为代表的"贵族集群综合症"。在英特尔期间,他发现了"贵族加一"的方式,就是用一个更加高层的经理来领导,这群"贵族"就将趋向于"集体思维"。格罗夫指出,如果得不到多数人的共识,"那么需要你作出决定的时候到了",职位较高的官员这时必须要一锤定音。在这一必要性与其后的决定受到干涉的风险之间,必须要找到一个平衡点。格罗夫重复强调,所有的管理行为都应有自己的产出,"在这种情况下,它就是决定本身"。

适时地引入竞争,可以让组织及其员工产生危机感,感到必须拼搏才能实现自己,稍有懈怠便会被淘汰出局。这样,企业才能保持活力、充满生机。

将责任种在脑袋里

吉列公司的董事长兼 CEO 吉姆·基尔特斯是一个善于拯救那些濒于崩溃的企业的行家里手。

当基尔特斯在 2001 年 2 月接手时,吉列是一个生产消费品的烂摊子。这家 Mach3 剃刀、金霸王电池和 Oral-B 牙刷的制造商曾经业绩辉煌,但却连续 14 个季度没有盈利。五年来,其销售收入和盈利均没有增长,三分之二的产品市场份额下降;这家位于波士顿的公司的股票已从过去的热门变得无人问津,其价值在 1997 年和 2000 年间下降了 30%。

基尔特斯认为,处理问题的第一步就是:让公司问题成为你个人的问题。到吉列的第一天,他就试着让人们了解这一点。"你必须要有责任感。"他安然地坐在位于波士顿培基大厦 48 层的吉列总部办公室里这样解释道,"人们总是喜欢说,'是管理层让我这样做的。'好吧,我们全都是管理人员。"

在一次各部门全体负责人参加的会议上,他要求大家举手发表意见:"你们中间有多少人认为我们的成本过高?"房间里的每个人都立刻举起了手。然后他又问:"你们中间有多少人认为自己的部门成本过高?"没有一个人举手。基尔特斯认为,这是"问题"企业经理们的一个普遍回答:每个人都知道存在问题,但是没有人认为是自己的问题,而这就是基尔特斯开始的地方——他要使问题成为他的问题——还有你的问题,如果你还打算保住工作的话。

所有与基尔特斯共过事的人都知道,这位芝加哥人非常严格,要求非常高。现在和原来的同事们都使用过同样的形容词描述他,"要求严格"、"要求高"和"高效率"等词语一再出现。基尔特斯对预算的审核极其严格,不论是一个项目花费 500 万美元还是 5000 美元,他都会仔细审查所花的每一分钱;如果你的业绩不能达到他的要求,他就会去找能够达到这一要求的人。

在他 30 年的职业生涯中,基尔特斯设计出了一个拯救"问题"企业的"蓝图"。基尔特斯坦率地谈论了这一"蓝图",以及他如何将其应用到吉列身上。正像他本人承认的那样,这不是尖端的火箭科学,但这也是一个一丝不苟和步步到位的过程。他没有梦想吉列宏伟的远景,而是晚上工作到深夜,考虑卖电池应该是使用六只还是八只包装。他没有集结全体员工大讲吉列如何能够改变世界,基尔特斯做的是放幻灯片,与竞争对手比较费用的高低。这并不引人入胜,也没有特别的吸引力,这仅是一个正统的经商之道,而这的确奏效了。

在正式上任六个星期以前——基尔特斯就对吉列以及吉列的问题进行了详细调查。他审查了以往的年报、华尔街的研究以及业界的评论。他行程数百英里,与吉列的销售人员一起出差,走访商店,视察仓库和制造厂。他研究吉列的广告，并仔细阅读消费者的反馈意见。

在拜访吉列一家大的零售商时，一位客户坦率地告诉他，如果要从吉列那里采购，他会等到每季度结束的那周。"因为我知道，为了成交，吉列在那个时候总会压低价格。"正像基尔特斯发现的那样，吉列的销售人员普遍采用一种称为"快速交易"的有害商业行为。为了完成每季度的定额，他们乐于做任何事情——在交易时提供大幅度的折扣，提供新的产品包装——以及其他种种优惠。这种做法并不违法，在许多行业也很普遍，但通常不是一种精明的商业行为——所以吉列不应该采取这种做法。

吉列开始了基尔特斯式的严格管理。在最初上任的六个月里，基尔特斯推出了评分制度，停止"快速交易"行为，彻底检查公司的财务报告系统。每天早晨，基尔特斯和他的高级管理层都会得到前一天刀片、电池和牙刷销量的准确报告。为了增强财务约束，基尔特斯还实行了他称之为"人头费零增长"的政策。

现在各部门负责人必须要与同行业中最强的竞争对手在费用方面进行比较，结果，基尔特斯发现公司财务部门的费用比竞争对手高出30%至40%，人力资源部门的费用高出15%至20%。基尔特斯让每个部门自己想办法，将费用降低到行业平均水平，每个部门都必须做到。

这位首席执行官也彻底检查了吉列的供应链，在他上任前，吉列各部门单独采购厚纸板、铝、钢和塑料等原材料。事实上，直到基尔特斯要求各部门进行统计之前，没有人准确了解公司在全球各地采购的支出（接近几十亿美元），各个部门间缺乏协调。这意味着吉列部门现在采取统一采购的方式节省了大约2亿美元开支。

通过这一系列改革，吉列公司走出了困境，步入了迅速发展的快车道。

"你必须要有责任感"，基尔特斯的话语可谓一语中的。工作就意味着责任。在这个世界上，没有不需承担责任的工作，相反，你的职位越高、权力越大,你肩负的责任也就越重。将公司问题视为你个人的问题,你才能全身心地投入到问题的解决当中去,你也才能将问题出色地解决掉。

一个合格的管理者首先要有责任心和使命感,既然公司授予了我们职权,我们就要承担起相应的责任,为公司解忧,把公司当作自己的来做。责任感不仅是管理者立足于社会、来获得事业成功的必要条件,也是管理者至关重要的人格品质。

没有谁是不可替代的

"没有谁是不可替代的",此话千真万确!只要你不再前进、不再努力、不再奋斗,并有丝毫的懈怠以及自满的情绪,所谓的"长盛不衰"及"不可替代"的神话就会破灭,淘汰出局的命运也会在不远处等着你。

明星球员和场上的主力永远不是一个恒定不变的标准,在看似平静的大牌球星周围时刻潜伏着不安定的因素,随时有被替代和颠覆的隐患。一旦他们狂妄自满,不再去努力,很快就会被场下虎视眈眈的板凳球员所取代,成为另一类"作壁上观"的板凳球员。因此,想要成为永远的明星,就必须勤奋苦练、努力学习、跟上形势的快速变化,但仅仅做到这一点还不够,还应当比周遭更快地变化,才能掌控变化。

素有"世界飞人"之称的阿兰·约翰逊,在2004年雅典奥运会110米栏比赛中,落在了中国20岁的年轻小将刘翔后面,与冠军失之交臂,转瞬间便使其"不可战胜"的神话颠覆了,这一结果恐怕是约翰逊决然没有想到的,至少没有想到会这么快,并且还是被一个中国的选手给替代了。

在刘翔没有成名之前,阿兰·约翰逊一直都是男子110米栏的霸主,是当之无愧的世界第一人。

而在 2004 年 8 月的雅典奥运会上，阿兰·约翰逊被来自中国的刘翔击败，并且败得很惨、很窝囊……

阿兰·约翰逊因在 2006 年 6 月的全美锦标赛上受伤，使他缺席了几站黄金联赛，也错过了在洛桑与刘翔一决高下的机会。在此期间，随着古巴小将罗伯斯的迅速崛起，很多人已经把罗伯斯看作了刘翔在 2008 年奥运会夺冠最大的敌人，而似乎遗忘了"年事已高"的阿兰·约翰逊。

但 35 岁的美国老将并不服老，他复出后，先是摘得了黄金联赛布鲁塞尔站的桂冠，接着又赢得了萨格勒布大奖赛的金牌。这位老栏王随后更是焕发了"第二春"，虽然在斯图加特的田联总决赛上负于刘翔，仅获得了一枚铜牌，但 13 秒 01 的成绩还是可圈可点的。

八天过后，阿兰·约翰逊又与刘翔一起转战雅典，争夺第十届世界杯。正当人们将目光一起集中在刘翔和罗伯斯身上时，阿兰·约翰逊突然杀出。他凭借着出色的起跑和良好的栏间技术力压风头正劲的刘翔，以个人职业生涯第五好的成绩 12 秒 96 夺魁，也完成了自己的心愿，而刘翔则以 13 秒 03 屈居亚军。

如果说约翰逊没有努力争取，那对他来说是不公平的。糟糕的是，尽管他一刻都没有松懈，但还是被对手超越了，这岂不更可怕？为什么会这样呢？很显然，他们在前进，对手也没有睡大觉，而且正以他们为标杆，以他们拥有的荣誉为主攻目标，并向它奋力冲刺，这才有了颠覆王者之举。正如雅典奥运会赛前刘翔毫不避讳地说的："我的目标就是阿兰·约翰逊！"由此可见，获得冠军是多么不容易，而要稳坐冠军之位更加不易，因为无数对手正虎视眈眈地盯着站在最高处的那个目标。

所以，在拥有的成绩面前，我们不能止步不前。过去的日子已经一去不复返，我们所处的行业正在飞速发展，竞争对手正不断侵蚀我们的市场份额，客户将重新评估整体信息技术需求，行业的利润水平也将持续下降。

胜利就在我们眼前，道路就在自己脚下……面对这样的成绩，让我们继续一往无前地工作，因为一切才刚刚开始！

事实上，所谓的"无名小卒和板凳球员"就是明星球员潜在的挑战者和未来的替代者，就是正在崛起的未来之星。只要他们勤奋苦练，不断提高自己的技术和战术水平，那么迟早会成长为光芒四射的大牌球星和场上主力。

球队中的无名小卒和板凳球员，大多数是正在接受训练的年轻选手，他们更渴望成功，更渴望被人认可，对机会他们也会更加珍惜。在训练的时候，他们往往表现得更加勇猛顽强、更加充满斗志和激情，也极具创新与活力。他们往往带着犀利而饥渴的眼光望着主力队员在那里厮杀拼抢，跃跃欲试地等待着自己一展身手的时候。只要逮到上场的机会，他们就会像一个刚刚冲出笼子的野兽一般，不顾一切地往前冲，把自己的力量发挥到100%。试想一想，有这样一群随时想取代明星位置的挑战者存在，大腕球星还能掉以轻心、麻痹大意吗？

实际上，不仅仅是显赫的地位会被替代，已经坐稳的头把交椅会在转眼间易主，你的优势、你曾经创造的辉煌成绩同样会被一个个对手刷新、再刷新，超越、再超越。

由此可见，辉煌和成功永远只属于过去，只代表你上一个赛季或上一个阶段的水平和成绩，只代表你曾经为之努力而获得的荣誉和奖赏，而并不能保证你在下一场比赛或下一个阶段的竞争中依然会取胜。

要想保有曾经的辉煌，并始终雄踞排行榜首位，就必须不断提升和完善自我，不断刷新自己以往的成绩，不断挑战自我和超越自我。因为你不超越自己，对手就会超越你！你不力争做到更好，对手就会从背后追上你，并用行动告诉你："瞧我的，我能做得更好！"而把你从高高的宝座上"拉"下来。

以工作业绩作为提拔员工的标准

大卫·伯恩说:"薪酬激励能够从多角度激发员工强烈的工作欲望,成为员工全身心投入工作的主要动力之一。"

恰当、有效的激励机制,是提高员工积极性、促进企业工作效率提高的手段之一。给员工以晋升的机会,就是其中一个不可或缺的激励因素。它带给员工的不仅仅是一份更得体的薪水和一张更宽阔的办公桌,它同时还表明了一种认可、一种身份、一种荣誉和尊敬,它为员工带来的是满足与责任。因此,提升在任何时候都具有强大的激励力和凝聚力。它使人自信,主动追求卓越;使人可以充分发挥潜在的能力,处于持续不断的发展过程中。

但若按资历提拔不但不能鼓励员工争创佳绩,反而会养成他们坐等观望的态度。这会降低晋升的激励作用,甚至会产生负面效应,打击员工的工作士气。最好的方法是"通过衡量员工的业绩去任用"。事实表明,用员工的个人成就决定员工的提拔升迁将会更有效地激励员工,培养员工向优秀员工看齐的企业精神。

"业绩决定晋升",固然会给员工带来一定的工作压力,但重要的是它把握在员工的手中。拥有了晋升主动权的员工可以直观地看到自己的努力与进步的轨道,让他们深切感受到赢得胜利的悸动。这一切均可产生强大的激励力,促使员工更加努力地工作,使劳动生产率达到最大化。

在美国施乐公司,为了促使员工努力工作,管理者在"提升员工"上狠下功夫。他们首先根据员工为公司创造利润的多少将员工分为了三类:工作模范、能胜任工作和需要督促工作的员工。员工要想被提升到公司最高层的领导岗位上,首先必须得让自己的业绩达到工作模范的标准。而要想成为较低层次上的管理者,最起码要达到能胜任工作的底线。至于需要别人督促工作的那一类员工，则根本得不到提升的机会。施乐公司通过这种机制让每个员工都明白了："只要你能不断创造更好的业绩，永远将有更高的职位等着你。反之亦然。"

比尔·卡特就是"业绩决定晋升"的受益者。初进施乐公司时，他只是一名普通的推销人员，但他工作积极勤奋并善于思考。为了推销更多的产品，他让妻子在他的车里放上一大罐柠檬汁和一些面包，这样他可以一天不停地在外面奔跑销售，而不必回家吃饭。卡特有自己的推销策略。他认为，裤子右口袋处常有磨损的推销人员绝不可能取得成功。因为这说明他在同客户握手之前，总要在裤子上将手中的汗擦掉，这是缺乏自信的表现。而推销人员要想成功就必须自信。

卡特靠自己超人的智慧和吃苦耐劳的精神，为公司销售了大量的产品，销售业绩一度高居公司榜首。为了鼓励卡特再接再厉获得更好的成绩，公司将他提拔为了销售部经理。迅速的提升，使卡特对工作充满了更大的热情和干劲。即使是在街道上散步，他也会观察两旁的建筑群，思考如何使每一幢建筑里的公司都能成为施乐复印机的用户。于是，他一再被提拔，最终被提升为了负责全国销售业务的经理。事实还证明，"以业绩决定晋升"，也是留住优秀员工，让人才为公司效力的最大原动力。

因为人才在工作中不只是满足于工作本身，更强调自我的体现。这个道理虽然简单明了，可是许多管理者却往往做不到。重要的是他们常跟着感觉走，被表面的现象所欺骗，以致失去了判断力。在很多时候，他们提升一个人只是因为这个人与自己投脾气。

若管理者是快刀斩乱麻的人，就愿意提升那些干脆利落的员工；若管理者是个十分稳当、凡事慢三拍的人，就乐意提升性格优柔寡断、小心谨慎的员工；管理者若爱出风头、讲排场，就不喜欢那些踏实做事的人。这是晋升的一个误区。

工作了一段时间后，被雇用的人才掌握了大量的工作经验，轻而易举地就能把工作做好。这时，他的工作能力与现有的位置已极不相称，晋升是解决这个问题的有效手段，通过晋升可以把人才的创造力长久地保持。而可惜的是，很多管理者常常忽视了这一现象的存在。结果人才因能力被束缚而备受压抑，工作热情逐渐降低，失去了原有的生气和活力。

弗兰克是一家跨国集团的副总裁。在一次到美国加州分公司视察时，弗兰克发现那里的销售经理科尔曼是个难得的人才，便立即将他调到总部，担任总部销售科经理助理。弗兰克知道，以科尔曼的才华来讲，这个位置有点大材小用。他打算让科尔曼先熟悉一下总部的销售工作，然后再另行安排工作。没想到一个月后，弗兰克被调任到某亚洲大国的分部，全权负责那里的工作。弗兰克在那里一干就是五年。五年后，弗兰克再次回到总部。他记起了自己曾一度赏识的科尔曼，心想："他现在应该成为某分公司的负责人了吧。"

但一切出乎预料。站在弗兰克面前的科尔曼，已不再是充满激情和活力的年轻人，他变得愤世嫉俗、固执、目中空洞无物。弗兰克难过极了，怎么会这样呢？原来，科尔曼被调到总部后，很快就展示出了他过人的才华，把经理助理的工作干得近乎完美，后来甚至全盘接管了经理的工作。他的上级深感离不开他，丝毫没有让他调走的想法。科尔曼只好停留在经理助理的位置上，多次晋升的机会都与他擦肩而过。最初科尔曼没有什么想法，但随着时间的推移，科尔曼对前途失去了信心，对工作也不再认真对待。

从某种程度上讲，如果企业不能为员工提供足够的升迁机会，多半是因为企业整体或某些部门停滞不前的缘故。这时企业就必须下定决心采取行动，设计一定的级别和头衔并创造出足够的层次，或者采用"优胜劣汰"等方法腾出位子，以便能让有能力的员工一次又一次地获得提升。

业绩管理是管理者必备的管理能力，业绩考核有助于管理者进行系统性的思考，如工作职责、工作目标、如何评价、如何激励员工发展等一系列内容。管理者进行业绩考核时，一定要从全面出发，做到公平、公正。

● 第 02 章 ●

一切管理工作都要以结果为导向

以结果为导向的人力资源管理

罗伯特·戈伊苏埃塔曾指出：大多数企业仍沿用19世纪的结构模式，一成不变，等级森严。要想在21世纪蓬勃发展，企业必须要建造灵活的、以人为中心的"融合网"。

在当今的许多企业中，人力资源部门仍是以各个部门经理的态度为导向的。人力资源部门的职责就是执行好经理委派的任务，比如：给新来的工程师安排一间设备齐全的单人宿舍，或者和工会代表谈判平息工人的怒气等等。人力资源部门所负责的只是企业整体运作的一小部分，这部分工作完成得好坏完全以经理是否满意为标准。

显而易见，在市场竞争越来越激烈的今天，人力资源部门这种在工作中看管理者是否露出了笑脸的做法已经不合时宜了。管理者是否满意并不能左右市场对企业战略客观公正的评价，而最有资格评价各个部门的工作业绩的是市场对企业的满意度，这才是企业战略的最终结果。

因此，一个部门在工作中是否尽善尽美，真正有意义的是最后的市场结果。在向现代企业转变的过程中，企业的各个部门，尤其是人力资源部门必须要将那种惟经理马首是瞻的行为方式转变为以工作的结果为导向的工作方式。在人力资本越来越重要的今天，人力资源部门在整个执行过程中处于至关重要的位置。如果人力资源部门的这种转变进展缓慢就可能导致整个企业战略的流产。

一家加拿大化学工业企业计划将发展重心从加拿大市场转移到发展中国家。他们选中了印尼，打算在那里建一座工厂。人力资源部门开始从公司位于世界各地的分厂厂长中寻觅负责印尼事务的主管领导，最后他们选中了两位：丹吉和班迪。丹吉在委内瑞拉工厂的技术部门工作过多年，他的最大特点是技术过硬，毕业于一所有名大学的化学专业。班迪已经54

岁了,一直负责公司总部的事务,有一定管理才能,但从未表现出在开拓市场方面的能力——实际上他来到公司之后,公司在加拿大的市场一直处于稳定状态。最后,他们选中了丹吉,因为他有在发展中国家工作的经验。

令公司始料不及的是,丹吉的拙劣表现使公司在印尼的投资陷入了被动。丹吉虽在委内瑞拉待过几年,但印尼的情况与委内瑞拉却有着极大差别。他无法申请到经营许可证,无法解决与工会之间存在的分歧,甚至找不到自己急需的人才。后来工程不得不延期,不过工厂最终还是投产了,但是产品销路的问题又凸显了出来。公司在印尼的业务日益窘迫,在一片指责声中,丹吉不得不提前下课了。

正如这家公司的人力资源部门主管所说:"虽然丹吉的履历表上到处都闪着耀眼的光辉,但我们都忽略了他只是一名技术人员,他并不具备足够的管理才能——他之所以在委内瑞拉表现得优异,在很大程度上是由于他在那里只管理着技术部门,而不是整个公司。事情的结果表明:他不是一个帅才。"

因此,单凭员工以往的表现并不能准确地对他所具有的能力作出判断。真正具有决定意义的是他是否具有执行预定战略、实现预定结果的潜能。

在现代企业管理中,人力资源部门必须要将人员与公司战略和运营结合起来。每个企业都要制定短期、中期和长期的战略目标,对于企业现阶段的发展要有详细的运营计划。这样,人力资源部门就可以据此为企业各阶段的战略目标以及营运计划目标的有效执行科学地选拔人才了。

法国有一家为飞机制造商提供零部件的公司。由于产品单一,一遇到风险就难以招架,所以公司决定进行业务拓展,在生产飞机零部件的同时,再生产一些服务于非航空业客户的产品。这样即使航空业不景气,公司也可安全地渡过难关。

在选择这项战略的负责人时，人力资源部门果断地决定一方面从企业外部聘请具有开拓能力的人才，另一方面对公司内部的人员进行培训，最终公司不但巩固了主业，而且在开拓市场方面也干得有声有色。

如果人力资源部门不顾及企业战略规划的执行结果，而只根据企业具体运营中所遇到的问题或其他短期目标作出招聘、选拔、培训、评估决策，那就很难保证企业的战略执行工作取得预期的效果了。正是由于人力资源部门对于执行工作所发挥的关键作用，所以企业在向结果型企业转变的过程中必须先把人力资源部门转变为以最终执行结果为导向的部门，这样企业的转型才有可能实现。

在现代企业中，人力资源部门不仅是战略的执行者，更是战略制定的参与者和战略执行的协调者。人力资源部门不是"后勤部长"，而是"作战参谋"，它的职责不仅是帮助其他部门提高业绩，而且是为公司战略的彻底执行制定合理的人员流程。

人力资源部门要实现向结果型部门的转变，就必须了解整个公司的情况，明确公司的战略规划和预期目标，并且知道要实现战略目标企业需要哪些人才，他们应具备怎样的知识和技能、具备怎样的素质。

英国一家专门为在特殊环境下工作的人们提供保健产品和服务的公司就成功实现了人力资源部门向结果型的转变。在这家公司里，人力资源部门不仅要做好招聘、选拔、培训和评估等传统工作，而且还要把这些工作与公司的战略、运营执行的结果有效地结合起来。

这家公司每制定一项战略，都要求人力资源部门参加。在一项战略或决策作出以后，所有参与制定战略的人员必须用相当一部分时间讨论完成这项战略或决策需要怎样的人才。比如，公司决定下一年的目标是进一步加强公司的战略性临床营销业务，使之成为企业的下一个利润增长点。为了实现这一结果，公司需要建立一个具有战斗力的团队来负责这项业务，组建这样一个团队需要一个具有丰富的临床营销经验的领导人物。于是，这家公司的人力资源部门做了以下三项工作。

（1）找出那些对战略执行起着至关重要作用的岗位

在这些岗位上安排优秀的人员，此外还要注意对这些人员进行持续不断的培训。

（2）对所有人员进行评估，确保每一个人都能胜任自己的工作

人力资源部门并不只是根据战略要求安排了人员就完成自己工作的，相反这仅仅只是一个开始。在安排了人员之后，人力资源部门还必须在具体的执行过程中对这些人员进行评估，及时发现和调整那些不能胜任自己工作的人员，以确保执行工作的顺利进行。

（3）为那些真正有能力和渴望成功的人创造一种获得晋升的途径

每个星期四，人力资源部门都会给公司的150名高层领导发去一封语音邮件，告诉他们哪些岗位出现了空缺、哪些副总裁位置现在无人应聘，以及哪些岗位已经提拔了候选人。在这封邮件中还详细地列出了空缺岗位的工作要求，以便这些领导者能够推荐适当的人选担当此职，当然他们也可以毛遂自荐。

这种选拔方式不但缩短了公司寻找某位高级领导者的时间，而且还使每个职位都有候选人——这大大减少了高级管理人员流失给企业带来的经营风险。如果一位高层经理向公司提交了辞职信的话，那么公司当天就可通知候选人上任并交接工作。这种平稳而快速的领导者更替对于战略执行的顺利进行有着十分重要的作用。

在现代企业中，人力资源部门管理着企业内部最为重要的资本——人力资本，而人力资本对企业战略和决策的执行结果起着至关重要的作用。没有具有执行力的人员，企业的执行结果就不可能顺利实现。因此，人力资源部门必须要以一个人的执行力强弱为标准，选拔评估时应以其有效执行结果为中心，从整体上实现向结果型的转变。只有如此，企业的整体实力才能得以稳步提高。

一名出色的"作战参谋"不仅知道怎样招聘到合适的人才、如何培养和激励人才，更要知道公司的盈利点在什么地方以及如何实现战略目标。更重要的是，要把战略、运营、人员等等流程整合起来，使战略规划得到最佳的执行结果。

鼓励员工做到最好

山姆·沃尔顿曾指出："如果我们把机会、鼓励和奖励给予那些平凡而普通的员工，以使他们尽最大的努力，那么他们的成就绝对是无可限量的。"

很多伟人年轻的时候都很一般，他们最终的成功完全是个人努力奋斗的结果，绝不是从天上掉下来的"馅饼"。

商场上有很多这样的例子：在全球的证券业，沃伦·巴菲特的名字无人不晓，他是炒股大师。他在1956年以100美元入市，至1996年个人财富已达152亿美元，居世界第二（首富为比尔·盖茨，180亿美元）。假如有人在1965年用1万美元购入巴菲特的伯克希尔公司的股票，至今就会拥有5100万美元！而假设当时把1万美元买了标准普尔指数基金，则只能赚500万美元。

巴菲特为何能够取得如此辉煌的成就？其中有一条就是巴菲特善于调动员工的积极性。

巴菲特总是教导员工如何鉴别优秀的企业，积极去发掘优秀的企业，这是致富的关键。巴菲特这些炒股奇招不仅在公司适用，也适用于家庭，其取得了家人的支持。他总是不失时机地教导员工和家人懂得潮起潮落的哲学。当他事业有成的时候，每年圣诞节的早餐总把会一个装有1万美元的信封作为圣诞礼物送给每一位家庭成员。之后，他又用最近投资的1万美元等值的股票和每一个人交换刚才发出去的1万美元现金。家庭成员们很愿意这样交换。大家心里明白，他们手中的、最新被沃伦看准的股票，有更大升值的可能性。在过去 32 年中，他的投资组合创造了平均年复利报酬率为 238% 的佳绩。而对巴菲特来说，经过这种交换，调动了全家人关心股市来支持他的事业。此招对于那些因涉足股市而被老婆（丈夫）和子女埋怨的股民来讲是很好的启迪。

打开诺基亚手机，首先映入人们眼帘的是"Human technology"。事实上，"以人为本"的管理理念使诺基亚公司特别注重对人的培养，为员工创造优越条件，让他们去实现个人价值，继而创造一种独特的企业文化，把广大员工凝聚到一起。诺基亚有自己的培训中心，可以帮助员工更好地融入诺基亚，帮助他们成为一个技术人员或者是市场销售人员，更重要的是成为符合诺基亚价值的诺基亚人。

一个员工从正式进入诺基亚开始，培训中心就不断地在培养技能的同时强化诺基亚的价值观——客户满意、尊重个人、成就感和不断地学习。诺基亚的管理有一个特点：老板的主要工作就是为员工打好一个基础，把一个可以合理运转的系统平台搭建好，让员工可以通过自身的努力去取得最大的成功。公司提倡创新和进取精神，鼓励技术人员发挥自己的特长。诺基亚总裁说："如果我的员工生活在恐惧中，那他就不会有创造力。"

因而，在管理中，诺基亚给予员工的自由度很大，老板不会催促员工或者告诉他应该做些什么，只会在员工需要的时候给予其指导性帮助。甚至有时候员工自己就可以决定，而不必等老板同意，做错了也没关系。正因为诺基亚高度重视人才的培养和使用，所以其人才流失率极低，还不到 5%。

无论如何，知人才能善用。如何才能了解下属的能力、开发下属的潜质呢？管理人员必须要"知人善用"，充分了解下属的性格和专长，再委派适当的工作，才算得上是个称职的上司。至于开发潜质，管理者首先必须有这样的观念：

第一，再平凡的下属也会有其过人之处，当领导的要善于发现他们的长处。

第二，有些下属能力强、野心大，对这种下属你要多留神，欲望会使他们的野心膨胀。

第三，对不同的下属采取不同的激励方法。

公司的每个部门，绝大多数都是表现较平庸的职员，在平凡的外表下并不代表他们没有潜质，管理人员是否能充分发挥下属的长处是管理中一个至关重要的因素。

另一方面，管理人员不难发现，在芸芸众生中，总有些成就感较强烈的职员，他们不断地找机会，替公司及个人争取利益。他们通常求知欲强，对事情有敏锐的洞察力，具备发展的潜力，能承担更多更重要的工作。

对于公司的新进员工，如何辅导和鼓励他们呢？

辅导新进职员的原则，是帮助新进职员尽快投入到工作中，在最短的时间内达到应该具有的水平。此外，管理人员可透过督导过程，了解工作过程中的问题和障碍，从而寻求改善的方法。

鼓励员工做到最好，管理者就必须采取行之有效的办法，充分调动员工的积极性。一个企业的成功经营不仅仅取决于它所拥有的资源多寡，在很大程度上还与其员工的工作积极性密不可分。这不单单是表现在一个企业成功运作的时候需要员工高昂的工作积极性，还表现在当一个企业面临严峻挑战的时候，员工的团结一致和努力工作往往可以使企业转危为安。

设立简单、明确和统一的目标

在企业中，目标就像灯塔般可以为航船指明前进的方向。在鼓励员工为你打拼之前，管理者应该有一个明确的目标，并且为企业的每一个成员都制定一个定性定量的目标，让员工的激情与能力能够有的放矢，这样才能充分地发动每一位员工为企业的整体目标而奋斗。

目标设置要适时、合理、可行，并且与员工的切身利益紧密相关，这将成为能否有效激励员工为你打拼的关键。因此，如何正确设立目标是利用目标激励员工的关键。为了使目标的设立与管理更为科学、合理，管理者应遵循以下几条原则。

（1）将组织目标与个人目标相沟通

在现实中，几乎每个人都在心里给自己设定了追求的目标。但是，由许多个人目标所组成的目标就是"组织目标"了吗？当然不是。因为两者很难同时获得成功或很容易发生冲突，而且不仅仅在个人与个人的目标之间，即使是在个人与组织的目标之间也经常会存在分歧。为了提高工作绩效，领导者必须使每一个员工对"所有目标"有一个清醒的共同认识。

领导者应该及时与下属进行沟通，促使员工理解个人目标与"组织目标"之间的关系并进行取舍。通常，那些看到"组织目标"与个人目标有直接关系的员工更容易产生强烈的工作欲望和工作热情，这样实现"组织目标"也就比较容易了。

（2）目标设置要协调一致

要通过目标设置来激励员工为你打拼，归根结底是要让个人的目标与组织的目标一致。组织的目标与个人的目标可能是平衡一致的，但在大多数情况下二者会发生偏向，这种偏向会导致冲突的发生，从而不利于员工积极性的调动，更不利于组织目标的实现。只有使这种偏向趋于平衡，即组织目标向量与个人目标向量间的夹角最小，才能使员工产生较强的心理内聚力，从而使员工为完成组织目标而奋斗。

（3）目标设置要具体明确

设立目标的目的是为了使所有员工的行动能够尽量统一，让大家具有共同的方向，从而使行动的效果达到最大化，这就必然要求目标的设置要明确。如果目标不明确，便很容易对目标的理解产生分歧，从而影响到目标执行的效果。

目标应该达到能精确观察和测量的程度。大量的研究结果证明，具体、明确的目标要比笼统、空泛的目标形成更高的绩效。例如，在制定每月要达到的销售目标时，用具体的数字往往比含糊其辞的"尽最大努力""争取有所提高"等要有效得多。

（4）目标设置要适宜

很多时候，目标设置表现为一种选择，特别是在难易程度方面。在设置目标时，其难度应以中等为宜，这个目标又被称为"零点五"目标。如果目标难度太大，员工容易失去信心；而难度过小，又激发不出足够的激情与干劲。这两种情况都无法收到良好的激励效果，只有所谓的"跳一跳，够得着"的目标的激励作用才最强。因此，作为目标的制定者，领导者在设置目标的时候必须要注意这个问题。

（5）目标设置要有可接受性

管理者应该明白，企业目标只有内化为员工个人的目标才能对个人的行为产生激励作用。相反，如果组织目标无法内化为员工的个人目标，那么目标顺利执行并达到预期的效果就是不可能的。

让员工参与目标的制定要比单纯的指令性目标好。这是因为，员工参与目标的制定可以使其看到自己的责任和价值，同时可以把目标定得更合理，从而提高目标的可接受性。当员工愿意接受某一目标时，就表明他认同这一目标的可行性、合理性，更重要的是，这与员工自身的目的性相一致。那么，员工尽心尽力为这样的目标打拼自然便是顺理成章的事情了。

（6）目标设置要有可反馈性

在实现目标的过程中，如果员工能够得到及时、客观、不断的信息反馈，其受到的激励要比无任何反馈大得多。同时，员工获取行动效果的信息后，往往会主动发动或调整下一步的行动，这无疑将有利于取得更高的绩效。

（7）设定充满乐趣的目标

领导者在用目标激励员工时，把游戏和竞争法则用于组织的工作及挖掘组织中员工的潜力也是非常可行的。领导者要善于运用图表、游戏和竞争的方法使目标变得充满个性与趣味，消除员工工作中过分紧张的情绪。这样，员工必定会用实际行动给予企业相应的回报。

（8）制定有期限的目标

对于有明确期限要求的目标，员工会全身心投入，以期在期限内完成。而对没有确切期限的目标则会无限期地拖下去，甚至遗忘。因此，领导者一旦制定一个目标，就应给出一个具体而明确的期限，否则你马上就会充分体会到，没有期限的目标很多时候是没有结果的。

企业的目标应该具有阶梯性，从企业的管理层到执行层都必须有一个清晰的目标。每个层次的目标都是为组织的总目标而服务的，这样的目标管理系统才能起到激励整个企业员工的作用。

目标设定是员工"职业生涯计划"的一项重要内容，目标定得是否合理决定着整个计划的成败。在员工的职业生涯设计中，管理者要注意以下几个问题。

（1）目标的设定应该适合每个员工的实际情况，而不是越高越好

企业的发展和个人的发展都是有一定条件、遵循一定规律的，脱离了实际的目标是无法实现的。一个企业的员工不可能都成为领导，那么员工的个人目标应该怎么定呢？

对于大多数员工来讲，一个基本目标应该是通过长期的努力，使自己成为本岗位或者本专业的能手，成为"第一"。从敬业开始，使自己的能力得到提高，工作取得成就，成为一个对企业、对社会都有用的人。到这时，个人的收入和需求也就有了实现的可能。

（2）目标应该是阶段性的

将目标的实现分成若干阶段，这样既不至于使目标太大，难以激起

员工的兴趣，又不至于使目标太小，让员工觉得没有意义。为实现最后的结果，就必须从最后位的目标开始，一步一步地向前位目标迈进，次第完成每个目标。最后位的目标必须最接近目前的状况，且尽可能地详细而现实。也就是说，最后位的目标必须是可以达成的。达成了以后，再以达成更高的目标为目的。

（3）要总揽全局

在实现目标的过程中，既要注重大的方面的提高和进步，也要注意员工成长过程中一些小的缺点和不足。比如：不经意的经常迟到或者不注意小节，开会时手机响，衣着随便，在公共场合大声喧哗，还有做事拖拉，不能及时完成任务或者不及时汇报等等。

这些不足虽然不是什么严重错误，但是对个人职业生涯计划的实现会带来极大的不利。一个人的良好的职业习惯和职业作风，是一个人树立应有的职业道德和专业能力的基础，不能在细微之处克服人性中的惰性就很难在激烈的竞争中脱颖而出，就很难使自己在本职岗位上争创第一。

作为管理者，必须要想到怎样用公司的目标吸引员工。管理者设立简单、明确、统一的目标，让大家朝着同一目标前进，会使通往成功的路更加平坦。

目标也是最大的激励

柳传志说："目标是最大的激励，给员工一个值得为之努力的宏伟目标，比任何物质激励都来得实在，也比任何精神激励都来得坚挺。"

员工工作的一个重要动力就是为实现一定的目标而奋斗。任何一个员工都有自己所期望的目标，如何运用这种目标动力去激发员工的积极性，是管理者的一种管理艺术。

联想集团的目标激励在不同的时期有着不同的做法。这种变化尤其体现在对不同激励对象所选择的不同目标上。

第一代联想人 100% 是中国科学院计算所的科研人员，他们的年龄在 40 岁至 50 岁之间。和同龄的中国知识分子一样，他们富有学识但自感得不到施展，一面是看着国家落后，一面是自己不能更好地为国家多做一点事。所以，这批人的精神要求很高，他们办公司的目的一半是忧国之忧，另一半是为了证明自己拥有的知识能够变成财富。这种要求对于他们尤其重要，办公司是证明他们价值的最好机会。他们对物质的要求也不太多，旧体制下他们的月收入不足 200 元，当公司每月能够提供 400 多元薪水的时候他们就很知足了。

归纳第一代联想人的总体特征，有三点值得注意：一是事业要求极高，二是集体荣誉感很强，三是物质要求不高。针对他们的目标激励，也要与此相适应。因此，联想在这一时期的激励也体现出了事业目标激励、集体主义精神培养、物质的基本满足这些特点。

公司初创时期人数只有 100 多人，在研究所时彼此相识相知，对旧体制的弊端都有共同的感受，因此很容易在未来的事业目标上达成高度一致。如今依然在联想影响很大的一些思想和价值观都是在这一时期形成的，例如，"把 5% 的希望变成 100% 的现实""看功劳不看苦劳""研究员站柜台""斯巴达克方阵"等等，这些构筑起了联想文化的主体。

那时公司经常开会，一个好消息几分钟就传遍了公司上下，员工走路都健步如飞，上上下下 100 多人团结得跟一个人似的。这就是当时的联想。初期的联想给员工最多和最大的激励是他们的事业、他们的理想和他们的目标。当然，他们的收入也有了相当大的改善。但是，与精神方面的激励相比，物质方面的注重程度和实际效果就显得微不足道了。

从 20 世纪 80 年代末开始，联想的情况有了一些新的变化，变化的原因来自于新员工的大量加入。从 1988 年起，联想开始从中国科学院以外的渠道吸纳人才。先是从一些名牌大学招收研究生和本科生，刚开始时招收的人数并不多。1988年招收了几十人，1989年招收了几十人，1990年招收了上百人。从学校招来的应届毕业生虽然热情很高，但工作经验少，于是联想又通过刊登广告和在人才交流中心招聘具有在其他企业工作经验的员工。

到1991年的时候，联想北京总部有600多名员工，其中50%至60%的员工到联想以前与中国科学院没有任何关系。他们和老一代联想人在价值观方面有一定的差别。比如，新一代联想人在荣誉感方面也承认集体主义，但更多的是要突出个人的价值，而不像老一代联想人那样为了集体的荣誉宁愿牺牲自己。

此外，从当时的社会特点来看，人才流动已成为一种普遍的社会现象。人们"从一而终"的职业观念开始动摇，"人往高处走，水往低处流"，有一技之长的人大多在寻找适合自己的企业和岗位。大量流动的人才除去实现自我价值的理想以外，还有明确的物质要求，这其中包括工资、福利和住房。

为什么会出现这种变化呢？

首先，这批30岁左右的年轻人既看到了长辈在物质方面的贫穷，也亲身经历了这种贫穷，同时也知道了美国的富裕给人们带来的难以抵挡的诱惑，因此他们害怕贫穷；其次，经过多年的孕育，人才市场已经初步形成，严格按商品经济规律办事的外资企业、合资企业和新型企业可以不按政府规定的工资标准给人才开出高价，只有国有企业这个时候还在执行统一的工资等级制度。

这种变化给联想的目标激励提出了新的课题。新一代联想人承认集体的作用，但是很难做到像老一代联想人那样甘愿作一颗默默无闻的螺丝钉。他们强调自己与众不同的价值，必须在工作中明显表现自己的作用。如果在这个方面不能使其满意，就可能给联想的管理带来麻烦。

另外，新一代联想人虽然对事业和理想的追求与老一代联想人一样强烈，但在他们看来，自己的工作值多少钱企业就应该给多少钱，这完全是必要的。企业如果要求他们提高觉悟，在物质方面完全向老一代联想人学习，他们更可能认为这是愚昧之举。在职业观念方面，美国的职业观念表明企业是企业、家庭是家庭，联想如今的情况更接近美国企业。

联想员工薪水收入的大幅度提高是1990年以后，这其中涉及的原因有很多，一是国家物价水平上涨，二是联想自身积累的高速增长，还有一个很重要的原因就是员工对激励要求的变化。另外，公司在福利方面也有了突出的变化。例如仅商品房一项，1991年至1995年为员工解决的住房就有200多套。30岁出头的联想骨干绝大多数都能享有三室一厅的住房，这在北京已足以令人羡慕。员工每年还可以有10天的带薪休假。

如果说联想过去的目标激励着重于精神层面的话，那么联想今天的目标激励则朝着重物质的方向迈进。

一旦具体的目标或理想生动鲜明地体现出来，那么员工就会从思想上产生一种共鸣，会毫不犹豫地追随你。形象地说，管理者利用明确而具体的目标激励员工，就是充当一个"建筑师"的角色。"建筑师"把自己的想法具体地表现在蓝图上，让"建筑"的形象生动鲜明地体现出来，以此激发员工为之而努力工作。

作为管理者，必须要将你的目标告诉给你的员工，当员工知道你的目标后，他们就会努力去做你想要的事情；只要能够实现你的目标，不管做这些事情需要付出什么样的代价他们都愿意。

管理者不作太多决策，只作重大决策

管理大师杜拉克认为："在决策中，要看'正当的决策'是什么，而不是'人能接受的'是什么。"

在通用汽车公司的一次高层会议上，没有人对一项新的提案提出异议。公司总裁斯隆先生问："诸位先生，在我看来，我们对这项决策都有了完全一致的看法。"出席会议的委员们全部点头表示同意。但是斯隆先生接着说："现在，我宣布会议结束，下次会议时再讨论这一问题。我希望到时候能听到相反的意见，也许那样我们才能真正了解这项决策。"

斯隆先生堪称"天才的决策家"。他认为"提案"都必须经得起事实的考验。同时他还强调，不能先得出结论，而后去搜集"事实"来支持这一结论。他的观点是：正确的决策必须要从正反不同的意见中才能得到。斯隆先生的事例给出的结论是：除非有不同的见解，否则就不可能有决策。这是决策的一条原则。也就是说，有效的管理者绝不认为某一行动方向为"是"，其他行动方向均为"非"，他也绝不会坚持己见，以自己为"是"，以他人为"非"。有效的管理者第一步会先找出为什么各人有不同的意见。

杜拉克说："有效的管理者，作的是有效的决策。"他认为一位管理者之所以受聘为管理者，并不是要他做他"喜欢做"的事，而是要他做他"应该做"的事——尤其是要他作有效的决策。他特别推崇被认为是商业史上最有成效的决策者西奥多·维尔（曾于1910年开始担任美国AT&T公司总裁20年）。在西奥多·维尔做贝尔电话电报公司的总裁期间，他成功地将贝尔公司建成了全球最大、发展最快的私人公司。杜拉克认为AT&T公司之所以有这样辉煌的成就要归功于维尔担任总裁期间所作的四项重大决策，即公开承诺AT&T公司的使命是"我们的业务就是服务"，建立贝尔实验室，成立公众监督委员会，以及开创了一个满足非上市私人公司资金需求的大众资本市场。的确，这才是管理者应当做的，也只有管理者才能做的正确的事。

维尔一上任就非常清楚地认识到，如果想要使自己的私营企业不被政府接管，那么贝尔公司就必须比政府机关能更好地照顾公众的利益。于是维尔作出了第一个决策：贝尔公司必须预测并满足公众对其服务方面的希望和要求，也就是维尔提出的座右铭："我们的业务就是服务。"然后维尔制定出了新尺度来检查员工服务工作的好坏，而从来不强调利润完成的情况。

贝尔公司意识到如果企业希望能够存活长久，有效、公正和有原则的公众管理是不可缺少的。维尔因此把实现公众管理当成了贝尔公司的目标，要求员工在拓展业务的同时还必须注意保护公众的利益。这是维尔作的第二个决策。

为了解决没有正常竞争环境的问题，维尔说："我们可以把将来当成对手，让将来与现在竞争。"于是，他作了第三个决策：建立贝尔实验室。杜拉克认为："贝尔实验室的建立就是为了大胆淘汰现有产品，即使是那些非常盈利、收效不错的产品，这是一项当时世界上绝无仅有的创举。"

由于贝尔公司需要大笔资金进行公司的现代化改造和扩张，于是维尔作出了第四项决策：贝尔公司引进一种新型股票，使投资者股息有保证，资产增值时还能享受到好处，通货膨胀时免受损失，而且由贝尔公司自己做股票的承销工作。

西奥多·维尔才华横溢、头脑敏锐、具有非凡的远见，他的确是一个组织天才。他担任贝尔总裁期间只作了四项重大决策，却为公司赢得了辉煌。由此可见，"有效的管理者不作太多的决策，他们所作的都是重大的决策。"

一位有效的管理者，遇到了问题总是先假定该问题为"经常性质"。这个问题是从未出现，还是以后会经常出现，抑或是纯粹的偶然？他总是先假定该问题只是一种表面问题，一定另有更基本的相关问题存在。他要找出真正的问题所在，不会以解决表面问题为满足。

如果想要在人事问题上作一个正确的决策，那你就必须要有足够的时间进行不间断的考虑，尤其是在重要用人环节上一点也不能含糊。在用人时，对一个人的能力、性格、长处、缺点等都要经过深思熟虑，看看他是否能够胜任，是否大材小用，是否用的是其所长而回避了其所短，是否能够服众，使其特长与潜能得以充分发挥等，然后再决定。

一个有效的管理者，要有战略眼光，不仅要能够把握现在，而且还要能够把握未来。这就要在平时重视对企业发展有重大影响的信息，对市场保持敏锐的洞察力以保障产销方面的决策正确。一个有效的管理者作的决策一定要符合经济规律、符合企业自身的实际情况，而且必须是经过努力可以实现、有激励作用的决策。

有效的管理者需要的是决策的冲击，而不是决策的技巧；需要的是好的决策，而不是巧的决策。有效的管理者要尽可能多地准备方案，方案越多，选择的余地就越大，采用最佳方案的可能就越大；还要充分发挥大家的智慧，集思广益，只有有不同的见解，才会有最好的决策；另外，决策者还要有创新和开拓精神，敢于作出常规思维所不能作出的决策。

管理者还应该将行动纳入到决策当中，不要只是纸上谈兵。行动前要作好预谋规划，搞好宣传，让下级能够充分理解；对执行过程中可能出现的意外情况事先作好准备，并在执行中不断总结经验教训；然后严格按照要求贯彻执行，合理激励员工。

决策的有效性取决于决策者对决策可行性、可接受性以及决策质量、耗时等因素的重视程度。管理者在进行决策时，都应当将精力集中在对问题本质的认识上，以便更好地针对问题进行决策。

着眼于结果，树立绩效意识

现代企业着眼于结果，实现结果管理，是评价员工创造价值和提升员工个人技能的有效手段。企业通过一系列的评价指标，对员工的行为和行动作出公正、合理并且令人信服的评价，从而依据评价结果作出晋升、降职、调动、开展培训和调换工作或辞退等等决定。

工作结果考核不仅可以对员工的当前表现作出评价,而且还能影响到员工以后的行动,使之树立绩效观念、总结经验教训,进一步改进工作方法、提高工作效率。

在向结果型企业转变的过程中,企业要想树立员工的绩效意识、提高员工的执行力,就需要在管理中以员工的执行结果为重点,运用考核的办法使员工改变低功效甚至是无功效的工作方式,踏踏实实地提高每一环节的工作效率。

在上世纪90年代,IBM的管理已经到了名存实亡的地步,领导者们只在形式上用几项无关紧要的指标对员工的行为进行评价,然后就作出了奖惩的决定。没有一个员工思考如何提高自己的工作绩效,相反,他们都在盯着那些干得更少而工资和福利并没有太大变化的同事,并毫不掩饰地向领导者表示不满。

由于当时IBM的薪酬制度存在着严重的缺陷和不足:各级员工的待遇主要由薪水组成,此外还有很少量的奖金、股票期权和部门绩效工资,工资待遇级差很小而且过于强调福利,这就使得员工业绩的好坏无法体现在薪资水平上。

面对这种情况,新一届管理层首先对薪酬制度进行了改革,变固定工资为与业绩挂钩的浮动工资,另外加大股票期权和奖金在员工总收入中的比重,对那些认真完成工作、积极改进绩效的员工给予奖励。废除了家长式的福利制度,不认真完成工作、绩效差的人只能得到保底工资,而不再像以前那样尽管没有完成工作也能照样拿到丰厚的薪水。

通过此举,公司打破了长期以来的"大锅饭"作风,在绩效考核中加入了工作成果的内容,并把员工的工作成果作为薪酬水平的衡量依据。

为了使新的薪酬制度发挥出更大的效果,新的领导层进一步调整了已经严重脱离现实的绩效考核制度,为员工设计了切合实际的绩效目标,以及更加科学合理的评价标准,使员工形成了一种只有切实地作好执行工作才有可能获得升迁机会的思想。

这样，IBM公司成功地改变了员工的行为方式，使他们更加注重业绩和结果。员工这种行为方式的改变，极大地促进了IBM公司业务的发展。

企业管理者不仅要在绩效考核中加入执行结果的内容，还要在整个结果管理的过程中注意执行力的提升。只有在结果管理实施的过程中倡导执行结果，企业才能更快更好地改变员工的行为方式，使之改进工作业绩、提高绩效意识。

企业的领导者在整个结果管理的流程中都必须深入到具体问题中去，真正指导员工改善业绩水平。只有领导者以身作则、注重实际，员工才会改变行为、注重执行，也只有领导者不断地与员工进行充分的沟通，企业的绩效管理水平才会得到提高。

大众汽车公司一直被认为是最科学和理性的公司，而最能体现其理性特点的莫过于结果管理了。在大众汽车公司，结果管理工作被当作了一个系统工程。主管和员工共同讨论和制定绩效目标，并且这个结果目标必须是具体的、可执行的、有明确时间表的。只有员工能够准确地描述自己的具体工作是什么、这些工作的具体标准是什么、为什么要做这些工作以及这些工作的时间期限等等，绩效计划的工作才能告一段落。

大众的绩效考核十分注意对员工的执行结果进行考核。大众汽车在考核中引入了六西格玛概念，用它来解决管理人员、公关人员的考核不易量化的难题，而员工也可根据这些行为准则评价自己的上司。对于具体执行工作，能量化的尽可能用严格的标准量化，如公关人员的工作量化可以用接了多少个电话、回了多少个电话、用多少时间来回答、安排了多少采访等进行。通过对这些十分具体的工作的考查，不仅公关人员、管理人员更加务实和注重结果了，其他员工也深受结果文化的感染，积极改变了自己的行为方式。

除了对工作业绩进行考核以外，大众汽车公司还对员工的价值观等方面进行考核。每一个进入大众汽车公司的员工都要经过一系列的价值观培训，使员工理解和强化公司的价值观。考核不是让员工背诵价值观，而是考查员工是否在平时的工作和生活中用实际行动与工作的结果来说明价值观。

通过大众汽车的结果管理，我们不难看出公司对于员工是否用实际行动执行计划、实践战略的重视，以及对各级管理人员在执行和关注具体结果方面的高要求。

无数事实已经证明，企业要想建立起以结果为导向的执行文化、提高整个企业的实力，就必须在管理中加入结果绩效的内容，并把这一内容作为考核的核心，牢固树立员工的绩效意识。此外，还要求各级管理者在结果管理的全过程中起到榜样作用，才能使企业更好地实现员工行为方式的改变。

有效的业绩考核制度，能将员工个人工作表现的状况和企业的目标紧密地结合起来。

少说"我"，多说"我们"

在日常生活中，有一个字用得最多，那就是"我"。但"我"并没有很深刻的自我认识含义，认识一个人应该是从他的专属名字开始的。正如松下所说，一个人对自己需要有充分的认识，也可以说是一种自觉。首先要明确地认识这个名字，并将它置于一定的团体概念之下。例如所有人都有一个自己专属的名字，假使你是山本三郎，你就要确知自己是"山本三郎"，更重要的是，"我是日本的山本三郎"。这是第一步。

而当一个人进入公司之后，要有更进一步的新认识，即"日本某公司职员某某"。这是第二步，因为他把自己限定于范围更小的团队意识中了。

第三步是通过对企业理念的学习和团队精神的理解，在自我心中培养和产生与公司共存亡的信念。这样,这个人存在的价值就会变得非常大,同时也能感化周围的人,团队的精神也就会因此而自然加强了。然而每个公司都缺乏这样的人。不过,大多数成功者都是从这种人物中诞生的。

松下认为,一个人成功非常容易,因为他可以借助于团队的力量和精神。可是有很多人却不能成功,这是因为他们舍弃了团队共同努力这样一条康庄大道而绕上了自我奋斗这条小路的关系。这些人眼前有一条大道,可是他们却偏偏认为小路好走。结果不是掉在泥沟里,就是因为路不好走而行进得非常缓慢。这也是为什么像松下电器这样的企业能够迅速地获得成功,而另一些企业却发展缓慢的重要原因。

当今的世界是一个不断分化和综合复杂的世界,由于不断的分化而变得深入,由于不断的综合而变得全面,这就是一些事物发展的基本趋势。作为一个优秀的企业家,松下幸之助明确地看到了这一点,他指出:"当学问划分得愈来愈仔细时,一些衔接的学问便渐渐重要了起来。所以需要将细分的学问加以综合,也可以说是调和的学问相对增加。现今的日本正是这种情况,若以医学而言,有人学牙科、有人学耳鼻喉科、有人学眼科,各有专精。这种情形并非不好,可是人们还需要耳与眼的调和。若缺乏这种学问,还是很不方便。"在一个团队中,有不同能力的人很多,他们都专注自己的技术或能力,那么怎样能使他们相互配合,产生强大的效力,使团队更具凝聚力呢?从这一角度出发,松下提出了自己的一种独特学问,即"调和学"。

什么是松下所总结的"调和学"呢?举个简单例子,在一个企业里,如果忽略了经营者与工会之间的联系,则经营无法实现。只有让他们之间有所联系,才能成为一个完整的企业。

松下认为,调和存在于一切事物中,但它并不是固定的,而是不断在发展,问题在于如何"调和"。团体中的每一分子都有调和的意愿,只是不知调和的方法,这就要靠训练、靠研究、靠教育。举例说,一个企业有

2万名员工，但如果不懂得"调和"，那么2万人也不能真正发挥其力量，创造不出多大的效应。如果一味放任不管，2万人就成了乌合之众、一盘散沙。所以，企业家在提高每个员工力量的同时也必须考虑2万人的团体合作。如果企业有2万人，可以分成好几个团体，然后联合成一个大团体。这样，就会使大家形成一股凝聚力，产生一种责任感。但同时还必须要谨慎，不要使这个团体产生负面的作用。

如果人类的思想趋于相同，那么事情就好办了。实际上人的思想非常复杂而且怪异，可以说是困难重重。而要使每个人的思想随时都导向相同的地方，问题就更为棘手了。即使在企业的领导层中，大家的思考方式也不同，因此即使想集合每个人的力量综合发挥也不是容易的事。因此，实现这种"调和"是一个企业最重要的事。

在周围的人群之中，有些人的魅力特别显著，这种魅力从何而来呢？姑且不论好坏，伟大或不伟大，这都是由于人们的特点不同所导致的。看看周围，万物各不相同，各有各的特色，大家的特点都不一样，要成就一件大事，彼此应互相承认这点才好。当我们面对当今世界的不断纷争，面临企业内部的种种矛盾时，想一想松下先生所倡导的"调和学"，也许我们能够从中学到些什么。团队的力量，是由团队中所有人共同创造的，只有调和好团队中每个人的思想，使其为了一个共同的目标而共同努力，才能发挥出巨大的力量，产生无限的潜力。

"我们"与"我"的区别，就是范围扩大了。管理者和员工的根本利益是一致的，把范围扩大后，员工会感觉到自己也是企业的主人，从而提高工作的主动性。

改变环境不如改变自己

森林里，住着三只蜥蜴。其中一只看一看自己的身体和周围的环境大不相同，便对另外两只蜥蜴说："我们住在这里实在太不安全了，要想办法改变环境才可以。"说完，这只蜥蜴便开始大兴土木起来。而另一只蜥蜴看了看则说："这样太麻烦了，环境有时不是我们能改变的，不如我们另外找一个地方生活。"说完，它便拎起包袱走了。第三只蜥蜴，也看了看四周，问道："为什么一定要改变环境来适应我们，为什么我们不通过改变自己来适应环境呢？"说完，它便借着阳光和阴影慢慢改变着自己的肤色。

　　三只蜥蜴对于同样的环境作出了不同的反应。企业对外部环境的适应也就像那三只蜥蜴一样有着不同的做法，有的主动改变环境，有的逃离环境，也有的通过主动改变自己去适应环境。第一种方法需要自己有较强的实力，一般企业根本无法企及；第二种方法则是自欺欺人，环境虽大，可逃的地方终究少，逃避解决不了任何问题；第三种方法从自身下功夫才是为人所称道的。

　　IBM在发展的初期，公司上下均坚持这样一个信条："未来的电脑发展将会走上电力公司的路子。"具体来说，该公司深知，且相信能以严谨的科学证实，未来的人类将发展出像火车站一样具有强大威力的主机型电脑，可供无以计数的使用者连线使用。各个领域的专家都同意这一观点。然而，就在这种火车站式、主机导向的信息系统正要进入人类的现实生活时，突然间，两个年轻人却打算开发全世界第一部个人电脑了。当时，所有的电脑制造商都把这种机型当作笑话看。从内存、硬盘容量、处理数据的速度，一直到计算能力来看，没有一项是PC可以赖以成功的条件。事实上，每一家电脑制造商均断言，将来PC一定会失败——其实在那时的几年之前，施乐公司（Xerox）的开发部门就已经制造出了第一部PC，只是当时该公司认为这种产品行不通而决定放弃。然而，当这种产品陆续上市之后便立即赢得了消费者的青睐。

　　回顾过去的历史，任何一个在市场上叱咤风云几十年的大企业，一旦碰到这种突然的变化，一开始的反应都是拒绝接受事实。面对个人电脑的兴起，大多数主机型电脑制造商的反应都是嗤之以鼻。当时，IBM 一家公司的年产量就相当于其他所有同业的总和，而且其利润也创下历史新高，非常可能和其他公司有相同的反应。但是相反的，IBM 立刻很现实地接受了 PC 这种产品。管理阶层撇开一切旧有的政策、规则和规定，几乎是在一夜之间就成立了不是一个而是两个互相竞争的开发团队，要求它们设计出更简单的 PC 来。两年后，IBM 已经变成了全世界最大的 PC 制造商，该公司所生产个人电脑的规格也成了产业标准。

对于同样的环境，施乐公司固守陈旧观念不思改变而错失了商机；IBM 公司虽然在最初也同样不看好 PC 机，但它仍然以适应市场为主作出了快速反应，也因此而成为世界上最大的 PC 制造商。

在现代竞争激烈的市场环境中，那些以自我为中心、不肯改变自己的企业只能被市场所淘汰。

权变的领导者很重视环境条件，他们会根据环境的具体情况确保自己的行动和决策既达到目的又不违反客观实际。环境为领导者提供了充分施展才能的活动舞台，又同时给领导者构筑了许多限制框架和制约条件。

用人之道随环境而变，主要表现为对环境的适应。

罗斯福总统在他就任的前 100 天中就从了解和熟悉有关的官僚制度入手，使自己完成了对环境的适应过程，因此，他一上台就表现出了如何利用这一制度去开展用人活动的非凡才能。杜鲁门、艾森豪威尔、肯尼迪、约翰逊、尼克松以及福特总统，在掌权之前也都经过了一个熟悉政治、经济和文化环境的适应过程，积累了扮演从政角色的经验。所以，当他们以总统身份开展用人活动时就比较得心应手了。

据说卡特总统在位期间，这方面的能力不如上述几位总统那么出色，因而处处受到国会的牵制，成为被社会舆论讥讽的"深受折磨的一位领导人"。这些事例对于一个企业，尤其是像世界 500 强这样的超大企业中的中层领导如何适应公司内部大环境的变化敲响了警钟。

只有那些能够自如地应对经营环境的变化，不断进行自我变革的企业才可能超越时代并保持住自身的优势。

不问做了什么，只问结果如何

在计划经济时代，国有企业往往强调吃苦耐劳的"老黄牛"精神。固然，在任何时代，我们都需要任劳任怨、勤勤恳恳的"老黄牛"精神。但也必须看到，在凡事都讲效益的现代企业，光靠"老黄牛"那样低头做事已经远远不能达到要求了。

一天，张总安排了几乎完全相同的两个任务给小张和小王两位员工去做。小张每天提早上班，推迟下班，连星期六、星期天都不休息，弄得心力交瘁、愁眉苦脸。但是，由于他没有达到要求，张总对他总是很不满意，甚至还对他严加批评。而小王却从不加班加点，只是每天把该做的事情都做好，每天报告给领导的都是好的进度与消息，领导对他总是笑脸相迎，经常表扬，最后将他提拔为了部门主管。

在现代企业，领导重视能出业绩的员工的情况越来越普遍了。是老总偏心、不欣赏苦干的员工而只欣赏"讨巧"的员工吗？原因往往不是这样的。其主要原因，是我们已经进入了市场经济的新时代。那些光知道苦干、穷忙，却又不知自己在忙什么也忙不出什么结果的人，已越来越得不到企业的认可。

现代企业正越来越认可一个新的理念：做任何事情都要讲究效率和效益。不仅要努力去做事，更要把事情做成、做好！

"不重过程重结果，不重苦劳重功劳。"这是联想集团的核心理念之一。这个理念，在联想公司成立半年之后就开始提了出来。

毫无疑问，在刚刚创业时的联想，大家都有对事业拼命的干劲和热情,但是,光有干劲和热情并不能保证财富增加与事业的成功。当时就那么一点点资金,如果没有用好,公司就有可能夭折、破产。这时,只是强调繁忙、勤奋、卖命、辛苦等是远远不够的。联想用20年时间,从几个下海的知识分子的公司变为了一家享誉海内外的高科技集团,它之所以后来有这样大的发展,毫无疑问与这个核心理念密切相关。

以往我们经常会听到某些人讲:"没有功劳还有苦劳。"苦劳固然使人感动,但在新的时代形势下,有功劳的人才有更好的发展。

多年前,美国兴起了石油开采热。有一个雄心勃勃的小伙子也来到了采油区。但开始时,他只找到了一份简单枯燥的工作,他觉得很不平衡:我那么有创造性,怎么能只做这样的工作?于是便去找主管要求换工作。

没有料到,主管听完他的话,只是冷冷地回答了一句:"你要么好好干,要么另谋出路。"

那一瞬间,他涨红了脸,真想立即辞职不干了。但他考虑到一时半会儿也找不到更好的工作,于是只好忍气吞声又回到了原来的工作岗位上。回来以后,他突然有了一个感觉:我不是有创造性吗?那么为何不能就在这平凡的岗位上做起来呢?于是,他对自己那份工作进行了细致的研究,发现其中的一道工序每次都要花39滴油,而实际上只需要38滴就够了。经过反复试验,他发明了一种只需38滴油就可使用的机器,并将这一发明推荐给了公司。可别小看这1滴油,它给公司节省了上万美元成本!

你知道这位年轻人是谁吗?他就是洛克菲勒,美国最著名的石油大王。

在当今的企业中,更多的是毫无价值的"忙人"。他们每天在急急忙忙地上班、急急忙忙地说话、急急忙忙地做事,可到月底一盘算,却发现自己并没有做成几件像样的事情。他们往往以一个"忙"字作为自己努力的漂亮外衣,却没有想到,这种忙只能是"穷忙""瞎忙",没有给自己和单位带来任何效益。

管理不是为了管人，而是为了做事

一个员工要想成就一番事业，就必须从一开始就牢固树立自己的结果意识，以实现结果为工作最终的也是惟一的目标，绝不能像驴子拉磨那样一条道走到黑。

作为华人首富，李嘉诚的名字可谓是家喻户晓。他之所以能成为首富，也并非没有规律可循：从打工的时候起，他就开始树立做事只看结果的思维。

从十多岁开始，李嘉诚就挑起了整个家庭的生活重担，他不得不靠打工来维持生活。他先是在茶楼做跑堂的伙计，后来又应聘到一家企业当推销员。干推销员首先要能跑路，这一点难不倒他，以前在茶楼成天跑前跑后，他早已练就了一副好脚板，可最重要的还是怎样千方百计把产品推销出去。

有一次，李嘉诚去推销一种塑料洒水器，连走了好几家都无人问津。一上午过去了，一点收获都没有。如果下午还是毫无进展，回去将无法向老板交代。尽管推销得不顺利，但他还是不停地给自己打气，精神抖擞地走进了另一栋办公楼。他看到楼道地上的灰尘很多，突然灵机一动，没有直接推销产品，而是去洗手间，往洒水器里装了一些水，将水洒在楼道里。十分神奇，经他这样一洒，原来很脏的楼道一下变得干净起来了。这样一来，立即引起了主管办公楼的有关人士的兴趣，一下午，他就卖掉了十多台洒水器。

在做推销员的整个过程中，李嘉诚十分重视分析和总结。在干了一段时期的推销员之后，公司老板发现：李嘉诚跑的地方比别的推销员都多，成交的也最多。从此，老板便对李嘉诚格外赏识。

纵观李嘉诚的奋斗历史，其实就是一个不断用方法来达到结果的历史。因此，每位有志于成功事业的员工都应该格外重视工作的效率和结果。

当前，许多企业都提出了一个"新敬业精神"的理念。这一理念的核心,就是强调以效益为核心,让"老黄牛"插上效率和效益的翅膀。从员工的角度讲,只有你为企业创造财富,企业才会给你财富;只有你为企业打造机会,企业才会给你机会。

做一个凡事都讲究效率的忙人吧,这样的忙才会有价值!做一个凡事都讲究结果和功劳的人吧,这样你才会赢得最快速度的发展,并得到最大的认可与回报。

要想造就一流的企业,必须先从打造一流的员工开始。一个员工只有把每时每刻的工作结果与企业的生死存亡紧密相连时,才会开始向一流的员工迈进;一个企业只有以生产的结果来引导员工的工作行为时,这个企业才会开始向一流的企业迈进。

第 03 章

合理选拔、使用人才是成事的关键

选人才事业兴，选奴才事业衰

人才和奴才，虽然在字面上都带有一个"才"字，但在本质上却有着很大的差异。前者有才，后者也有"才"，只不过后者之"才"是歪才罢了。问题是，萝卜白菜，各有所爱，有的管理者喜欢用人才，有的领导者喜欢用奴才，这毕竟是现实生活中一个不争的事实。这是为什么？有人简单地概括为八个字：人才难用，奴才好用。

这话是有一定道理的。在一些单位里，有用的人才被闲置不用，而没用的奴才却被委以重任，"掌门人"往往振振有词，美其名曰"不拘一格用人才"。究竟是选张三还是选李四心里早有主张，只是心照不宣罢了。某些人就是喜欢奴才，奴才听话、顺从和好用，可以不厌其烦地跑前跑后，并且还有领会意图、投其所好、逆来顺受、阿谀奉承等一大堆"优点"，如果再加上连着裙带和沾点贿赂之类的微妙关系，那就是"密不可言"了，用来"辅佐"，夫复何求？在这样的管理者眼中，人才与奴才一比显然没了"长处"，靠边站也就不足为奇了。所以，用奴才不用人才，追究到更深一层，是用人机制的不合理。

"楚王好细腰，宫中多饿死。"有人喜欢奴才，有人就当奴才，这是奴才能够生存的环境所产生的因果关系。试想，如果没有人喜欢奴才，世界上怎么会有奴才？可怕的是，选用奴才的结果只能是更加恶化用人环境，把事业搞得越来越糟。

在市场经济条件下，一切竞争归根到底都是人才的竞争，重用人才，不用奴才，我们的事业才能立于不败之地。

美国 IBM 公司的总裁小托马斯·沃森是位经营企业的高手，其用人的特点是，选人才不选奴才。小沃森自小生活在其父老沃森身边，耳濡目染，非常崇敬和钦佩那些有本事的人。他从小就认识一位经理，名字叫雷德·拉莫特,这是一个极有能力的人。雷德·拉莫特认识IBM里所有的人,无论老少,对人有着合乎情理和不偏不倚的看法;面对老沃森敢于毫无顾忌地说出自己的真心话,敢于对小沃森提出严厉的忠告。小沃森说,这位经理对他的教益极大,否则他会犯更多的错误。

有位"未来需求部"经理叫伯肯斯托克,是刚刚去世不久的IBM公司第二把手柯克的好友。由于柯克与小沃森是对头,所以伯肯斯托克认为,柯克一死,小沃森就会收拾他。于是决定"破罐子破摔",打算辞职。有一天,他闯进小沃森的办公室,大声嚷嚷道:"我还有什么盼头!销售总经理的差使丢了,现在干着因人设事的闲差,有什么意思?"

小沃森的脾气相当暴躁,但面对故意找碴的伯肯斯托克,小沃森并没有发火,他了解他的心理。小沃森觉得,伯肯斯托克是个难得的人才,甚至比刚刚去世的柯克还精明。虽说此人是已故对手的好友,性格又桀骜不驯,但为了公司的前途,小沃森决定尽力挽留他。

后来,事实证明留下伯肯斯托克是极其正确的,因为在促使IBM做起计算机生意方面,伯肯斯托克的贡献最大。当小沃森极力劝说老沃森及IBM其他高级负责人尽快投入计算机行业时,公司总部的响应者很少,而伯肯斯托克却全力支持他。正是由于他们俩的携手努力,才使IBM免于灭顶之灾,并走向了辉煌的成功之路。

小沃森在回忆录中写道:"我总是毫不犹豫地提拔我不喜欢的人。那种讨人喜欢的助手,喜欢与你一道外出钓鱼的好友,恰恰是管理者的陷阱。相反,我总是寻找精明强干、爱挑毛病、语言尖刻、几乎令人生厌的人,他们能对你推心置腹。如果你能把这些人安排在自己周围工作,耐心听取他们的意见,那么,你能取得的成就将是无限的。"

选人才事业兴,选奴才事业衰。管理者一定要对这个问题有充分的认识,千万不能有妇人之仁,毕竟企业发展靠的是人才,而不是奴才!

拿出淘金的精神去挖人才

在市场经济环境下，竞争达到了白热化的程度，商海浪潮中无时无处不存在着产品竞争、市场竞争、管理竞争等，但这一切的竞争归根结底还是人才的竞争。人才就是一切，它是世界上所有资本中最宝贵、最有决定意义的资本，也是利润最高的资本，只要恰当地投入并加以利用，就能给企业带来几倍甚至是几十倍的利润。

人才无异于企业中永不贬值的黄金。对于人才，管理者只有拿出淘金的精神去挖，方可满足现代企业生存所必须的条件，才能使企业在市场竞争中争得一席之地。

那么，作为管理者，应当如何下手去"淘金"呢？不妨采取以下几种手段。

（1）去人才交流中心"淘金"

在全国的各大中城市一般都设有人才交流服务机构。这些机构常年为企事业用人单位服务。他们一般建有人才资料库，用人单位可以很方便地在资料库中查询条件基本相符的人员资料。

（2）多参加招聘洽谈会

人才交流中心或其他人才机构每年都会举办多场人才招聘洽谈会。在洽谈会中，用人企业和应聘者可以直接进行接洽与交流，节省了企业和应聘者的时间。随着人才交流市场的日益完善，洽谈会呈现出向专业方向发展的趋势，比如有中高级人才洽谈会、应届毕业生双向选择会、信息技术人才交流会等等。洽谈会由于应聘者集中，所以企业的选择余地较大。通过参加招聘洽谈会，企业招聘人员不仅可以了解当地人力资源素质和走向，还可以了解同行业其他企业的人事政策和人力需求情况。

（3）借助传统媒体

在传统媒体刊登招聘广告可以减少招聘的工作量，广告刊登后，只需在公司等待应聘者上门即可。在报纸、电视中刊登招聘广告的费用较大，但容易体现出公司的形象。现在很多广播电台都有人才交流节目，播出招聘广告的费用会较少，但效果比报纸、电视广告差一些。

（4）走进校园

对于应届生和暑期临时工的招聘可以在校园直接进行。其主要方式有张贴招聘广告、招聘讲座和毕业生就业办公室推荐三种。

（5）网上招聘

通过互联网进行招聘是近几年新兴的一种招聘方式。它具有费用低、覆盖面广、时间周期长、联系快捷方便等优点。

（6）鼓励在职员工推荐

员工推荐对招聘专业人才比较有效。员工推荐的优点是招聘成本小、应聘人员素质高、可靠性高。据了解，美国微软公司40%的员工都是通过员工推荐方式获得的。为了鼓励员工积极推荐，企业可以设立一些奖金，用来奖励那些为公司推荐优秀人才的员工。

（7）挑出身边"沙粒"中的"金子"

淘金者淘金时需要耐心、细心地在一堆看似不值一文的沙粒中精心挑选，才能找出其价不菲的金沙。这是考验一个人眼力及性格的工作。挖掘本企业内部的人才也是一样，管理者要先了解员工的优点、特长，发现员工潜在的才能，并且不气馁地帮助他发展才能。如果具备了这样的精神，或许别人认为平凡或一般水准以下的人也有可能在某方面迸发出非凡的能力。

很多企业的管理者总抱怨自己公司内没有可用的人才，所以不得不去企业外招聘或找猎头公司，但成功的管理者却从来没有这种感觉，相反内部挖掘是他们更常用的挖掘人才的方法。其实，如果管理者对所有员工的技能、经验、期望和抱负都有所了解的话就会惊讶地发现，原来自己的企业里有很多被大材小用或未受重用的人才。

企业家罗伯特·汤森在《企业上层》一书中说："大多数经营者都会

抱怨企业缺乏人才，所以到外面招人进来占据关键职位，这简直就是糊涂透顶！我采用的是'50%原则'。在公司内部找一个有成功记录（在任何领域）、有心做这份工作的人。如果他看起来符合你50%的条件，那么就应当把这个工作给他。"

许多企业就是通过内部调职系统来为自己提供合适的人才的。内部提升不但为企业减少了从外部招聘人才所需支付的种种费用，而且还对企业内部的所有员工产生了激励作用，有利于员工的成长。

（8）把筷子伸到别人碗里去

有些时候，划给淘金者的区域相对来说比较贫瘠，而别人的地盘上却资源丰富。在这种情况下，淘金者不免会趁其不备在别人那里弄一些回来。这种事在企业中也屡见不鲜，俗称"挖墙脚"。对于高级人才和尖端人才，用传统的渠道往往很难获取，但这类人才对公司的作用却是非常重大的，通过"挖墙脚"的方式可能会更加有效。人才猎取需要付出较高的招聘成本，一般会委托"猎头"公司的专业人员来进行，费用原则上是被猎取人才年薪的30%。

在现代企业中，"挖墙脚"虽掺杂着一些不算光明正大的成分，但也不受法律的限制，因此，管理者也可以谨慎地运用这种手段。这其中的关键是要能够提供比人才所在的企业更为优厚的待遇或更高的职位，或者是能够吸引他的项目。这就需要管理者视本企业的实力量力而行了。

淘金不是一件轻松的事情，挖掘人才也是一样，管理者一定要抱着淘金者的态度去挖掘人才，方会"才"源滚滚。随之而来的，自然也就是财源滚滚了。

决不可用朽木去造大船

古代的教书先生常会把一句酸溜溜的话挂在嘴边："朽木不可雕也。"

虽然这句话从他们文绉绉的嘴里说出来常会让人觉得有些可笑，但却是一句无可争议的真理。管理者在选人用人的时候，也要注意自己手下的那批人哪些是"朽木"，让他们只做些无关痛痒的工作，而决不能用他们"造大船"。否则，在市场风浪的冲击下，暴露出原形的朽木之船必然会翻个底朝天。

能干出一番事业的成功者毕竟是少数，许多人虽也曾很努力，但最终也没有很好的结果，这除了复杂的社会因素外，其个人素质也是一个重要的方面。有些人虽然学有所长，但是在性格、能力上可能存在着一些致命的弱点。这些弱点如果在工作中表现出来，则会给企业造成或多或少的损失。为了尽量避免管理者在选人用人时出现错误，这里列举一些具有"朽木"特质的人，以供参考。

（1）自命不凡者

这种人根本无法容忍别人的一切举止、想法。对于这种自命不凡的人，各种训练法都治不好他们永远埋在心底的精神特质。把这种人一个个地互相隔离开来是最好的解决方法，而且是惟一的解决方法。

（2）权力欲过强者

权力欲望过强的人浑身上下都散发着按捺不住的野心，时时刻刻都不忘在别人面前显示自己的能力。这种人有能力，而且常常已经下定决心一定要升到最高层的位置，不达目的，誓不罢休。但这种人在工作中会为自己的野心不择手段，常常会破坏组织的正常工作秩序，因此还是不用为妙。

（3）投机者

这类人善于察言观色，把自己作为商品，谋求在"人才市场"上讨个好价钱，在工作上只喜欢讨价还价，除非他有某项专长，否则基本上没什么用途。

（4）谄媚者

谄媚者一般毫无才干，且品质恶劣、道德观念差、意志薄弱，因而不可重用。

（5）虚荣心过强者

虚荣心过强的人喜欢自吹自擂，缺乏实干精神，没有什么真本事，只会信口开河，夸大他的人生履历。让他们从事推销倒也不错，而其他工作则要慎用。

（6）四平八稳者

四平八稳型的人处世轻松，满不在乎。他们最主要的缺点是已经失去了激情，只是想谋取一个舒适的职位而已，根本没有跟别人竞争比赛的上进心，只可做一些平衡性的工作，不适合做建设性的工作。

（7）纸上谈兵者

这种人似乎有谋划成功的大智慧，见识机敏，谈吐聪慧，评点前人功过如探囊取物，心中似乎怀有奇谋。但实际上他们对事物形势的判断能力差，一旦落实到行动上就会暴露出不能见机行事的弱点，让他们来出谋划策、指出不足之处就可以了。

（8）勇气不足者

这种人有大智慧，能策划大谋略，但终因魄力不够，所以守成有余，闯劲不足，不敢冒险。这种人只能用来守城，不可用之拔寨。

（9）过度依赖他人者

他们喜欢例行的、事务性的工作，不喜欢作决策，常会依靠别人来开展工作。这种人只适合做身边的"乖宝宝"，而不能委以重任。

（10）自私者

他们过于关心地位和其所象征的权势，喜欢吹嘘，喜欢责怪他人，沽名钓誉。这种人在企业里基本上没有什么用处，除非他有特殊的才能。

（11）追求安逸和快乐者

他们平时总是先玩乐后工作，不喜欢的事情便不去做，经常"请假"，应聘时专找工作时间有弹性的工作。这种人也不适合重用。

（12）想法天真者

他们对工作和待遇的期望不切实际，总是幻想成功，但不努力去追求，以幼稚的想法认定自己可以创造奇迹。想要用这种人，你就得刺激他们把想象力用到工作中来。

（13）不愿意承担责任者

他们喜欢推卸责任，不愿意出远门（包括出差）。这种人最好不用，即使因某种理由必须要用，也只能给他们一些鸡毛蒜皮的小工作。

（14）缺乏自制力者

容易沮丧，脾气善变，不能接受批评，人际关系差，由于恶劣的脾气导致意外事故，好色、好赌、烟酒无限量。对于这种人，管理者只能量才而用了。

（15）不顾后果者

工作一直不稳定，一冲动就乱来，挥霍无度，经常作出不恰当、不负责的评论。你如果不想让他给企业造成更大的损失，那就炒了他吧。

（16）过度服从者

过度柔顺，衣着严谨，非常守时，观点保守，对权威过度尊敬。对于这样的人，让他去和四平八稳者做同一类型的工作吧。

（17）表现欲过强者

对能成为众人注目焦点的工作很有兴趣，过度喜欢辩论、表演。这种人适合做公关，但不能担任领导职务。

在运动比赛时，失败的一方往往是从薄弱的环节开始的。在一个企业中，业绩的滑坡也是从最有问题的员工身上产生的。有问题的员工，往往是管理上棘手的一环。他们的工作习惯、态度，不仅仅影响到他们本身的工作效率，还动辄将个人情绪发泄，容易影响到其他员工。所以，身为管理者，决不能忽视员工身上的弱点和问题，更不能让他们这批朽木去造大船，否则企业早晚会翻在阴沟里。

用人需把握平衡互补之道

在用人时，如果让两个或两个以上性格、学识相仿的人合作，看似能够和平共处、顺利完成任务，但实际上除了把他们的缺陷加深、障碍增多外，最大的好处也不过是将其仅有的优点扩大罢了。对于企业来说，这些优点是不足以应付全部外来困难的。

企业用人也是同理。在一个组织中，每个人才因素之间最好要形成相互补充的关系，包括才能互补、知识互补、性格互补、年龄互补、性别互补和综合互补。这样的人才结构，在科学上常需"通才"领导，使每个人才因素各得其位，各展其能，从而和谐地组合在一个"大型乐队"之中。

国外的研究表明，在一个经理班子中，最好有一个直觉型的人作为天才军师，有一个思考型的人设计和监督管理工作，有一个情感型的人提供联络并培养职员的责任感，并且最好还有一名冲动型的人实施某些临时性的任务。这种互补定律得到的标准和结果是整体大于部分之和，从而实现人才群体的最优化，用人时不能不明白此道理。

平衡互补的用人之道已经在企业的经营管理中起着越来越重要的作用，只有了解了人才的才能互补定律后才能更好地用人。

丹麦天文学家第谷有着杰出的观察才能，经过日积月累，他得到了大量天文观察资料。尽管如此，他的学说仍然没有摆脱托勒密地心说的束缚。1600年，第谷请了一位助手——德国天文学家开普勒，开普勒虽然观察能力不及第谷，但他的理论分析和数学计算才能却非常突出。他们两人合作后不久，第谷就去世了。在第谷丰富的观察资料的基础上，开普勒进行了大量理论分析和研究，大胆地提出了火星轨道为椭圆形的开普勒第一定律，接着又提出了第二定律（行星与太阳的连线在相等的时间内扫过相等的面积）和第三定律（行星公转周期的平方等于它与太阳距离的平方）。开普勒行星运行三大定律的发现，是第谷观察才能与开普勒理论、计算才能互补效应的结晶。

用人除了要了解人才的才能互补律、知识互补律外，还应了解人才中的个性互补律。无论是在哪一个人才结构里，人才之间都存在着个性差异，每个人才的气质、性格都各有不同。例如，有的脾气急，有的脾气缓；有的做事细致、耐心，有的办事麻利、迅速。这些不同的个性特征，都可以从不同的角度对工作产生积极作用。如果每个人才都是同种性格、同种气质，工作反而无法做好。例如，全是急性格的人在一起，就容易发生争吵、纠纷。这和物理学上的"同性相斥"现象极为相似。

个性互补，有利于把工作做好，中国女排的崛起就是个鲜明的例子。原女排教练袁伟民是这样总结的："一个队十几个队员应该有各自的个性，这个队打起比赛来才有声有色。如果把他们的棱角都磨光了，那这个队也就没有希望了。"这话讲得非常地道。一般而言，人才都有着鲜明的个性特性，如果抹杀了他们的个性特征就等于抹杀了人才，只有把他们组织在一个具有互补作用的人才结构中才能充分发挥他们的作用。

同时，还要注意其中的年龄互补。老年人、中年人、青年人各有各的特长和短处，这不管从人的生理特点还是从成才的有利因素来讲都是如此。因此，一个好的人才结构需要有一个比较合理的人才年龄结构，从而使得这个人才结构保持创造性活力。明朝开国皇帝朱元璋取得政权后的用人方针就是"老少参用"。他是这样认为的："十年之后，老者休致，而少者已熟于事。如此则人才不乏，而官吏使得人。"显然，朱元璋的这一用人方针是从执政人才的连续性、后继有人方面出发的。其实，它还有更高一层的理论意义，老少互补对做好工作，包括开拓思路、处事稳妥、提高效率等都意义深远。

性别互补也非常重要。物理学上有条规则："同性相斥，异性相吸。"男女都需要异性朋友。人们只要与异性一起做事，彼此就格外起劲，也就是人们常说的"男女搭配，干活不累"。这种情形并非是恋爱的情感，或者是寻觅结婚对象，而是在同一办公室中，如果掺杂异性在内，彼此的性情在不知不觉中就会调和许多。在以前的公司内，有些部门专是男性负责，有些部门全是女性，并非故意如此安排，实则是因工作上的需要不得不如此。在纯男性或纯女性部门中，经常会有人发牢骚，情绪极不平稳。于是有人建议安排一些异性进去，结果情况大为改观，他们不再那么愤世嫉俗，而且工作情趣陡升，工作绩效也大为提高了。

现在已有越来越多的人认识到，办公室内若有异性存在，就可松弛神经、调节情绪。男女混合编制，不但可以提高工作效率，也可成为人际关系的润滑剂，产生缓和冲突的弹性作用。但是，男女混合编制要掌握一定的平衡规则。在众多男性中只掺杂一位女性，或者许多女性中只有一位男性，这样做也是不妥的。有效的男女编制至少应有20%以上的异性，同时也都希望彼此年龄能够相仿，因为彼此年龄差距过大会形成代沟，也不会合得来。现今的年轻人多半认为男女交往是一件正当的事，对自己的行为也大多能负责，所以无须过分担心。

当工作上不可能有男女混合编制时，应经常举办康乐活动或男女交谊团体活动，增加男女交往的机会。公司方面也不妨鼓励员工多参加公司以外的活动，总的来说，对公司是裨益良多的。

平衡互补的用人之道在现代企业管理中的地位已变得越来越重要。规模越大，越需要在其人才结构中体现出这一原则。

培养人才是一种战略性投资

许多管理者认为员工培训成本很高，并且在短期内看不到什么效益，这种看法普遍存在，但却是非常错误的。世界上的许多大企业早就把员工培训费用看作是一种投资，而且是一种回报率很高的投资了。韩国三星集团每年的员工培训费用为 5600 万美元。早在 20 世纪 80 年代，电讯巨头摩托罗拉公司做过的一次调查表明：每 1 美元的培训费用，在 3 年内可实现 40 美元的生产效益。

著名企业管理学教授沃伦·本尼斯说："员工培训是企业风险最小、收益最大的战略性投资。"这句话阐明了现代员工培训对于企业的重要意义。

遗憾的是，有很多公司的管理者并没有意识到这一点，他们只是一味地要求员工提高工作效率、提升产品质量。殊不知，一个只具有陈旧知识和技能的员工的公司，它的产品质量如何能够超过其原有的水平，它的生产效率又如何能够得到提高呢？

松下幸之助是一个很看重员工培训的企业家，他对全公司的员工都会进行培训，任何新到公司的人都要进行岗前培训，合格后才能上岗。

松下电器公司对培养人才的重视，使其每年支出的员工培训费和科研开发费约占其营业额的 8%。人们说，在竞争激烈的国际市场中，松下电器公司赢就赢在了其对人才的培养上。

在现代企业里，年轻的员工是企业的新鲜血液，是企业永远保持旺盛生命力的依托所在。因此，成功的管理者总是注重对年轻员工的培养工作，以便让他们迅速地成长起来，充实到企业生产的第一线中，充当企业的生力军。

爱森公司是一家促销代理商，该公司为其员工开设了一间"午间大学"，举办一系列内部研讨会，由外部专家亲临讲授，涉及的课题有直接营销和调研。此外，如果员工要考更高的学位，而这些学位又与业务有关，并且员工也能考出好成绩，公司则会全额资助。该公司的行政总监杰弗里说："我们将公司收入的 2% 投入到各项培训教育中去。员工对此表示欢迎，因为这是另一种收入形式。"

员工培训是企业管理者的重要工作，日本的一些企业甚至明文规定，企业管理者有培养员工的责任，并将管理者是否有能力培养下级作为考察管理者是否称职的一个重要指标。

管理者应该把培训看作是对未来——自己公司的未来的战略性投资。在过去几年中，许多公司的管理者都将培训与员工的再教育提高到了公司战略目标的高度。这些公司的管理者们认识到，有一个远景目标固然是件好事，但如果没有具备实现公司规划的知识技能的员工，那么这个目标是永远不可能达到的。

管理者应该让员工时刻接受挑战，使员工时刻都具有提高能力的热情，这样他们才能学到新的知识、改进已有的技能，公司才能不断发展壮大。

留住公司里的关键员工

比尔·盖茨曾开玩笑说，谁要是挖走了微软最重要的几十名员工，微软可能就完蛋了。这里，盖茨告诉了我们一个秘密，企业是否能有效保留住关键员工，将是一个企业持续成长的前提，因为关键员工是一个企业最重要的战略资源，是企业价值的主要创造者。

现代企业的核心竞争力往往是由企业所拥有的人力资源决定的，而根据"二八"原则，企业80%的业绩又是由最关键的20%的员工创造的。如果你以同一种方式对待所有的员工，那这20%的关键员工中的不少人迟早会离你而去。

一般来说，中高级的管理人员（指负责一个关键部门或一项重要业务的管理者）、高级的研发人员、对生产制造工艺和技术进行重大改进的人员、开辟重要市场的人员、产品或工程项目的主要责任者是公司的关键性员工。

管理者除了要知道关键员工是谁之外，同时还要让他们知道，你是希望留住他们的，这样你就和他们之间建立了一种承诺与心理上的契约。尤其是在组织进行调整、转型和变革时，这一点相当重要。由于他们之中拥有专业的技能和丰富的经验，跳槽对他们来说也是轻而易举的，同时他们也常常是猎头们猎取的对象。

关键员工的流失有时对一个企业来说是致命的。因此，在任何时候，你都要能保持更有效的沟通，要和这些关键员工建立承诺，让他们明白，公司是需要他们的。

一家知名公司的CEO刚刚着手实施一项革命性的新举措——部门经理每季度提交关于那些有影响力、需要加以肯定的职员的报告。这位CEO亲自与他们联系，感谢他们的贡献，并就公司如何提高效率向他们征求意见。通过这一过程，这位CEO不仅有效地留住了关键性的员工，还得到了他们对公司的持续发展提供的良好反映和大量的建议。

建立员工对企业的"忠诚"，在于建立员工对企业的"认同"，而建立"认同"的根本则在于企业要为员工提供发展与参与的机会。对于企业的关键人才同样如此。如果你通过有效的组织构造让这些员工能共享企业战略、业务进程、产品质量、客户反馈与企业重大事件的信息，全方位参与业务决策，你就不会再抱怨他们对你越来越不"忠诚"了。

对这些关键人员，还要建立新的激励工具——使命，要让他们相信其工作的重要性非常关键，特别是当其他形式的稳定与保障不复存在时更是如此。例如，技术人员经常希望看到自己的工作对一项精妙的终极产品所作的贡献并被有效地激励着。

名誉是专业职业中的主要源泉，获得名誉的机会也是重要的留人方式。专业人员依赖名誉，因此他们渴望为自己争名。实际上，名誉"财富"的积累不仅仅提供即刻的自我膨胀，同时也获得了公众声誉并能带来其他奖励。你可以通过创造明星、提供广泛的公众认可及有形的奖励、褒奖创新者，将人员在自己的公司、部门外进行展示，并将员工纳入组织及专业人员网络来提高声誉。

关键员工是企业不可或缺的重要资源及核心竞争力，有时甚至决定着企业的生死存亡。所以，对关键员工的薪酬管理要重点考虑中长期薪酬方案，现在很多公司实施员工持股计划和期权计划正是基于这种考虑。

为保留人才，爱立信设计了"转换成本"策略，即员工试图离开公司时，会因"转换成本"高而放弃。这就需要在制定薪酬政策时充分考虑短期、中期、长期报酬的关系，并为特殊人才设计特殊的"薪酬方案"。

薪酬是吸引、保留和激励员工的重要手段，是公司经营成功的影响要素。爱立信的薪酬结构包括薪资和福利两部分，薪资有固定和不固定两大部分，而福利则包括保险、休假等内容。

影响薪酬水平的因素有三个：职位、员工和环境，即职位的责任和难易程度、员工的表现和能力以及市场影响。薪酬政策的目的是提供在本地具有竞争力（而不是领先）的报酬，激励与发展员工更好地工作并获得满足。

爱立信对年度优秀员工或工作满五年以上的员工制订了奖励计划。直接主管负责提名，经层层审批后确认。奖励标准包括：团队合作、态度积极、客户至上、创新以及持续的出色表现。

由于现代社会的剧烈变革，必然的现象是职业渠道失去稳定性及将来公司发展的不可预见性，所以，人们都愿意能够掌握自己的职业生活。在国外有一种表现：越来越多的专业人员放弃了那些很有魅力的工作，而青睐那些他们能把握自己的行动及方向的工作。因此，对于企业的关键人才而言，留住他们，就要让他们感到，这对于他们自身完善生涯规划是有价值的。

加强团队建设是转化关键员工个人优势的有效方法之一，团队使个人的作用有限，团队内资源共享，从而分散与降低了组织对关键员工的依赖性。另外一个有效方法是加强制度化的规范管理，比如技术知识的管理制度、客户关系的管理制度等，通过制度把个人所拥有的资源，记录、整理、分享并保存，从而变成企业的资源和优势。

第 04 章

按流程办事让公司运营更高效

学习力是最活跃的管理力

彼得·圣吉说:"系统思维和创造性思维根源于知识的灵活运用和潜能智慧的开发。学习型企业对于企业的发展、融合、改造极其重要,在新经济环境下最成功的企业仍然是学习型企业。"

学习力,是最可贵的生命力。当代社会科技发展日新月异,知识总量的翻番周期愈来愈短,从过去的 100 年、50 年、20 年缩短到了 5 年、3 年。有人预言:人类的现有知识到本世纪末只占当时知识总量的 5%,其余的 95% 现在还未创造出来。这表明,历史绵延已久的"一次性学习时代"已终结,学历教育已被终身教育所取代。

学习力,也是管理者最活跃的创造力。创新是知识经济的本质特征,也是支撑一个企业竞争力的核心。在美国硅谷,那里不仅海纳百川、人才济济,而且还拥有众多的研究院和大学,数以十万计的学者、教授、博士、发明家、企业家、金融家聚集在一起切磋,交流碰撞。他们勇于创新,敢为人先,鼓励尝试,宽容失败,形成了学习力、创造力很强的创新文化,进而成为全球最活跃的创业中心之一。

学习力,还是最本质的竞争力。当代被《财富》杂志列为世界 500 强的大企业,堪称全球实力最强的企业。然而,1970 年的全球 500 强,到 20 世纪 80 年代已有三分之一销声匿迹,到 20 世纪末则所剩无几。

这一嬗变,一方面反映了新科技革命风起云涌,新经济迅速淘汰、切换传统产业已成不可逆转的大趋势;但另一方面,也反映了许多大企业不善于与时俱进,跟不上信息时代的急促步伐,不得不像侏罗纪时期的恐龙在地球气候的变迁中走向灭亡。

20 世纪末最成功的企业是学习型组织,它不仅会使企业业绩佳、竞争力强、生命力强、具有活力,而且会使组织成员在学习过程中逐渐在心灵上明白生命的意义，获得品质与技能的提高。随着知识经济的到来，企业结构形式开始由高度集中的金字塔式逐渐向扁平式发展，具有学习所必需的灵活性。管理的核心将逐步向有利于发挥人的主观能动性转变，实现由线性思维向系统思维与创造性思维的转变。

实践证明，企业凡通过自我超越、心智模式、团体学习等提高学习的修炼，都能在原有的基础上重焕活力，再铸辉煌。其成功的奥秘在于：一是能以最快速度、最短时间从内外资源中学到新知识、获得新信息；二是管理层能不断提高学习能力；三是加强组织整体学习，取得最大成效；四是以最快速度、最短时间把学习到的新知识、新信息应用于企业变革与创新，以适应市场与客户的需要。

对于管理者来说，如何加强学习，学习的原则是什么呢？

未来企业管理者在学习过程中必须要遵循以下六项原则。

（1）学习是一种战略抉择

这是首要原则，因为对于任何企业来说，它都代表了学习问题的本质。要使学习为企业服务，就必须先让学习成为战略抉择：企业管理者必须要认定，学习是一个战略问题，并且事关经营的成败。

对于企业管理者来说，站起来称"我们要学习，要以学习创造未来"是一件很简单的事。但是，对于一家规模庞大、权力分散、以业绩为中心的企业来说，学习将会影响到所有人员和市场，要让不同地方的不同人员抱有同样的学习渴望，将会非常困难。因此，管理者必须要把学习作为企业的一项基本战略，长期持续地执行。

（2）克服学习的障碍

每家企业都连接着市场，企业的阶段性经营成果比以前的任何时候都要重要。这种紧迫感使企业管理者们急于行动，而这反过来又妨碍了耐心地学习。毕竟，耐心学习意味着放下手头的工作。大多数管理者的做法非常简单：想想自己知道些什么，然后，靠自己所知道的东西采取行动，从行动得到结果。大多数企业管理者走到这一步就算结束了。行动要么有效，要么无效。如果有效，就多多采用；如果无效，就另辟蹊径。而在学习型组织的环境中你还要进一步深入，在得到结果后你要耐心探询："我们为什么会得到这样的结果？我们如何利用这些结果拓展自己已经知道的东西？"而这最后一个环节，恰恰是大多数企业管理者觉得自己没有时间去做的。

（3）既有管理者的决心，又有管理的方式

并不是所有的管理者都把学习看作是一种管理方式，仍然有许多管理者认为自己的工作是控制企业，而控制跟学习通常难以结合到一起。

同时，在许多企业中，下属也乐于接受这种旧式的管理者。新型管理者走到下属跟前说："这方面我想做一番探索，可我需要你们给一些最好的想法。"而下属的回答往往是："得由你来告诉我们啊！难道说你自己也不知道？"再次强调，如果下属总是企盼企业管理者告诉他们该怎么样做，企业的学习就很难坚持下去。

（4）经常性地问"为什么"，建立学习型文化

"为什么我们没有获得自己想要的东西？"回答这个简单的问题大有裨益。管理者应该花费大量时间阐明目标、描述愿景。如果他们花同样多的时间努力去了解自己为什么没拥有想要的东西，就会学到很多，就有可能提高完成目标、实现愿景的几率。想一想：如果愿景如此重要，而我们又如此聪明，为何只能阐明愿景，而不能将其实现呢？

（5）以耐心和努力营建学习能力

很多传统企业尚未面临紧迫的现实，它们还不需要应对很短的产品生命周期以及激烈的市场竞争，企业管理者们把学习称为人力资源问题，或只是其所提供培训的一部分。他们的态度是："等有时间再做吧。"

换句话说，对于这些企业管理者而言，学习是靠事件来推动的。只有当他们希望自己的员工学习新技能时，才会教授这些技能。相反的做法是

采取积极的姿态:"我们必须领先一步,我们必须将其融入流程,我们必须将学习的能力植入企业经营中。学习的本质不是做事,而是一种生存方式。"而对于大多数传统企业来说,这种区别还没有深入人心。

(6)建立现实的期望

如果做法正确有效,学习的确能够带来短期的成功。但从总体来看,学习是一场马拉松,而不是一次短跑。管理者仍注重短期业绩指标,如果学习不能在给定的时间内产生经营成果就会试图放弃它,而那样做对企业的长期发展来说是一个巨大损失。

企业的管理者们必须回答的问题是:"既然有那么多人本性就热爱学习,那为什么企业实施培训却如此困难?"期望过高是重要原因。另外,僵化的心态和部分管理者的性格也难辞其咎。

困境中突破"瓶颈"

在一个企业管理培训班上,企业界的精英们正襟危坐,等着教授的到来。门开了,教授走了进来,左手提着个大包,右手擎着个圆鼓鼓的气球。企业管理者们很奇怪,但还是有人像往常一样拿出笔和本子,准备记下教授的管理精要。

"噢,不,不!"看到此情形,教授说道,"你们不用记,只要用眼睛看、用心想就足够了,我的课非常简单。"说完,他从包里拿出一只开口很小的瓶子放在讲台上,然后指着气球对大家说:"谁能把这只气球装到这只瓶子里去?当然,你不能这样——嘭!"教授滑稽地做了个气球爆炸的手势。

众人面面相觑,都不知教授葫芦里卖的什么药。终于,一位看起来精明干练的女领导自告奋勇:"我想,也许可以改变它的形状。"

"改变它的形状?嗯,很好,请你来为大家演示一下。"教授说。

"没问题！"女领导走到讲台前，拿起气球来小心翼翼地捏弄着。她试图利用橡胶的柔软可塑性把气球一点点塞到瓶子里。但事情远远不像她想的那么简单，她很快发现自己的努力是徒劳的。她放下手里的气球，无奈道："很遗憾，我承认我的想法行不通。"

"还有人要试试吗？"没人作声。

"那么好吧，让我来试一下。"教授拿起气球，三下两下解开系着的气球嘴，"嗤"地一声后，气球变小了。他把小气球塞到瓶子里，只留下吹气的口儿在外面，然后用嘴衔住，用力吹气。很快，气球又鼓了起来，胀满在瓶子里，气球嘴儿又被扎紧了。

"瞧，我只改变了一下方法，问题就解决了。"教授露出了满意的微笑。

他转过身，拿起笔在写字板上写了个大大的"变"字，并说："当你遇到一个难题，解决它很困难时，你可以尝试其他的方法。"他指指自己的脑袋，"现在你们应该知道，思维的改变有多么重要了吧。"

企业管理者们开始交头接耳。教授按按双手，示意大家安静，然后说："接下来我们做第二个游戏，有没有人愿意参与？"他的目光将众人扫视一遍，然后指着前排一个大腹便便的男士说："你愿意配合我完成这个游戏吗？"

"没问题。"这位男领导走了上来。

"现在请你用这只瓶子做出五个动作，什么动作都可以，但不能重复。好，请开始。"教授告诉他。

男领导拿起瓶子、放下瓶子、扳倒瓶子、竖起瓶子、滚动瓶子，五个动作瞬间完成。

教授点点头，继续说："请你再做五个，但不要与刚才做过的重复。"

男领导又很轻易地完成了。

"请再做五个。"等教授第五次发出同样的指令时，这位企业老总已是满头大汗,狼狈不堪。

教授第六次说出"再做五个"时,他终于忍不住大吼一声:"不!我宁愿摔了这瓶子也不想再让它折磨我的神经了!"他把瓶子重重地放在台上,愤愤地走回到了自己的座位。

所有人都笑了,教授笑着问大家:"你们看到了,'变'有多难!连续不断地'变'几乎使这位先生发疯。可你们比我还清楚,商战中的'变'有多么重要。那时你们就是发疯也要选择'变',因为不变比发疯还要糟,那就意味着死亡。"

现在,精英们对这场别开生面的管理课品出点味儿来了,他们微笑地互相交换着目光,不住地点头。

停了片刻,教授又开口了:"现在,还有最后一个很简单的问题。"他从包里拿出一只开口很大的瓶子放到台上,指着那只装气球的瓶子说:"谁能把它放到这只新瓶子里去?"

这只新瓶子并没有原来那个瓶子大,直接装进去是根本不可能的,但这样简单的问题难不倒头脑机敏的企业管理者们。一个高个子领导走过去,拿起瓶子用力向地上掷去,瓶子碎了,他拾起一块块残片装入新瓶子。

教授点头表示称许。对这样的办法,精英们无人感到意外。这时教授说:"这个问题很简单,只需改变瓶子的状态就能完成。我想你们都想到了这个答案。但实际上,我要告诉你们的是:一项改变最大的极限是什么?"教授举起手中的瓶子,"就是这样,完全改变旧有的状态,彻底打碎它!"

教授看着他的"学生们",补充道:"进行彻底的改变需要很大的决心。如果有一点点留恋,就不能真的打碎。你们知道,打碎了它就是毁了它,再没有什么力量能把它恢复得和原来一模一样。因此,当你下决心要打碎什么时,你应当再一次问自己,我是不是真的不会后悔?"

讲台下面鸦雀无声，精英们琢磨着教授话中的深意。而教授则收拾好自己的东西，对大家致谢后就走出了门。

教授以别出心裁的表演，生动地提醒着企业的管理者们：如果你遇到难题，要懂得变通；因为不变就没有出路，不变比变更让人发疯；当你决心要变的时候，就没有退路了，因此你不能为了变而后悔。

要使企业获得新生，管理者就必须在"新"与"旧"之间进行取舍，也就是说，光有"立"是不够的，还必须"破"。同时必须认识到，给企业带来优势的资源也会不断消竭，因此，管理者应及早转变发展的方向，导入新的资源，只有这样，才能保持新的持久的优势，才能引导变革取得成功。

采取具体途径领导变革

杜拉克曾指出："对于企业而言，就是要把既定的那个行业领域、那个主导产品和市场不断改进、不断突破，做到最好，做深做透。"

时代在飞速发展，企业的经营节奏也极大地加快了。事物变化的速度如此之快，以至于规则之类的书籍在离开印刷机之前就可能已经过时了。

这意味着在未来的 10 年里，管理者必须具有灵活性，能够大胆、积极地对各种不同情况作出反应。例如，你必须对市场变化、经济环境变化、劳动力变化、财务变化等保持警觉和作出反应。如果管理者还抱着官僚主义的心态，只是翻找着公司经营手册的哪一页有合适的规定以发现该做什么，那么在未来的 10 年里就将被淘汰。

灵活性与其说是一种技术，还不如说是一种思想状态。因此，管理者要建立一种灵活的态度。

● 不要一味地维持现状，要不断地对做事的方式进行研究，寻找能把事情做得更好的方式。

- 永远不要用公司规定作为借口来解释为什么没有做某件显然是对公司最有利的事。如果有一种更好的办法，但是规章阻碍了它，那么就要力争改变规章。
- 当新的想法被提出的时候，要从它们可能产生的最终结果的角度来考虑，而不是它们将会遇到的障碍。如果最终的结果是我们所希望的，那么就能够克服这些障碍。
- 就如何能更有效地履行各自的工作职责，向部门中的每位员工征求意见，询问他们有哪些障碍影响了其工作进度。
- 在试验某些新生事物之前，没有必要先有确定的结果。
- 不要忽视小革新的价值。一种存放复印纸张的好办法，也许可以清理出宝贵的办公空间来。

在过去的管理者中盛行的一句座右铭是："如果没坏，就不要去修它。"可是，企业现在遇到的挑战已经完全不同了。

世界经济全球化给我们既带来了更大的风险，也带来了更多的机遇，并迫使管理者不仅要为提高竞争能力和获得成功实施改革，而且为了企业的生存也必须实行重大调整。知识经济的广泛和强有力的影响以及激烈的市场竞争，也在一定程度上逼迫企业自身进行调整与变革，以实现"以变求生"的目的。

在激进变革的过程中，管理者如何进行自我调整和适应，以便更成功更有效地领导这场变革呢？其具体途径有：

- 制造危机。允许出现财政亏损；通过同竞争对手进行对比，让组织成员了解企业存在的严重问题；允许错误暴露，而不是在错误出现的最后一分钟加以纠正。
- 把反映收益、生产率、客户满意率和开发新产品周期情况的指标定得高一些，迫使整个企业改变经营方式，否则就达不到这些指标。
- 让更多的员工多了解一些有关客户满意率和企业财务状况的资料，

特别是能体现出竞争中弱势的资料。

● 坚持让员工定期同不满意的客户、供应商和股东交换意见。

● 利用聘请顾问和其他手段迫使管理人员听取更多的相关资料,更开诚布公地讨论问题。

● 无论是在企业的报纸上还是在高级管理层的讲话中,都应该对企业的问题展开更坦率的讨论。身为企业管理者,应该停止发表不负责的"乐观言论"。

● 持续而大量地向企业上下提供有关下列资讯:未来存在的机遇,抓住这些机遇将会带来的可观收益,以及企业目前在哪些方面尚不具备抓住这些机遇的能力。

许多管理者并不经常采取如此大胆的行动,因为在管得过宽和引导不足的企业文化中他们已逐步认识到采取这样的行动是不明智的。对于这些人来说,采取行动增加紧迫感太过冒险,简直是在干蠢事。

如果企业只有处事谨慎的管理者,那么将不会有人帮助员工形成足够的紧迫感,重大的改革就绝不会获得成功。真正的管理者采取行动是因为他们深信,可以正确引导那些释放出来的力量去达到重要目的。

处理危机的"九大黄金法则"

一个企业有没有生命力、有没有竞争力、是不是可持续地发展,关键问题是这个企业能否应对危机。可以说,应对危机的能力是管理者非常重要的也是最基本的能力。

一个企业在面临战略转折点时,往往首先引起的是管理者的情感反应,大多是情感性的直接反应"否认",接下来是对过去成功的强调,用来支撑自己是正确的。只有在遇到挫败之后才会进入反省阶段,往往是在更大的失败后才承认现实,才开始发动变革,只不过这时候通常已经晚了。

正确处理好企业的危机，管理者应遵循以下九大黄金法则。

（1）"24小时"法则

危机处理的难度是与企业处理危机的速度成反比的。速度越快，损失就越小。在网络时代，就企业响应危机的速度来说，24小时是个极限，因为"丑闻"会在24小时内扩散到全球的各个角落，危机的走向就已经完成了。因此，管理者应在获悉危机发生后的24小时内启动危机管理机制，并做好准备工作。

（2）"核心立场"法则

公众与媒体不仅关注事实真相，在某种意义上更关注当事人对事件所采取的态度。事实上，90%以上的危机恶化都与企业管理者采取了不当的态度有关，比如冷漠、傲慢、敷衍、拖延。

企业危机一旦爆发，管理者应在最短的时间内针对事件的起因、可能趋向及影响（包括显性和隐性）作出评估，参照企业一贯秉承的价值观，明确自己的"核心立场"，并且在整个危机事件的处理过程中均不可偏离初期确定的这一立场。

"核心立场"法则强调企业对危机事件的基本观点、态度不动摇。值得强调的是这种核心立场不应是暂时的、肤浅的、突兀的，而应是持久的、深思熟虑的，与企业的长期战略和基础价值观相契合。

（3）"绝对领导"法则

缺失权威必然会引发混乱，所以管理者应在危机乍现之时便对危机实行"集权管理"。必要时，还应授予相关责任人决策的权力。"绝对领导"准则强调的是"危机集权"。

（4）"360度"法则

即企业围绕危机事件所做的一切管理决策都应以企业、受众、危机波及者为决策之基准点，进行全方位的考量和筹谋，"平衡"企业利益、客户利益、合作伙伴利益乃至舆论界（传播者与受众）利益。"360度"法则要求企业决策者、危机管理者具有战略能力、大局意识，以及社会责任感。

（5）"最高利益"法则

最高利益是无论如何也不容侵犯，不计得失也必须捍卫的企业关键价值。"最高利益"法则是指企业在管理危机事件时的"倾向性"。协调各方利益并不意味着"无原则的平衡"，有所侧重本就是合理的。

（6）"媒体友好"法则

危机处理的核心内容是信息传播管理。媒体是危机传播的主要渠道，向公众传播危机信息也是传媒的责任和义务。当危机发生时，"Tell The Truth"是危机处理的根本原则。所以企业应在平时与媒体，尤其是相关的主流媒体建立战略性的合作关系，监控好舆论导向，并及时公布信息，有效引导舆论方向。当危机降临时，不仅使危机的负面影响降至最低，还可扭转乾坤，借势扩大企业的美誉度。

（7）"单一口径"法则

解决危机需要"疏堵"结合——"疏"对外，"堵"对内。对于同一危机事件，企业内部竟传出不一样的声音，这是危机管理的大忌！结果，不仅会令原本简单的事态趋于复杂，更会暴露出企业内部的"矛盾"，甚至可能由此引发新的危机。

因此，对内必须戒绝那种未经授权便擅自发声的情况；对外则根据事前的部署，由指定的发言人发布信息。同时，"单一口径"法则不仅包括了企业对外的言论发布，也涵盖了企业对内的解释说明。

（8）"信息对称"法则

在危机处理过程中，应努力避免信息不对称的情况。理想状态是，在对内、对外两个层面上，保持信息管道的双向畅通。从操作的层面看，信息对称法则的操作要诀有四：首先，谨记"有信息比没信息好、充分的信息比片面的信息好";其次,无论如何也不可让内外受众在失控状态下胡乱猜测;其三,保证对内、对外发布的所有信息都是经过精心准备、严格审核的,不该信口开河、即兴发挥;其四,不论是对外还是对内,都应保持信息对称。

(9)"留白"法则

在危机处理中,不能盲目封闭自己的转圜空间,不能轻易放弃自己的回旋余地。"留白"法则要求企业管理者在"危机处理资源准备"和"危机影响控制"两大层面留出一定的空间来。一方面,管理者不应仅按照危机影响评估的"最低限"进行资源准备;另一方面,企业也不可从自己所能承受的"最高限"来尝试控制危机的影响。

几乎所有的危机处理失败的案例都与上述法则存在着或大或小的偏差。当然,上面的九大法则不能决定一切,在处理危机时必须要有强有力的执行为后盾。解决危机只有采取比平时更为严厉、更为迅速、更为强有力的措施,才可能在公众面前赢得信任,昭示诚意。

独具一格,别出心裁

当提到创新时,管理者往往首先想到的是新产品、新工具、新业务、新项目等。管理之父彼得·德鲁克在其著作《创新与创业精神》一书中说:"创新是管理者的特定工具。他们利用创新改变现实,作为开创其他不同企业或服务项目的机遇。"

企业创新的例子并不鲜见。没有创新,就没有阿里巴巴的"芝麻开门"。

1999年,在旁人质疑的目光中,马云创办了阿里巴巴电子商务网站,为中小型企业提供网上交易服务。较之其他的电子商务类网站,阿里巴巴至少有两点思路上的创新:首先,它不是简单模仿美国成熟的电子商务形态,做大中型企业的电子商务,而是为中国90%以上的中小型企业服务;其次,和其他大众的电子商务网站相比,阿里巴巴不是要帮商家省钱,而是要帮商家赚钱——为他们提供商业信息,获得新的商业机会。正是这些经营模式的创新,使得阿里巴巴在网络经济的寒冬中生存了下来,并迅速发展壮大。

保险业不同于制造业,制造业经营的是有形的商品,而保险业所提供的则是安全的保证与完善的服务。台湾新光人寿保险公司从保险单入手,在吴家录独特的点子的指导下发展壮大了起来。

新光人寿保险公司始创于1963年7月,筹备工作匆忙而仓促。当时新光人寿公司的店面设在台北市繁华热闹的馆前路,办公室的规模是十张桌椅和一套沙发,还有十位员工。

开始时,公司没有一个能设计保险单的人,向同业索取又遭到婉拒,弄得大家一筹莫展。在这种情况下,吴家录灵机一动,指使公司职工去投保别的人寿保险。不到三天,台北市面上八家保险公司的各种保单就都搜集齐了。

他们首先研究八家保险公司的各种保单,分析保费、投保内容、理赔项目及其优点与缺点等。经过细密的研究后,新光人寿保险公司设计出了自己的保单,其保费每月比其他八家公司便宜一元钱。在理赔项目中,飞机失事或火灾身亡,理赔金额是其他八家公司的五倍。

当时新光人寿保险公司打出的广告是——"最少的保费,最高的保障"。如此的"新产品"当然在同业之间有优势地位,颇有竞争力,新光公司初战即胜。

公司刚开张,牌子就打响了,下一步工作的突破点在哪里呢?接着,吴家录认为,当时台北人寿保险竞争激烈,八家公司都集中在都市中。在这种情况下,新光人寿的营业政策应是先开发农村,因为农村的人寿保险业还是真空地带,大有发展潜力。

当时农村对于人寿保险非常陌生，甚至认为买人寿保险不吉利。为了使乡民能够认识保险，吴家录设计了一种"样本保险"，就是通过农村的村长了解农村谁得了不治之症，离大去之期不远，新光人寿保险公司先免费为其提供保险，一旦其去世，新光人寿保险公司便会拨出一笔保险金，由村长转交，这样就收到了广为示范的作用。此招十分见效，乡民认为新光人寿保险公司果真为他们带来实惠，便纷纷投了保。

任何产品和企业要扩大知名度，除了靠口碑外，广告是主要的宣传手段，人寿保险公司对此也绞尽脑汁。20年前，台北广告媒介既不普遍，价格又贵，是一般公司负担不起的。

这时，吴家录又在挖空心思想点子。他每天晚上八点钟左右会到生意卖座好的电影院去发"寻人启事"，文字被直接打在银幕上："新光人寿保险公司某某人。"每次费用仅五角钱，非常便宜。实际上，这是借助"寻人"的幌子让更多的电影观众知道新光人寿保险公司的名字。渐渐地，公司的牌子在城乡中传开了。

新光人寿保险公司经过20多年的快速发展，在台湾已有202个分公司以及1450个通讯处，有效保险金额达1700亿台币，资产总额也从创业时的1亿台币增长到了目前的172亿台币。

吴家录的许多点子独具一格、别出心裁，对管理者或许有所启发。

俗话说得好，"没有做不到，只有想不到"，对于企业的创新也是如此。管理者，不仅要学习别人的创新，而且更重要的是自己多看多想。一个偶然的灵感，没准儿会带给你意想不到的收获。

实行渐进式的创新

杜拉克说："商业目的只有一个合理的定义：创造顾客。市场不是上帝、大自然或经济力量创造的，而是商人创造的。在商人找到方法满足顾客的需求前，顾客可能已经产生了需求……但之前这只是理论上的需求，只有商人通过行动创造了有效需求，才有顾客，才有市场。"

渐进式创新，即通过持续不断地积累局部或改良性创新，最终引起质的变化，实现根本性的创新。实施渐进式创新，能够使企业发现技术的市场潜力及进行针对性的改进，真正理解到用户的需求，达到事半功倍的效果。

管理者只有审时度势，对企业的发展战略不断调整、选择并予以实施，管理体系才能不断完善，创新能力才会逐步形成并不断升级。

联想创业伊始，以技术服务为积累资金的主要手段。1986年联想研制成功了第一个拳头产品——联想汉字输入系统，并以此为龙头推动技、工、贸的发展，形成了"大船结构"的管理模式。由此开始，联想逐渐走出了一条具有鲜明特色的渐进创新之路，它的发展历程、发展战略、管理、企业制度、领导班子等方面无一不体现出了渐进创新的特点。

从1988年到1994年，联想从贸易型公司转变为开创型企业，以国际化带动产业化，形成了规模经济，联想股票在香港顺利上市。1987年年末，联想集团策划了海外发展三部曲，实施"瞎子背瘸子""田忌赛马""茅台酒的质量，二锅头的价格"等法则。

从1994年到1996年，联想完成了管理模式从"大船结构"向"舰队结构"的转变，开始实行事业部体制。这一阶段，联想在管理上有了突破性进展，通过了《联想集团管理大纲》，从此公司走上了正规的战略制定道路。

在技术竞争日趋激烈的今天，联想集团提出了"打破应用瓶颈，促进信息产业发展"的口号。1998年，联想与中国科学院计算技术研究所共建联想中央研究院，加大前瞻性基础研究力度，并通过进军软件产业提高了技术附加值。

1999年，联想提出了全面进军Internet、"三合一"的IT厂商新战略，推出"天禧"因特网功能电脑和全线网络产品，为新世纪联想的发展奠定了坚实的科技基础……

从以上的事实不难看出，联想的成长是创新的过程，且就内容来看，大多数是针对本国国情的改良型创新。具体说来，联想的技术创新能够发现技术的市场潜力及进行有针对性的改进，能够真正理解中国用户的需求，从而达到事半功倍的效果。联想的管理创新旨在提高资源组合效率，更多地涉及到人与人之间的关系和机制，正中传统做法、体制、观念和缺陷之要害；联想的制度创新，集中在建立基本体制构架，如市场制度和企业制度，从体制上为技术创新和管理创新提供了行为规范。

管理正规化工作是创新型的工作，因为大多数企业到今天往往还不了解与市场机制相协调的正规化为何物；在中国仍缺乏合格的管理人员，同样的创新，在中国意味着要付出更高的制度和人力资源调整成本。

有鉴于此，企业创新的同时要逐步正规化，以创造有利于专业管理人员成长的环境条件，即创新和建立与现代企业相适应的管理体系的工作必须同步、与管理者相适应的管理体系的工作必须同步。

一个完整的创新过程大致可以划分为三个阶段：即发现问题，确立目标；选择突破口，进行规划；创新实践。

管理者的创新首先需要发现问题，即对现状或传统做法产生不满意感。这里所说的问题是指实际状态与期望状态之间的差距。与期望状态相比，实际状态表现为落后、保守或差劣，因而才会导致管理者的不满意感。管理者要实现创新，首先就要求有发现问题的意识，这种意识是管理创新的力量源泉。

如果管理者有强烈的改变现状的愿望、有强烈的发现问题的意识，那么他的头脑也就运转得快而有力，就会推出他自身也意料不到的好主意。创新要求管理者必须及时地发现问题，调查研究。在发现问题的基础上，初步地分析问题，从而确定切实可行的创新目标。创新目标的确立，是创新过程的第一个阶段。

在发现问题、确立创新目标的基础上，就需要选择创新的突破口。根据管理者的经验，创新可以从以下几个方面入手。

（1）从解决员工议论最多、关心最甚、影响最大的问题入手

任何一件事情的变化和发展都可能受到员工的极大关注，尤其是与员工切身利益有关的事情更应如此。作为一个管理者，要善于纵观全局、把握形势，既要关心政治、经济和社会的稳定，又要密切联系员工，求得员工的理解与配合。

（2）从清除工作中的主要"拦路虎"入手

所谓"拦路虎"，也即主要矛盾，或者说工作中的中心问题。因为在众多工作中必定有一个对全局起着决定性影响的工作，它的进展直接控制着全局的态势，决定着其他相关问题的性质和解决。管理者的高明之处，就在于能够准确地断定每一时期的中心工作和中心问题，善于抓住主要矛盾，把主要精力放在这个牵一发而动全身的"拦路虎"上，一抓到底，抓出成效，使工作朝着既定的目标前进。

（3）从关键的环节和部分入手

有时，工作上出现的问题显得纷繁而乱如麻，似乎令人一筹莫展。富有创造性的管理者应敢于正视这一切，要冷静地进行分析，找出矛盾的主要方面。在一项工作的进展中，要区分主要环节和一般环节。虽然有些事看起来并不一定是大事，但却可能是实现整个目标过程中的关键环节，必须要着力抓好。

（4）从问题最多的单位入手

客观事物的发展是不平衡的。由于各单位客观条件的差异而导致其发展不平衡，出现的问题有多有少，性质也不一样。管理者不可能同时对各单位的各种问题进行详尽的指导，而只能讲求效率地抓典型。从问题最多的单位入手，实际上就是抓后进典型。

为了推动后进典型向前发展，管理者要善于总结先进单位的经验和寻找后进单位存在问题的症结，进行比较分析，循序渐进，引入竞争机制，刺激后进单位提高效率。当然，工作的着重点在于解决后进单位的问题，如果是外部环境存在问题，则应帮助其改善外部条件；如果是来自内部，则要具体分析、对症下药，使工作得到根本性好转。

在选择了创新"突破口"之后，就可以着手进行创新规划了。

创新实践是在上述两个阶段完成创新目标、创新规划后的具体实施活动，是创新过程的最后一个阶段。创新目标和创新规划还只是纸上蓝图，实现这个蓝图还需要创新实践。在这个阶段，不仅仅是管理者个人的活动，而是管理者组织员工、带领员工去进行创新的群体活动。一项创新工作，需要大家齐心努力地进行合作。

在创新实践中，需要对原有的蓝图进行不断的完善、修正，因此，各种建设性的批评、建议都是创新活动中必不可少的养料。有各种特长的员工开展协作，不仅能够弥补个人的不足，而且还能相互启发，激发新思想的产生。

走强强联手之路

俗话说，"大鱼吃小鱼"，这只不过揭示了自然界中所存在的一种竞争关系。今天，在激烈的市场竞争中也同样存在着类似现象，那就是企业兼并。

在优胜劣汰的市场经济环境中，竞争规律决定了企业必须要不断扩张自身的经济实力，才能做到"适量生存"。而企业向外部扩张实力的途径无外乎两条：要么，建立新企业；要么，收购与兼并现成的企业，并适当地加以更新改造。相比较而言，建立新企业需要从实地盖房开始搭个摊子，远不如收购与兼并现成的企业更为有利。

事实上，一个企业就是一个资本单元，企业进行兼并无非是根据自身发展的战略要求，通过"吃掉"另一个资本，来达到更大范围、更高层次的资本优化配置。

在市场经济比较成熟的国家，兼并往往是企业因为激烈的市场竞争而主动采取的一种企业发展战略。许多企业就是因为亏损严重，失去了竞争力而被迫走上了被"吃掉"的道路。而在一片"搞活"的呼声中，大多数企业却严重亏损，面临着"死神"的威胁。

据统计，1991年，国有企业亏损面达到36%；到1993年，便扩大到了67%。于是，企业兼并便以其明显的经济效益和社会效益吸引着一大批具有强烈发展欲望的企业和亏损严重的企业，从而形成了波及全国的兼并浪潮。

回顾改革开放以来30多年的风风雨雨，现在走上兼并之路的大多数企业，尤其是国有企业，当初它们之间存在的差距实际上并不大，但发展的结果却大不相同：今天它们有的成了得陇望蜀的兼并者，有的却成了被"吃掉"的对象。

在"吃掉"与被"吃掉"的企业之间，应当说，主要还是思想观念上存在差距。很多企业，除了背着那些有形的包袱以外，还有着更沉重的思想观念和习惯做法上的"包袱"。比如，管生产而不管销售，看投入而不看产出，找政府而不找市场，靠别人而不靠自己。更有不少企业不仅不积极地向市场发展，反而一味地向政府寻求"父爱主义"的庇护。

在市场经济的前沿，拥有经营自主权的企业究竟是发展还是被淘汰，完全取决于管理者运筹帷幄的才能与逐鹿市场的胆略。在这不流血的企业竞争战役中，大批经营效益好、市场占有率高的企业将占有主动地位，获得更好的发展机会，成为兼并者；而一些产品长期无销路、严重亏损、资不抵债的企业必然会被竞争的"红牌"罚出市场之外，失去作为企业主体的资格，被别人"吃掉"。

的确，兼并不仅使劣势企业获得了一个重组的机会，同时也给了优势企业一次获得扩张、取得规模效益的机会。比如说，1993年上半年，北京市工业系统有30家产品无销路、扭亏无希望的企业实行关、停、并、转。这些企业被兼并、划归到优势企业后，重新焕发了勃勃生机。一批扭亏无望的企业从它们身上看到了出路，也纷纷要求"公开征婚，自由恋爱"，并、转到优势企业中去。

作为兼并者的优势企业更是雄心勃勃、得陇望蜀，在环顾市场的同时经常会自问：下一个吞并目标是谁？早在1992年时，生产天安门广场国旗旗杆的成都无缝钢管厂便打破行业界限，先后兼并了凉山钢铁厂、绵阳市涪江钢铁厂（新区）、四川冶金机械厂、成都耐火材料厂、成都铸钢厂、成都粉末冶金厂、成都标准件厂、成都东风鞋厂和成都罐头厂等九家企业，走出了一条"一企业兼并多企业、优化产业结构、增强企业发展后劲、提高整体效益"的新路子，充分显示出了企业兼并所带来的优势。

但是，奔涌而来的兼并大潮仍然令相当数量的企业极不适应，许多管理者对此感到无所适从。究其原因，主要表现在以下方面。

（1）缺乏竞争观念

竞争是市场经济的必然要求。有一部分管理者宁为小国之"君"，不愿做大国之"臣"，宁为鸡首，不为牛后，没有那种在商海中一展雄风的勇气，没有在市场经济中的危机感和紧迫感，在市场竞争中瞻前顾后、前怕狼后怕虎，不敢面对激烈竞争的现实。所有这些都妨碍了企业通过兼并或者被兼并而走上发展自己、壮大自己的道路。

（2）"面子"观念过强

部分管理者认为所属企业被别的企业兼并，有失体面和身份，丢了面子。尽管有的企业已是日落西山、奄奄一息，但却囿于"面子"问题宁可坐以待毙也不愿走兼并之路。这种死要"面子"而不顾实际的做法，在实践中不仅妨碍了企业兼并，也给市场经济的发展制造了人为障碍。

(3)市场意识不强

许多管理者认识不到落后企业也是无价之宝，企业兼并改造后可以趋利避害，被兼并方可以摆脱解体的困境，参与新的竞争活动，从而起死回生。

(4)本位主义严重

由于国家对企业的管理长期以来是通过"条""块"体制来实现的，造成了不同隶属关系的企业之间的相互封闭与隔绝。这种"条块分割"，使企业在很大程度上变成幻化，又直接加剧了现存企业之间在以上两方面的隔绝。这样，不同所有制企业之间的自觉兼并机制根本就无从发育；即使是相同所有制的企业，也因归属于不同部门或地区而很难开展自觉的兼并。

(5)缺乏长远眼光

企业兼并是项复杂的系统工程。在兼并前后，兼并主体双方都必须付出一定人力、物力、精力，这种代价往往使部分企业在兼并面前知难而退。他们想不到兼并后的企业能够起死回生、转危为安，创造更高的效益。那些小富即安的优势企业如不考虑壮大自身力量，终将在市场竞争中落伍。

如果说，囿于以上观念的企业面对兼并疑虑重重、瞻前顾后，那么还有不少企业为兼并带来的明显经济效益所吸引，而跃跃欲试。兼并是企业行为，因而首先应该追求企业自身的经济效益。企业兼并不是"扶贫"，也不是为当地政府部门卸包袱，否则将造成兼并企业"肥的拖瘦，瘦的拖死"的不良后果。

优胜劣汰的客观规律，决定了企业在激烈的市场竞争中要有死有生，"置之死地而后生"。并且，在企业兼并的具体操作过程中也存在一些无法回避的问题。这些问题如果解决得好，兼并则往往可能成功；如果解决得不好，那么兼并后的企业同样也无法走出困境。

被兼并企业会存在许许多多的问题，如所有员工的就业问题，其退休人员的费用承担问题，被兼并企业的资产评估问题、企业的产权问题以及国有资产增值问题等。凡此种种，管理者应该依据自身的实际情况综合权衡利弊，然后再决定是否走上光明而又艰难的兼并之路。

以身作则，使下属自觉追随

振臂一呼、应者云集的管理能力绝不是一个管理者职位就能赋予的，没有追随者的管理者剩下的只是职权威慑的空壳。也就是说，是追随者成就了管理者。管理者总是员工们目光的焦点，他们往往会模仿管理者的工作习惯和修养。因此，管理者必须要以身作则，养成良好的工作习惯和道德修养。

联想在柳传志的带领下，由一个只有20万元的企业发展到今天拥有上百亿资产的大企业，成为了中国电子工业的龙头老大。而柳传志也被人们看作是民族英雄，成为了一个具有崇高威望的管理者。

的确，联想能有今天，与柳传志的人格魅力和高尚的品格是分不开的。

在联想的发展历程中曾经有过这样一件事。联想有一条规则，开二十几个人以上的会，如果迟到要罚站一分钟。这一分钟是很严肃的一分钟，如果不这样的话，会没法开。第一个被罚的人是柳传志原来的老领导，罚站的时候他紧张得不得了，一身是汗，柳传志本人也一身是汗。

柳传志跟他的老领导说："你先在这儿站一分钟，今天晚上我到你家里给你站一分钟。"柳传志本人也被罚过三次，其中有一次他被困在电梯里，电梯坏了，咚咚敲门，叫别人去给他请假，因为没找到人还是被罚了站。

就做人而言，柳传志有一段很有名的话："第一，做人要正。虽然是老生常谈，但确确实实极为重要。在一个组织里面，人该怎么用呢？我们是这样看的，人和人相当于一个个阿拉伯数字。比如说10000，前面的1是有效数字，带一个0就是10、带两个0就是100……其实1极其关键。许多企业请了很多有水平的大学生、研究生甚至是国外的人才，但依然做得不好，是因为前面的有效控制不行，他也只能是个0。作为'1'的你一定要正。"

柳传志是这么说的，也是这么做的。比如在联想的"天条"里就有一条是"不能有亲有疏"，即领导的子女不能进公司。柳传志的儿子是北京邮电学院计算机专业毕业的，但是柳传志不让他到公司来，因为他怕子女们进了公司，互相再一结婚，将来想管也管不了。

正是柳传志的这种以身作则，使联想的其他管理者都以他为榜样，自觉地遵守各种有益于公司发展的"天条"，使得联想的事业得以蒸蒸日上。

管理者如何才能做到以身作则？

一要具有自我管理素质。善于自我管理的管理者能够独立思考、工作，无需严密的监督。

二要忠于一个目标。大多数员工都喜欢与将感情和身心都奉献给工作的人共事。除了关心自身外，管理者应忠于某样东西，比如一项事业、一件产品、一个组织、一个工作团队或一个想法。

三要培养自己的竞争力，竭尽全力达到最好的效果。管理者掌握着对组织有用的技能，因此，管理者的绩效标准应比工作或工作团队要求的更高。

四要有魄力，讲诚信。管理者应该独立自主，有值得员工信任的知识和判断力。另外，管理者还要有较高的伦理道德标准，并且勇于承认自己的错误。

作为管理者，如果不能自律就无法以德服人、以力御人，如果无法取得员工的信赖和认可将必败无疑。优秀的管理者必须懂得，要求下属员工做到的事自己必须首先做到。

许多员工眼中的管理者,都具有某种他人所没有的特质。若你不具备某种独特的风格,就很难获得员工的尊敬。

在此特质中,最重要的即在于管理者的"自我要求"。你是否对自己的要求远甚于对员工的要求呢?偶尔,你会站在客观的立场,为对方设身处地地想想吗?这种态度与涵养是身为管理者所必备的。一天到晚光为自己打算的人,绝非优秀的管理者。

要求自己的原则与方法,不是一朝一夕就能成就的。你必须要有"三军可以夺帅,匹夫不可夺志"的决心与毅力,在不断的努力与实践之中锻炼自己,促使自己更进一步迈向成功的管理之路。在这些努力的过程中,你的一举一动都逃脱不了员工的观察,他们内心会如此想:"这个管理者是足以信赖的!""依此看来,他是值得尊敬的。"那么,你的一切努力将没有白费。

遗憾的是,有些企业的管理者根本就做不到"自我要求",他们总是将罪过归咎于员工。例如,某公司欲制造新产品,集合全体员工开会,可是该公司管理者却因没有杰出的构想而不知所措。他心里想:"这些家伙都是窝囊废,竟拿不出一个新构想来。"

而其实,新构想不能全靠他人产生,管理者本身也要动动脑筋,然后再要求员工精心筹划。只有靠大家的双手共同努力,才能够达到目标。而如果只是一味地将责任推给员工,如何能够赢得他们内心真正的信服呢?

员工服从管理者的指挥,其理由不外乎下列两点:

一是因管理者地位高,权力又大,不服从将遭受制裁。

二是因管理者对事情的想法、看法、知识、经验,与员工相比更胜一筹。

这两个条件无论缺少了哪一个,部属都将叛离而去,而其中第二点尤其重要。因此,作为一个管理者应当时刻不忘如此反省自己:

"我的各方面能力比不比员工强？我的看法、想法以及做法是否比他们优秀？我应当怎样做才能更出色？"

"在要求员工做一些事情之前，我是否应先负起责任，做好管理工作呢？"

"我是否太放纵自己了？要求别人做到的，我自己有没有做到？"

管理者只有不断反省自己，高标准地要求自己，才能树立起被员工尊重的自我形象，并以其征服手下所有的员工，使他们产生尊敬、信赖、服从的信念，从而推动管理工作的开展。

管理者要在执行中发挥作用，就得带头去实施和执行。管理者必须全身心地投入到企业的日常运营中去，才能对自己的员工和生存环境有全面综合的了解，而这种了解是不能为任何人所代劳的。因为，毕竟只有管理者才能带领一个企业真正地建立起一种执行文化来。

该出手时就出手

管理者应该清楚地知道，任何企业管理都离不开授权。管理者不仅需要通晓"他应该怎样去做"，还应当知道"他怎样做会有更好的效果"。在授权的过程中存在许多细节，如果能对这些细节给予充分的注意，授权就会取得良好的效果。我们把这些细节归纳为授权的十大要点。

（1）管理者心态的自我调适

许多管理者不敢把权力授予下属，这主要源于他内心对个人权威缺乏安全感，源于对授权缺乏领悟。决心实施授权的管理者首先必须进行心态的自我调适，勇敢地面对自己内心潜在的对授权的恐惧，建立起自信心来。

（2）明白授权的必要性

管理者应该明白，如果他们被限制在技术性的岗位上便无法充分发挥自己的潜能。管理者的绩效不是用本人的专长技术来衡量的，而是要看他们是否充分发挥了下属的能动性。

（3）创造授权气氛

授权的管理者应致力于在整个企业内部创造一种鼓励创新、承担责任的气氛，这种气氛将成为授权推行的深厚土壤，它所产生的授权推动力是恒久而深远的。

（4）自上而下协调一致的授权

管理者应使管理层自上而下，由最高管理层开始做起，一直推行到最基层，对于授权有深刻的理解。每一层次的管理者都应了解到：为了企业和全体员工的共同成长，管理者必须容许下属做决定。如有错误，亦应妥善处理。

为了授权制度能够获得成功，企业必须要准备付出犯错误的代价，并以此作为全体员工追求进步的成本支付。假如允许新进的员工在工作中犯错误，则他们往往会在错误中学习，反而可以避免以后犯更大的错误。而且在数量上，后者的收益要远大于前者的支出，对企业和员工来说，这是"双赢"的行为。

（5）训导受权者

授权不是一种单向的管理手段，而是管理者与下属之间的互助合作。授权行动只有同时得到受权者的认同，才能真正顺利推行并获得成功。事实上，授权正是训练下属的一个好方法，应该引导受权者认识到，接受授权是个人追求进步的一个过程。受权不仅意味着接受了一份任务，更意味着得到了一个舞台。在这个舞台上，其得到了一个脱颖而出、受人瞩目的机会，他的全部才华将得到充分展现。

（6）让受权者明白该达到的效果

管理者应该在下属前方树立一个具有诱惑力而又清晰可见的目标，让受权者明白你的期望结果是怎样的。管理者应要求受权下属把行动计划写出来，让他们认清自己该如何达到预期效果，并需要哪些协助。通过这种形式，你可以确切地了解受权下属对期望绩效的认知程度。

（7）了解下属的能力

优秀的管理者不是依据下属的技术和现在表现出的能力来分派职务，而是以他们的工作动机和潜在能力来决定。许多管理者无法充分利用下属的潜能完成任务，这是很失败的管理，更是人才的浪费。管理者应时刻记住：下属是宝贵的财富，你没有理由不深入地了解你的下属。

（8）事先确立绩效评估的标准

管理者在授权的同时必须要把绩效评估的标准订立出来并公之于众，这有利于协助下属员工和管理者双方适时地衡量工作的成果。在"以人为导向"的企业里，考核标准不是由管理者单方面制定的，而是由参与其中的所有员工共同协助制定出来的。

（9）给予下属充分的权力

授权是决策权的下移，管理者如果要求下属完成某项工作任务，就必须给予其充分的权力，这些权力包括调用企业或部门的人、财、物等各方面资源的权力。当然，这些权力必须是完成工作所必需的。

（10）给予适时的帮助

授权的管理者对受权的下属负有的责任，包括两个部分：其一是监督下属达到预期目标，其二是在下属需要帮助的时候及时提供协助。这是因为授权的管理者在对企业政策的理解、信息的拥有量以及各种资源条件上占据优势。

人的精力是有限的，一个管理者不可能做所有的事。所以，作为一个管理者必须要学会把权力授予适当的人，把该出手的事情交给手下得力的员工去负责，而你只关注最重要的事情，这样并不妨碍你成为一个出色的管理者。

一手放松，一手抓紧

杰克·韦尔奇说："当人们犯错误的时候，他们最不愿意看到的就是惩罚，这时最需要的是鼓励和自信心的建立，首要的工作就是恢复自信心。我想，当一个人遇到不顺或者是挫折的时候，人云亦云是最不可取的行为。"

很多员工都有这种体验，在与管理者相处时总会感到紧张不安，他们想让管理者高兴却不知如何做才好。而当管理者离开时，他们会轻松地嘘一口气，并开始真正感到自由，庆幸终于可以干自己感兴趣的工作了。没有管理者在场，他们反倒能全身心地投入到工作之中，能更好地作出决定，并能从中自娱自乐。

因此，作为管理者，如果你要检验员工是否表里如一，可以离开员工一会儿甚至是一段时间，尽量给他们留一些机会。当你回来时，你会吃惊地发现，员工在你不在的时候取得了多么令人满意的成绩。

有家电脑公司的业务经理陈先生奉命到国外出差10天。陈先生平时做事就很仔细，什么事都会亲自下命令，并一一验收成果。虽然他手下有好几个人，但他从不将有责任性的工作交给他们做，因为陈先生认为"他们做事没有效率"。就因为这样，很难想象他不在的这10天公司里会发生什么事。

陈经理将出差前能处理的事全都处理完，并将在这10天里可能发生的事都写到了笔记本上，然后才动身出国。后因工作上遇到一些问题，所以原本打算停留10天的行程只好延长到了一个多月。

陈经理一直担心那些"不值得信赖的员工们"在这段时间都做了什么，所以就利用工作之余打国际电话和他们联络，但又没有当面说得那么清楚。他心想，在他回国时公司可能已经大乱了吧！

但是，陈经理回国后发现，这些员工的工作完全没有因为他的出差而受到任何影响。反而当他的行程决定延长时，员工们自觉的心理更加强烈了。这些平时依赖经理的员工，各自负起责任去处理部门内的事，所以即使经理不在，各种业务依旧可以顺利进行。碰到难以决定的事情时，大家就互相商量，然后去请示相关企业管理者。

面对员工的工作，陈经理笑着说："我以前总认为只要我不在公司，业务就一定会停滞，现在才知道那是我太过自大了。虽然我一个多月不在公司，但是他们做得比我在的时候还好，这让我很惊讶，觉得自己没什么存在价值。不过，这次出差让我清楚了，对往后的工作和其他部门的联络更需要全力以赴。另一个收获就是，大家对工作更投入了。"

离开员工是检验管理者是否成功的最好方式。有时候，管理者不妨故意制造些这种机会，这样一来，你将会意外地发现员工的潜力。如果你已经能够培养员工按照你所信任的方式去做，如果你让他们真正承担起自己的责任，如果你能让他们自主行事，那么，当你不在的时候，所有的一切照样可以圆满而成功地完成。

管理者离开员工，就是给他们提供一个工作框架，而不是什么都为他们想到。作为管理者，你只需为员工指引方向，而且这一方向不应在三个星期或三个月内改变，即使是出现问题，你的员工也应该可以和你一样妥善处理。

当然，如果是十分重大的问题，那他们不可能自行其是，必须要将你唤回。当你不在时，员工们也许有些不大习惯，或许有些想念你。但当你回到他们身边，他们会向你展示自己所实现的业绩。因此，你的回归又变成了他们表现自己、让你重归权威地位的机会。

让员工拥有自己的头脑，其前提是你必须要充分相信并认可他们，这样才能激励起他们的工作热情，从而提高工作效率。

为了防止员工在工作中出现问题，对不同能力的员工要有不同的授权控制。能力较强的员工控制力度可以少一些，能力较弱的员工控制力度可以大一些。

为了保证员工能够正常工作，管理者在进行授权时也要明确控制点和控制方式，原则上你只能够采用事先确定的控制方式对控制点进行核查。当然，如果管理者发现员工的工作有明显的偏差可以随时纠正，但这种例外控制不应过于频繁。

反馈控制系统的建立是评估一个管理者是否真正把握授权精髓的关键之一。仅有授权而不实施反馈控制会招致许多麻烦，最可能出现的问题是员工会滥用他所获得的权力。建立控制机制能够及时发现员工工作中的重大问题，并予以纠正。

管理者对员工授权后的反馈控制主要包括以下四个方面。

（1）命令追踪

对于已发出的命令进行追踪是确保命令顺利执行的最有效方法之一，是成功管理者经常采用的控制手段。

命令追踪的方式有两种：第一种，管理者在发布授权指令后的一定时期，亲自观察命令执行的状况；第二种，管理者在发布授权指令的同时与员工商定，命令下达，员工应当定期呈报命令执行状况的说明。

在进行命令追踪时，管理者必须要首先明确这样做的目的在于：

①控制命令是否按原定的计划执行；

②考虑有无足以妨碍命令贯彻的意外情况出现；

③考核员工执行命令的效率；

④反思、检讨管理者本人下达命令的技巧，以便下次改进命令下达的方式。

基于这样的目的，高明的管理者在命令的追踪中就不会只注意细节了，他的目光会集中于：

①员工所履行任务的质与量；

②工作进度；

③工作态度；

④员工是否有发挥创造性的余地；

⑤命令是否是合适的，有无必要对命令本身作出修正，或下达命令取而代之；

⑥员工是否确切地了解命令的含义，并按命令的精神完成任务。

（2）有效的反馈

有效的反馈需要把握如下要点：

①反馈应具体化而非一般化。对员工一般化行为的笼统评价常常缺乏说服力。如果管理者确实要评价员工的工作态度，应拿出考勤单或其他依据，说明员工过于散漫，而且这种工作态度对工作业绩确实产生了不良的后果。

②反馈依赖数据说话。不要在"事实"上与员工发生争执，如果管理者认为工作进展"很糟糕"，而员工认为工作进展"还不太坏"，这将是最糟糕的事情。管理者要到财务部门、考勤部门、销售部门等地方获取能够用于证明工作进展情况的数据。

③反馈要针对事件而不是针对人。作为管理者，若发现自己将一件重要的工作交给员工去负责，而他把事件弄得很糟糕时，气愤是可想而知的。但是，对于工作来说，责备人于事无补。所以，应该心平气和地坐下来共同探讨补救的措施。

④把握反馈的良机。如果管理者发现员工工作中的问题，一个多星期后才告诉员工你的意思是什么，这显然不太合适。因为这时员工已经着手进入工作的下一个阶段，他不得不退回来，对一个星期之前的工作进行改进。相反，如果管理者对员工工作中可能存在的问题刚刚有所察觉，却尚未获取足够的信息证明这种察觉确有实据，这时急于反馈同样是不明智的。反馈的最佳时机显然是这样一个时刻：拥有充分理由证明自己的观

点、让自己足够冷静、让员工去思考这一问题,这时的反馈常常能取得最为良好的效果。

⑤反馈是确定的、清楚的,可被准确理解的。许多管理者把反馈变成了抱怨,而且缺乏主题。他的不满好像有很多,涉及到员工工作的许多方面,而每个方面又谈得很模糊,员工努力听清管理者说的每一个词,却并不理解管理者的确切意思。很多时候,当员工满心沮丧地走出管理者的办公室时,他一点儿也不知道有什么事情需要他去改进。

(3)监督进度

从表面上看,授权使管理者对工作及局面的控制退到了幕后,但实际上反而使管理者的控制在授权中的地位得以凸显,因而管理者必须要使自己的控制技巧更加高明,才不至于使工作陷入失控状态。同时,因为授权,管理者得以从具体繁琐的事务性工作中解放出来,其中的一部分精力将被用来监督委派出去的工作。

授权中的控制技术包括:

①监督工作进展,尽量避免干涉员工的具体工作;

②以适当的方式提出意见或提醒;

③确认绩效,兑现奖惩。

对于出色的工作要给予充分的鼓励,对于不足的工作要提出意见。如果能将精神鼓励与物质奖惩相结合,那么效果会更好。

(4)全局统筹

授权使企业管理者们有更多的时间和精力去思考全局性的问题,他们往往比事必躬亲时更能统御全局。

有效的全局统筹会在以下三个层面上进行:

①对组织的控制——高明的管理者常常会采用纵向画线、横向划格的管理模式来实现组织控制。纵向画线即界定各个员工对上、对下的权限,横向划格即界定各员工之间的权限。这种做法可以使各员工既处于自己的

指挥之中，又不能成为指挥不动的独立王国。

②对于工作的控制——管理者对工作的控制分为静态控制和动态控制两个方面。静态控制是对工作目标、工作计划、规章制度的制定做到心中有数；动态控制则是在工作过程中，为预防和纠正失误、偏差而采取的指挥、调整和协调手段。

③对员工的控制——在对员工的控制上，除了选择好控制时机之外，最重要的是控制程度的把握。对员工的控制既要坚决果断，又要防止粗暴武断；既要讲求时效，又要防止操之过急；既要反应灵敏，又要防止"神经过敏"。高明的管理者懂得在"过"与"不及"之间寻找最恰当的控制点。

"非得贤难，用之难；非用之难，任之难也。"管理者应该把目标、职务、权力、责任四位一体地分授给合适的下属员工，并充分信任他们，放手让他们去做。落实到具体的做法上就是：画一个圈子，给员工指一个方向。你别绕过圈子，绕过圈子就是你的不对。但在圈子里面，你怎么做就是你的事情了，你应尽可能地超强发挥。

• 第 05 章 •

抓落实:确保每项工作执行到人

像小公司一样行动

韦尔奇认为，尽管大公司也有自己的优势，比如资金雄厚、永不满足等等，但这并不表明大企业不需要快速、简单和灵活。相反，如果大企业可以做到这一点的话，那么往往就会更具竞争力，会获得更大的发展。

在不断增大的组织内部有着无数的制度和规则，它们直接或者间接地规范着人们的行动，从而使庞大的组织得以像一部机器那样运转。然而，尽管制度和规则对企业的制度化与规范化起到了不可忽视的重要作用，但过细的制度同时也使人们被越来越多的琐事包围，越来越远离事实真相。人们不能果断地作出决策，因为无法得到真实的信息；人们不能采用最有效的方法解决难题，因为必须要遵照制度的规定；人们不能快速地行动，因为还需要层层请示，得到批准。过度的制度化使得企业变得僵化和臃肿，就像是一个穿着水泥靴子跑步的人，不但速度缓慢，而且不够灵活。

而小企业则恰恰相反，人们很难在一个生命力旺盛的小企业中找出哪怕一个"复杂"的环节。它们不会乱作一团，总是简单而不拘形式。每个人都充满着工作热情，都有充分的自主权。讨论时总是简单、直接、充满热情，没有大公司那种被术语所淹没的备忘录、虚张声势的反应，以及对下属意见的不屑一顾的态度。所有的人都会接触市场，都会了解顾客的需求，同时也明了这种需求的发展趋势。它们有强烈的危机意识，有快速行动的欲望，因此它们总能灵活地面对现实。用一句话来概括就是：小公司是简单的，这种简单使它们获得了生存和发展的机会。

杰克·韦尔奇喜欢小公司的单纯简单，喜欢它简单的行事风格，甚至喜欢它的"不正规"。他认为，所有这些都是企业竞争优势的来源，都会为企业的发展提供有力的支持和保障。因此，通用电气必须要具备这些素质。

第 05 章
抓落实：确保每项工作执行到人

为了使庞大的通用电气变得像小杂货店一样精干、灵活、行动敏捷，韦尔奇缩小了公司的规模，削减了官僚组织结构，同时还转变了管理人员观念，积极引导他们从实行监督、批准的管理者向提出建议、促进业务的管理者转变。管理思维的转变使员工得以解放，全体员工都能够以更大的热情积极投身到真正有意义的工作中去。所有这些都很好地实践了韦尔奇所提出的"像大公司一样思考，像小公司一样行动"的管理理念。

韦尔奇说，通用电气的确很大——它每年的销售额都以十亿美元为单位计算，但它始终是一个企业。对于其他企业重要的问题对通用也同样重要，比如顾客是否满意、员工是否满意、现金流动是不是合理，这些问题对于小杂货店是相当重要的，同样的对于通用也是如此。"长期以来，我们都没有意识到这一点，我们只关心那些毫无意义的数字和报表，而对这三个关键问题却视而不见，这使我们做了太多无用功、浪费了太多时间。现在，我和员工们每天只关心三件事：架上的货物是不是有人买；口袋里还有没有现金；顾客是不是带着笑容来，带着感激走。"关键问题往往都是简单的，企业只要找出它们并加以把握，就可以像小公司那样快速灵活。

韦尔奇认为，像通用这样的大公司，要在竞争越来越激烈的全球市场中生存，就必须改变大公司般的行动和思考模式，它应该学会轻巧、灵活，并开始以小公司的角度来思考。

"我们必须要找到结合能量、资源的方法，改造成虽然是大公司却拥有小公司的渴求、灵活和狂热。"韦尔奇说。

韦尔奇感觉到小而灵活的公司有着巨大的竞争优势：

首先，小公司有更好的沟通。没有官僚体制的啰啰嗦嗦，人们在听的同时也在说；更因为人比较少，他们通常也更能认识和了解彼此。

其次，小公司行动较快。它们清楚在市场上犹豫不决的代价。

再次，小公司里有较少的层级和粉饰，管理者的表现会清楚地显露出来。他们的表现和影响大家都很清楚。

最后,小公司的浪费也比较少。它们花较少的时间在无穷无尽的审察、认可、打通关节及文件上。人较少,因此只做重要的事。它们的人可以自由地把自己的精力和注意力放到市场上,而不是同官僚体制相对抗。

韦尔奇的目标,就是要让通用尽可能地变成轻巧、敏捷的小公司。他是怎么做的呢?

首先,他处理掉了整个第二和第三个层级的管理阶段——也就是部门和小组。在20世纪80年代,各事业部的管理者要向副董事长报告,副董事长再向执行副董事长报告,这些人各自都有自己的班底。韦尔奇改变了这个现象,使得14名事业部管理者可以直接向董事长办公室里的三个人报告——韦尔奇和他的两位副董事长。

新的安排被证明是惊人的干净利落、简单有效。主意、创见和决策常常以声速状态传播。而在以前,它们常常被繁文缛节和压抑沉闷的道道审批所阻塞和扭曲……而现在,办公职员将他们自己看作是提供方便者、建议者、业务操作的合作者,双方的满意程度在提高,合作的感觉也增强了。地方主义已让位于日益增长的同一感和共同目标感。

在修整了官僚层级、改变了高级主管的监督角色后,韦尔奇又迈出了另一大步,在1998年设计出"合力促进"计划,因而在通用的组织里注入了更多小公司的灵魂。虽然这位董事长当时并不知道,但"合力促进"计划后来经证实是他最重要的创意之一,而且这也是该公司数十年后仍在验证的事实。

尽管戴尔公司成立的时间并不是太长,但它却是一个名副其实的"大企业"。它之所以能够成为"大企业",所采取的就是韦尔奇的"以小求大"策略。

2003年戴尔公司的营业额达435亿美元,位列《财富》500强的第48位。2004年5月,戴尔公司又荣登全球电脑市场占有率第一的宝座,成为了世界领先的电脑系统商。与其他大企业不同的是，戴尔公司内部并不存在纷繁复杂的环节，也没有琐碎的制度和规程。它的一切都是简单的，每个人都保持着与顾客的密切接触——即使是最高管理层也是如此。没有批文、请示和等待，每个人（即使是一线员工）都有权力处理自己职责范围内的事。

在戴尔公司位于奥斯汀的组装车间里，人们可以运用最有效率的方式接受订单、联络供应商、订购零部件、安排货运等。这种"随心所欲"的工作方式很好地配合了公司独特的业务流程，使84%的货物在收到订单后的八小时内就能完成从设计、制造到发货的程序。及时送货还保证了货物在工厂里停留时间不超过两小时。这种小公司般灵活高效的运作方式使戴尔公司获得了极大的竞争力，有力地支持了其在国际电脑市场上的竞争。

过去说的"大鱼吃小鱼"早已经被"快鱼吃慢鱼"的理念所取代，这就要求大企业在拥有成熟运作模式的同时，具备小企业一样的运作方式，能够灵活机动地适应市场竞争，"像大企业一样思考，像小企业一样行动"！

在如今全球经济竞争激烈的大环境下，规模大的公司不一定就能打败规模小的公司，但是速度快的公司一定能够打败速度慢的公司。这一点是确凿无疑的，因为信息社会是一个机会人人均等的社会，企业如果想要在这样的社会里获得最终的胜利，那么必须要抢在其他竞争对手之前完成战略布局，并且立即付诸于行动。事实上，在一个竞争激烈的市场中，抢先作出选择和行动的企业一般都能够获得比其他企业高得多的利润回报。

做正确的事比正确地做事更重要

正确地做事，更要做正确的事，这是一个有效提高工作效率和效能的重要方法，更是一种重要的管理思想。无论何时何地，对于任何人或者组织而言，"做正确的事"远比"正确地做事"重要。对于企业的生存和发展而言，"做正确的事"是由企业战略来解决的，而"正确地做事"则是执行问题。只要你做的是正确的事，即使执行中有一些偏差，其结果也不会致命；但如果你做的是错误的事情，即使执行得完美无缺，其结果也注定是错误的。

杜拉克说："做正确的事远比正确地做事重要。如果以极高的效率去做本来就不该做的事情，最徒劳无益的工作也莫过于此。"所谓做正确的事，强调的是事情本身的正确性，是追求效果；而正确地做事强调的是做事的方法的正确性，是追求效率。显然，做正确的事远比正确地做事来得重要。我们看一看耐克公司在管理方面是如何"做正确的事"。

许多人都知道，世界著名的运动品牌公司Nike（耐克）于2005年主办了街头篮球争霸赛。这个公司的标志"飞天勾勾"是速度、年轻、时尚、品质、运动的象征。耐克公司何以如此？耐克公司的管理层认为应该归功于他们优秀的员工。现在人才竞争十分激烈，耐克公司又是凭借什么吸引优秀人才的呢？其实，耐克公司最大的优势是用品牌魅力以及其独一无二的企业文化吸引优秀人才，然后给最优秀的人才最好的环境。因为一个优秀的人才自然希望把有限的精力投入到做实事、提升自我价值上，这就需要人与人之间能够相互信任，而不是把时间浪费在处理复杂的人际关系，应付人为的繁琐的流程报告上。

好的企业文化才能造就良好的工作环境，这一点体现于日常工作中的点点滴滴，比如说"弹性工作制"。作为一家以运动系列产品驰名的公司，耐克首先希望自己的员工身体健康，倡导的是工作与生活平衡的理念，所以耐克公司不提倡加班。耐克管理层认为如果员工总是加班，说明我们的管理层在是否用对人方面或是人员配置和工作量的把握上出了问题。耐克希望员工能自我调节，很好地平衡工作与生活的关系。公司的"首席执行官"一下班就第一个回家了,几乎没有过留在办公室里加班的情况。尽管有些时候他可能把工作带回家去做了,但他下班就带头离开办公室的做法是一种姿态,意思是告诉员工,公司并不要他们牺牲生活而提供服务。其实,任何人都一样,除了特殊情况不得已外,没有任何员工愿意加班。由此可见,耐克公司的管理绝对人性化。

提倡通过简单方法做最正确的事一直都是耐克公司的管理理念,其实这种理念也符合杜拉克的思想:"有效的管理者知道时间是他最为珍贵的资源,必须极为仔细地使用它。"生命太短暂,竞争太激烈,没时间去毫无意义地争辩。用最简单的方法做正确的事并达成目标是耐克人的追求。很多时候,一件事情会牵扯到许多个部门,而每个部门都有各自的意见,这样的情况往往会几个来回地讨论都无法达成共识。遇到这种情况,耐克员工习惯于在往来的邮件签名下方附上一段简短的话,以提醒自己和同事不要纠缠在不同意见中,赶紧求大同寻找解决问题的方法。这种深入员工心中的自觉意识帮助耐克提高了工作效率。再比如,耐克经常用的面试方式不同于其他公司,这一轮人事资源经理把关看素质,那一轮业务部门经理看专业能力;他们不是分成几次面试,但是为了保证客观全面,会由人事部经理、业务主管、该部门员工、老板组成一个面试团,一次性完成。这样对公司也好,对应聘对象也好,都会节省时间,而且不会太疲惫。

耐克公司做正确的事的管理理念还给了员工发挥创造力的最大空间。在耐克公司绝对不会有人说,你不在这个位置上,这事你不要做。只要你认为这件事是正确的,那么你就可以大胆提出建议,积极参与并承担责任。在耐克公司你会觉得周围充满了机会,所以,你就会工作得很开心,并且能够发挥出自己最大的潜力,使自己觉得每天都有新的想法可以去实践。耐克公司还专注于员工卓越的想法和实践,鼓励员工自己做决定,激发其创造性和无穷潜能。这一点在市场部门和销售部门尤为显著。耐克公司的上级在给下级任务之后,不会过分干预或监督员工做事,员工可以最大限度发挥自己的主动性，可以独辟蹊径地去完成，甚至可以提出意见或建议，找到更好的途径并获得更佳的结果，而上级只会在适当的时候为下级提供支持与帮助。

做正确的事是事情的本身正确，是做事的方向正确，而正确地做事则是指做事情的过程。杜拉克还告诫人们："我们不一定知道正确的道路是什么，但却不要在错误的道路上走得太远。"作为管理者一定要先确定事情的正确性，然后再正确地去做。如果你不能确定一件事的正确与否，就一定不要盲目地去做。

随着时代的进步，管理也在不停地向前发展。作为一个现代的管理者，一定要相信"做正确的事比正确地做事更重要"这个重要的真理，因为"做正确的事"是企业成功与否的根本。

任何一个企业发展到一定规模，或生存环境发生变化时，都不得不进行发展战略的重新选择和调整。这时，做正确的事就显得尤为重要了。在这生死攸关的转折点上，管理者不光要做好管理，让客户享受到上帝般的服务，更重要的是关注企业的自身命运，让企业立于不败之地，给客户带来长期稳定的服务。

正确地做事不再是一味地例行公事。正确地做事也不是被动的、机械的工作方式，更不是制度的奴隶。正确地做事并不是只对上司负责、对流程负责，也不是对领导绝对的服从，不知变通。那种不求有功但求无过，不思进取安于现状，做一天和尚撞一天钟的工作方式，是在混日子，而绝不是在正确地做事。

正确地做事应该是积极主动的，为实现目标而最大限度地发挥主观能动性的一种社会活动。从一开始时就为最终的目标去做事，这是做正确的事的有力保障。在开始做事之前，只要明确了最终目标，就会使我们逐步形成一种良好的工作方法，养成一种理性的判断能力和工作习惯，就有可能使我们迈出的每一步都是正确的。

拆毁所有阻碍沟通和找出好办法的"高墙"

真正的交流需要长时间地你看着我、我看着你，这意味着多听少说……就是说，人类通过旨在达成共识的不断交往过程来最终了解和接受事物。

人们总是要通过一定的渠道和方式来交流信息、沟通思想、协调行动的。如果沟通渠道堵塞、互不通气，就会造成了解情况上的片面性，"听风就是雨"，引起认识上的偏见和感情上的隔阂。信息传递失真，也会产生误解和歧视，引起冲突。例如，在一个企业，往往由于信息渠道的不畅，设计、供应、生产、销售几个部门就常常在工作上发生冲突。

管理在某种意义上来讲也是一种交流，管理者将管理的信息发布出来，被管理者接到信息就会按照指令做事。信息的顺畅与否，直接关系到管理收到的成效。

然而，在许多传统的组织中，信息传递的准确性总是会受到种种干扰。公司的老总将任务交给下面的经理，经理又根据自己的理解将任务交给下面的项目负责人，项目负责人再把下面的人找来，根据自己的理解做一番布置。在这样的信息传递过程中，不可避免地出现了信息的变形，产生了种种信息壁垒。

好在，这一局面正在改变，越来越多的管理人员意识到了沟通的重要性。

原通用公司CEO杰克·韦尔奇，当年差点因为壁垒森严、信息不畅的弊端而离开通用电气公司。后来，等他坐上通用电气首席执行官的位置之后，所作的重大决策之一就是拆除壁垒，痛揍官僚主义。

韦尔奇在1981年被任命为公司首席执行官。他打破了公司的等级制，削减公司总部职员,并且责成 10 万职工致力于他所认定的几大核心业务。等到这些举措给自己制造了危机之后,他又着手调动组织的感情能量和创造精神,以便利用因公司所在环境的改变而带来机遇。在他看来,中层管理人员的工作应当重新定义:"他们得把自己看成是身兼教师、拉拉队队长和解放者三职的人,而不是只充当控制者角色。"他其实是希望每一个中层管理者可以自由组织人员,提出自己的意见和办法。

韦尔奇强调以价值观为基础的理性而不是非理性,这一点从他对通用电气公司的内部决策所做的指示里就可以明显地看出来。他更为强调的是共同掌握事实和决策所依据的设想,而非决策之逻辑本身:"大家同舟共济,人人都拥有同样的信息……一旦人们不能得到所需的信息,混乱就产生了。"

在英语中,"沟通"一词来源于"分享"这个拉丁语词汇。进行沟通时需要特别注意的问题是,沟通必须是互相分享,必须是双向的,这样沟通才能有效。良好的沟通不仅仅是倾诉,聆听同样重要。

在微软公司,沟通的问题就不是那么难以解决。比尔·盖茨把他与员工们之间的沟通称作"弹指间的信息"。早在 20 世纪 80 年代初,比尔·盖茨就在微软安装了第一个电子邮件系统,很快,它便成为了公司内部通信和管理的主要方式。

比尔·盖茨每天都要花几个小时来阅读电子邮件并作出答复,这些邮件来自于全球的雇员、客户和合作者。公司中的每一个人都可以把电子邮件直接传送给他,越过所有中间层次的阻隔。他是惟一读它的人,因此谁都不必担心礼仪问题。他似乎相信人们口头上都具有"报喜不报忧"的倾向,而在一种不必见面的交流方式中更有可能流露真情。

盖茨认为,坏消息几乎总是从电子邮件中传来。所以,他每天晚上睡觉之前必定要把自己的便携式电脑和公司系统连接起来,与公司雇员交换新的信息和想法。即使是在旅行当中,在远离总部上万公里的地方,盖茨也要检查一下他在公司中的电子邮箱。他说这样才能让自己放心。由于电子邮件的充分利用，使得微软所有的职员都能在第一时间得到微软公司和比尔·盖茨发出的最新指示，这使得整个公司的办公效率高速地运转了起来。

不难发现，给员工提供了多少信息并不是最重要的，或者说传达这些信息的效果如何也不是最重要的。关键是，如果他们不能对此作出回应，那么就没能建立起沟通渠道，而仅仅是一个形式而已。网络的发展实际上为沟通打开了更大的空间，我们的日常沟通也可以如互联网那样迅捷。

企业内部交流的障碍及其消除往往受到多种因素影响，主要表现在文化、组织结构和心理方面。

（1）文化方面的交流障碍

一个组织内部之间文化水平如果比较接近，信息沟通就容易进行。

（2）组织结构方面的交流障碍

组织结构方面的障碍包括角色地位障碍、空间距离障碍、交流网络障碍。一般说来，组织规模越大，成员越多，处于中层地位的人员相互交流的次数会增加，而处于上下层地位的人员相互交流的次数会相应减少。尤其是企业经理，常常因为自恃高明、目中无人，听不得不同意见，独断专行、瞎指挥，容易阻塞上下信息的交流渠道。从部属来说，他们怕得罪经理和主管，有问题往往不反映，或报喜不报忧，造成信息虚假，影响企业的健康发展。

再就是空间障碍。空间距离对于信息交流及其效果有着很大影响。一般说来，双方面对面地进行交流有利于把复杂问题搞清楚，提高交流的效果。

还有交流网络障碍。在组织中，合理的组织机构、交流网络有利于信息的交流。如果组织机构不合理，层次太多，交流网络不完善，信息从高层传递到基层，既容易使信息走样，又会使信息失去时效。因此，组织要精简机构、减少交流层次、建立健全交流网络，经理要尽可能地同下级和普通部属进行直接交流，使信息传递渠道畅通。

（3）心理方面的障碍及其消除

①认知障碍。信息交流中的自我认知障碍主要表现在：过高地评价自己或过低地评价自己。在组织中，部属对自己评价过高就会表现出一种优越感，喜欢自吹自擂，对其他部属不尊重，这样就容易堵塞交流渠道。

②情感障碍。组织中信息交流的情感障碍主要表现为：情感反应过于强烈和过于冷漠。情感反应过于强烈是指在交流时不分场合和对象，不顾轻重恣意纵情的现象。为了克服这种交流障碍，要学会情感的自然调节，把握情感的尺度，既不能过分热情，也不能过于冷漠。

③信任障碍。在组织信息交流过程中，人与人之间，尤其是经理与部属之间关系融洽，相互信任，双方就容易交流。为了克服这种交流障碍，以改善和提高交流效果，交流双方要做到相互尊重、相互信任。

④态度障碍。在组织交流中双方的态度各不相同，会造成交流的障碍。

⑤性格障碍。信息交流在很大程度上也受性格特征的制约。所以，一个经理要有高尚的性格品质才能取得组织成员的信任，才不至于造成交流上的障碍。

组织活动的核心是沟通，无论员工的职业技能水平多么高超、产品的价值多么令人瞩目，如果缺乏有效合理的沟通，那么任何企业都不可能圆满实现其目标。

现代企业的管理过程，已经逐步趋向于沟通的过程。沟通是意见与意见的交换，是心灵与心灵的交汇，是精神与精神的交融，是企业和谐走向成功的重要端点。如果我们还没有重视这一点，从不理会沟通的重要性，那我们将在封闭中自生自灭。所以，我们应把工作归于实务而不是幻想。

只有偏执狂才能成就大事

杜拉克说:"只有偏执狂才能成就大事。要有成就,必得在使命感的驱使下'从一而终',把精力专注在'一件事'上。"

雅典帕德农神庙的雕像是雕刻大师菲迪亚斯完成的。但是当年,财务主管大人借口不愿为雕像的背面买单,菲迪亚斯掷地有声地说:"你错了,你看不见,上帝看得见。你一分都不能少。"

多年过去了,该雕像还那么骄傲地屹立在神庙屋顶上,闪耀着艺术的光辉。正是菲迪亚斯这份敬业精神,造就了无可否认的杰作。这则故事震撼了彼得·杜拉克,他说:"就算只有上帝看得见,我也得做好。"

杜拉克是大师中的大师,是企业管理者的至圣先知。管理如不能从老先生那里拿到根据,是上不了层次的。但他心中有两个楷模:一个是寂寞了40多年的几何学家富勒,另一个是坐了25年冷板凳的麦克鲁汉,他们最后都成功了。如果没有当初的从一而终,也就没有后来的成功。杜拉克说自己就是一个"偏执狂",在他看来,他最好的一本书总是"下一本",这不是他的自我推销,这是他对自己的期许。正是因为他对管理学的狂热与执着,才有了今天的成就,才被称为现代管理之父。

杜拉克认为,如果没有单一的使命、专注的精神,那么注定是一事无成的。曾经的英特尔总裁格鲁夫无疑就是这样的人。

1968年,摩尔和诺伊斯决定自行创业,创办英特尔公司。格鲁夫因为担任仙童公司实验室副总监时表现出色,深具潜力,所以被摩尔看重,大力举荐他进入英特尔担任研发部门的总监。1976年,格鲁夫成为英特尔公司首席执行官。1979年,格鲁夫发动了一场一年内从摩托罗拉手中抢到2000家新客户的商战,结果以超额500家的战绩实现了这一目标,而且其中一家是IBM。

1982年，IBM准备进入个人电脑业，英特尔曾为它提供8088芯片，但直到1985年个人计算机的发货量仍然很小。英特尔还是把自己定位为一个存储器公司。经营企业总会存在竞争，这时日本的存储器厂家登台了。由于日本这家公司的存储器价位低且质量高，陷入价格战的英特尔公司很快就面临被挤出自己一手开发的市场的危险。公司连续六个季度出现亏损，英特尔管理层在是否放弃存储器业务上产生了分歧。结果越是迟疑不决，英特尔的经济损失就越大。

英特尔已经在漫无目的的徘徊中度过了一年。一天，在格鲁夫与董事长摩尔讨论公司该如何走出困境时，格鲁夫问摩尔："如果我们下了台，新总裁上任后，你认为他的第一项决定是什么？"摩尔犹豫了一下，答道："放弃存储器业务。"格鲁夫望着摩尔，说："那我们为什么自己不放弃？不如走出这扇门，然后自己动手！"

当时，英特尔在所有人的心目中就等于是存储器的代名词。如果放弃了存储器业务，英特尔还称得上是一家公司吗？格鲁夫说做就做，他顶住层层压力，坚决地放弃了存储器业务，而把新的生产重点放在了微处理器方面。放弃了存储器业务，英特尔也就不再是一家存储器公司。他们意识到微处理器是计算机一切工作的核心所在，于是改称"微型计算机公司"。到了1992年，英特尔因为微处理器的巨大成功而成为世界上最大的半导体企业，甚至超过了当年曾在存储器业务上打败它的日本公司。

1996年，在价值5亿美元的有缺陷的英特尔奔腾芯片必须被召回并更换的灾难性事件后，格鲁夫写了一部名为《只有偏执狂才能生存》的书，书中说："我常笃信'只有偏执狂才能生存'这句格言。只要涉及到企业管理，我就相信偏执万岁。"不错，历数所有的成功者，他们绝大多数都是偏执狂。

管理中的事务往往太多太杂，所以常常容易失控。好多人就算专心致志地做一件事，也未见真能做到最好，所以说，如果有效性有什么秘诀的话，那就是"专注"。

一位有效管理者，一定会专一于当前的某一任务，而绝对不会轻易承诺其他任务。因为"专注焦点"是一份执着，也是一份勇气，是敢于决定真正该做与真正先做的工作，以及运用时间及掌握情势的勇气。只有这样，"专注焦点"才能成为管理者自己的主宰。

一位有效管理者，至少会在他的心中列一份优先表，哪件事最重要他就会专注地去完成，绝对不会转做其他的事。

"偏执狂"实际上就是一种执着的精神，永不放弃的精神。也许有人认为，前面格鲁夫的事例是他放弃了，那么你就错了。格罗夫所称的"偏执狂"也不是一种临床状态，那是一种警觉的状态，其意在说商业总要为意料之外的变化做好准备。在变化的时代、变化的市场、变化的企业之中，格鲁夫的放弃只是战略的转移，而不是企业的放弃，他的放弃正是为了不放弃。局部地放弃只是为了更好地发展，为了在企业界依旧拥有一席之地，并没有从根本上放弃企业的目标。

管理者的执着只是一种永不言败的精神，是针对企业整体的生存发展而言的，并不意味着对某一方面的抱残守缺。所以，在必要的时候一定要有创新。现在的企业中，几乎每一个企业都有自己的创意，关键要对一些没必要的领域果断放弃，这才是企业管理的智者，才是对企业目标的执着。

永远不要坐着不动

变革是商业活动中一个绝对关键的部分。你确实需要变革，而且最好是在自己不得不变革之前。但变革的阻力也是真实存在的。

不断改变自己、改变公司，是这个时代的两大挑战。企业管理者们一定要改变自己。他们必须学习新技能，使他们自己更称职，并跟上时代的快速发展步伐。

公司也要改变，停滞不变的公司只会走向死亡。

杰克·韦尔奇就是个人和公司的变化大师。他从不坐着不动，他所管理的企业也一样。《华尔街日报》说："韦尔奇可以花一天时间参观一家工厂，跳上一架飞机，小睡几个钟头，然后再重新开始工作；在这段时间，他也许会停在爱达荷的太阳巷中，就像他自己所说的那样，'疯狂地滑五天雪'。"

韦尔奇在谈到 GE 的价值观时曾经多次强调："正是对变革的热爱和渴望抓住变革的念头，才使通用电气像今天这样重要，有活力，与众不同。"

韦尔奇在新书《赢》中讲述了许多管理上的做法——如何管理，如何管理员工，如何在工作与生活间平衡，如何规划人生……这里，让我们一起来看看他是怎样讲变革的：

> 变革需要遵照以下四条准则：首先，在每一次发动变革运动时，确立一个清晰的目的或指标，为变革而变革的做法是愚蠢的，只会产生消极影响；其次，招募和提拔忠诚的追随者，以及能适应变革的人；再次，清理并去除反抗者，即使他们有不错的业绩也在所不惜；最后，利用意外的机会。如果公司的管理者能满怀激情地执行了这些准则，给每个全力支持的人提供奖励，那么对变革的任何干扰最终都会消失。变革会成为人们的日常工作，成为规范。

如果公司完全把变革当成宣传游戏，追赶每一种新出现的管理时尚，那会是一种灾难，使变革过度！有些大公司在变革时，会同时启动 10 种不同的改革计划，有 8 个不同的努力方向，这种蜻蜓点水式的变革永远不会带来任何有意义的结果。

我们必须明白，什么变革是必要的，变革会把我们带向何方。

20世纪70年代末，GE的家电设备产业就面临着这种情况。在那些年，家电和照明设备是GE的支柱。1978年，我被任命为消费产品事业团体的负责人，我发现家电设备产业的市场份额已经连续滑坡了好几年，而利润则减少得更快，这种状况令人惊恐。我把自己的意见向该产业的经理们做了宣讲。然而，我的观点在初期应者寥寥，完全需要依靠强制手段才能推动成本降低计划的实施。

幸运的是，这个行业的领头人——一个叫迪克的人，看到了我的改革计划的意义，开始为我提供帮助，并且成为整个设备行业中的改革拥护者。他的管理才能对于稳定局势起到了至关重要的作用。最终，我们的设备行业经历了激烈的变革。时至今日，美国国内市场的严酷竞争已经足以说明当时变革的必要性了。

在大公司里，改革的呼吁通常会遇到虚伪的笑脸，然后大家在工作中仍一如既往，没有变化；如果公司以前发动过多次改革计划而没有具体落实，雇员们就会不以为然，认为只是一时冲动。这种普遍的怀疑态度说明，任何领导改革的人都必须远离空洞的口号，立足于坚实的、有说服力的行动中。

在全部商业人士中，真正的变革者恐怕不到总数的10％。他们是真正的拥护者和忠实的跟随者，他们知道应该如何发起变革，并且热爱整个革新的进程。要发动变革，公司就必须积极地招募和提拔变革的忠实跟随者。可是，既然每个人都声称自己欢迎变革，那你怎么能分辨真伪呢？幸运的是，真正的变革者常常能自己表现出来。他们通常的特征是傲慢、精力过剩，对将来有一点妄想狂的样子；他们常常会主动发起变革，要求领导变革；他们总是充满好奇心、喜欢向前看；他们总有大量的问题，张口就说:"为什么我们不……"这些人富有勇气——有点无知而无畏的天真。他们有某种内在的东西,使变革得以顺利地进行,不需要为自己编织安全网。如果失败了,他们也清楚自己能够爬起来,掸去满身的尘土,继续前进。在风险面前,他们能屹立不动,这使得他们能够在缺乏足够资料的时候敢于作出冒险的决定。

清理并去除反抗者,即使他们有不错的业绩也在所不惜——在推动变革的时候,这将是实施过程中最困难的一个环节。或者是因为他们的个性,或者是因为他们对于以前的一切过于依赖,在任何一个组织中总有那么一些人,不管你的理由有多么充分,他们就是不能接受变革。通常来说,这些人必须要清走。这样做也许显得非常无情,但如果你把反抗者留在自己的组织中,那不会对任何人有好处。反抗者会秘密地发动抗争活动,打击那些支持改革的人的士气。而在一个与自己的愿景相冲突的公司里待下去,也会浪费他们的时间。因此,你应当鼓励他们离开,去寻找一个与他们志同道合的地方。

我们再来看一个不寻常的案例,那是关于比尔·哈里森的故事,他是摩根大通银行的 CEO。在领导自己的银行实行变革时,他曾要求一位德高望重的高层执行官离开公司。

那段时间,比尔正在组织一次高层经理人培训,学习的重点是对新合并的 JP 摩根——大通银行进行改造,建立更强的市场导向。对于该银行来说,这是一次重大的机构变革。改革运动最大的反抗者是负责银行主要业务的一名 CEO,一位真正的明星人物。他留恋投资银行业长期以来养成的"独狼"文化,并发起了一场静悄悄的抵抗斗争。于是,比尔请他离开。考虑到当时在公司内外所面临的复杂局势,那可需要相当大的勇气。不过比尔明白,如果公司里有这样一位反抗者——及其同党挡道,那么整个银行的改造将不可能获得成功。

他的判断是正确的,变革计划也得以继续推行。在高层经理人培训计划得到实施的两年之后,调查显示,培训计划让经理人员对于公司的发展方向有了更大的认同。与没有参加过培训的人相比,参加过培训的人员对公司发展目标的认同度高出了 20%。

如果出于反抗者的特殊技能或老资格而作出了让步,那么随着时间的推移他们只会变得更加顽固,他们的支持者也会更难以改变。他们将会成为改革的杀手,你需要及早地斩草除根。

要塑造一个真正的变革型组织,你需要学会利用自己的本能,寻找那些更冒险、更惊人、更不可预见的机会并作出评估,最大限度地加以利用。具备这种能力的人需要特殊的决断力以及特别的扩张欲望,但回报也可能是巨大的。

以 1997 年亚洲金融危机为例,货币交易商当然就要充分利用这种可怕的事件,他们就是以专门利用变革为生的,但他们并不是惟一要这样做的人。在那场危机期间,GE 就成功地收购了估值偏低的泰国汽车贷款,其他一些公司则通过收购打折出售的房地产而发达起来。

大多数公司都会好好利用摆在自己面前的机会,但有的公司有能力利用最糟糕的环境——那些"意外的机会"。例如,自"9·11"事件后出现了一种新的保安产业。

当然,从你的内心来说,你宁可希望这样的产业不要继续存在。但是,如果你认识到变革意味着抓住每一个机会,那么就会有一些公司懂得从中获益,即使这些机会是由灾难而起。

即使你不穿牛仔裤,你也一定听说过李维牛仔裤公司。李维牛仔裤在 20 世纪 70 年代的美国牛仔裤市场上独占鳌头,公司的分销战略是将纯正的李维产品在高档百货公司里专卖。几十年来,这种战略铺平了李维公司通往成功的道路,公司的管理层相信,保持这种传统的分销战略将使他们继续沿着有利可图的道路前进。但是,20 世纪 70 年代结束时,购物中心变得时兴起来，传统的百货商店过时了，很多百货公司连锁店被迫变成了购物中心，以留住购物者。它们自愿参与了竞争，特别是在服装产品方面。在多数购物中心里，精品店和"青少年商店"很快便成为新潮年轻人购买衣服的去处。

然而可惜的是，李维公司并没有根据市场的变化进行变革，依然固守着传统的模式，在过时的百货商店里销售自己的产品。而那些时尚的青少年们认为传统的百货商店是他们的父母购买衣服的地方，而不屑于购买里面的衣物。结果，李维产品努力在青少年心中培养起来的流行品牌形象消失了，产品的销量急剧下降。从20世纪70年代起，李维产品的市场份额不断下滑。在20世纪二三十年代，李维牛仔裤曾创造过独享牛仔裤市场70％份额的巅峰，但到了1999年这一数字已下降到20％，并且关闭了22家工厂中的11家。

一个最普遍同时又最令人费解的企业现象是：当成功的公司面对经营环境的巨大变化时，它们经常不能作出有效的反应。面对以新产品、新技术和新战略武装起来的竞争者时，它们往往无力自卫。

为何成功的公司会走向衰败呢？问题不在于无力采取行动，而是无力采取有力度的行动。这有一个最普遍的原因：公司的管理者沉醉于过去创造成功业绩的管理模式，他们仅仅采用历史上被证明为正确的策略与行动，就像挖洞，他们所做的仅仅是挖得再深一点。

制度往往会僵化，使公司最初获得成功的新思想为一种沉醉于现状的僵化思想所取代。当公司面对的市场环境发生变化时，过去的成功模式反而会使公司走向失败。

• 第 06 章 •

团队培训:提升员工执行力是根本

确立长期的人才培养计划

一家公司当然要以盈利为主要目标,但要保持持续的盈利就必须有与之相应的人才去支撑。管理者只有具备"有人才始有事业"的理念,才会使企业获得长足的发展。在这一点上,日本的松下公司堪称典范。

由于对人才培育的重视,松下公司的进修会、研习会此起彼伏、层出不穷。百忙之中的松下幸之助也总是会挤时间参加这样的活动。松下幸之助个人和松下电器的成长经历,使他更注重与学校教育相对应的在职培训。这一点同他的人才思想结合,就产生了松下公司长期以来施行的完备的育才方针。这个方针不仅适用于松下,对别的公司也是有启迪意义的。

(1)培养人才的目的和目标

贯彻经营基本方针,提高专门业务能力,培养经营管理能力,扩大视野和形成人格。松下电器公司在职培训的五个目标是:

①把完成业务目标的重点具体化,诱导每一个员工的日常行为不断进步。

②把员工培养成为"内省思考的人"。

③让员工自动设定目标,促进自我启发的意念。

④员工的培养必须是长期性的。

⑤向公司总目标的完成迈进,确立强有力的统合机制。

(2)实施方针

①通过实践,培养实际工作能力。方法是以每个人的自我启发为基础,以上司的个别指导为核心,以工作岗位的实践教育为主体。

②根据长期计划连续实施,不能有头无尾。

（3）工作组织

①工作场所的主要干部，要对工作场所员工的人才教育负全面责任。各管理监督者对自己辖区范围内的员工全面负责。

②各工作场所所长下面设一位担任研究的负责人，以便帮助所长及上司推行人才教育。

③各项职能部门设一位专门负责人，以便帮助所长和上司推行培养人才的工作。

④在人事部门，要执行以下培养人才的业务：就人才培养和各职能部门、事业场所取得联络和援助；培养及实施经营干部的进修计划；新进职员的培养计划和实施。

（4）具体方法

①自我研修。主要包括分析自己，确定目标；使自我管理贯彻到底；从每件事情中学习道理；有效地运用时间；充分利用互相观摩的机会。

②上司指导。主要包括：认识培养人才的重要性；对下属的诚意和爱护；要加深彼此之间的信赖；要以身作则；要提出适当的要求；给予权限，叫他负责；要发挥夸奖的妙用和责备的艺术；要使每一个人的个性、专长发挥出来。

③集体研修。

④实习。根据不同需要，有生产实习、服务技术实习、研究所实习、销售店实习等。

⑤通过人事制度进行教育，即利用人事制度的升迁考核，让员工做进一步的体验，从而引导出潜在的能力。

（5）松下育才的七把钥匙

①强烈地感到人才培育的重要性。可以毫不夸张地说，世界上的任何一个经营管理者对培育人才重要性的认识都没有松下那样强烈。松下在1943年7月号的工会杂志《号一会志》上写道："拥有优秀的人才，事

业就能繁荣，反之就会衰微。各行各业的兴衰就是最好的例证。松下电器公司能有今日的发展，就是因为比别人稍微懂得用人的缘故。"认识如此，松下还不懈地身体力行。因此，又可以说，世界上的任何一个经营管理者都比不上松下那样不断地、热切地教导员工。

②要有尊重人类的基本精神。这就是，把人当作万事万物中最重要的，并体现在具体的处事当中。首先，是为个人前途着想，让他把自己的才能尽可能地发挥出来，并给予相称的报酬。其次，是对待裁员的问题。松下公司基本上没有裁员的历史，实施的是员工终身制，这些都体现了对人的尊重和关爱。员工备受尊重，当然会热爱自己的公司，与公司一体，也就不难成为公司的有用人才了。

③明确指示经营理念和使命感。松下幸之助经常会向员工指示公司的"自来水经营理念"和"除贫造富"的使命感。在1932年的创业纪念日上，松下幸之助更把这种经营理念和使命感以公司"宪法"的形式确定下来，并经常这样灌输、提点，使员工心中明确，使命感逐渐加强。目标明确，奋斗就会有动力。如果不是这样，员工方向不明，也不知道学习、培训所为何事，自然难有好的绩效，也就难以成为公司的有用之才。

④彻底教导员工企业必须获利。东方传统道德给人的教导是重义轻利，松下却明确而彻底地教导员工公司必须要赢利，赢利必须要成为每个事业部、每个员工的目标。这不仅是简单的在商言商，而是有着深远的社会、人生信念作为支撑。松下认为："赚不了钱，就是犯罪。从社会聚集资本，网罗天下英才，使用天下资源，如果没有任何成绩，在己是愧对社会，而社会也不能原谅你。"松下的追求利润，不仅仅是希求公司、个人的获取，亦是为了贡献国家，"只有公司获利，才可能拿出一部分来做税金上交国家；由此，国家才能把这笔钱用于各项公众事业，创造全体国民的福祉。"

⑤努力改善劳动条件和丰富福利待遇。之所以有这样的主张，实际上

是考虑到了人的特性，即人的第一需求是生理的需求，只有很好地解决了温饱的问题，才能实现别的方面的要求。马斯洛心理学正是这样总结的。松下公司的薪资政策及福利待遇方针也正是与此人性特点相吻合的。松下的独到之处，是在别人以"高效率＋高薪资"为原则的情况下反其道而行之，实行"高薪资＋高效率"的方针，以此来刺激员工提高生产率的意愿。

⑥让员工拥有梦想。人总是有梦想的。自古以来成就大业者，心中总有着一个大的梦想。有梦想，就有前进的动力。松下公司给它的每一位员工都提供了拥有及实现梦想的基础和机会。像松下那样给公司和员工描绘250年远景蓝图的企业家，还真是很少见的。松下认为，让员工对未来怀有无限的憧憬，在培育人才上是有很大效果的。无论是经营顺利还是处于困境中，都应该让员工存有梦想、存有希望。在一个没有梦想的公司里，是无法培育出人才来的。

⑦把正确的人生观作为基础。这既指培育人的"教师"要有正确的人生观，也指要培养员工的正确人生观。松下的人生观（这里也可以称作人类观）的核心是：认识人类是伟大的王者；承认并尊重人的个性；要以理智的态度，合情合理地去处理和利用宇宙万物；尊重礼的精神，善用众人的智慧。松下认为，只有秉持这种人生观和人生之道，人类才能迈向繁荣、和平、幸福的金光大道。

（6）在职培训的三个阶段

松下公司的在职培训一般分为计划、实施、检查三个阶段。

①计划的拟定阶段。在拟定计划时，要让员工树立起积极工作的态度，以获得成长的信念；要让员工了解自己用功的重点；给员工提供发挥全部能力、完成工作的机会和环境。为了拟定正确的培训要点，必须注意以下问题：

- 为了切实掌握员工担任的工作，要把工作一件一件地列出来。

- 将要完成工作所需要的标准知识和技能应一一具体地写出来，即指导标准的设定。

- 引出需要，即针对第二项，将员工现在的工作情形、工作成果、完成程度一一加以检查；同时，假定他从事高一层次的工作还欠缺什么，并指出需要指导的地方。

- 对前述的需要项目，指出哪些只要在职培训即可、哪些需要在外研修。

- 准备个别谈话，即了解员工的意向，并鼓励他们提出改善工作的方案或疑问。

- 个别谈话，确立员工的业务目标、自我开发计划和在职培训计划。

- 培训一定要适合员工的能力标准。具体地说，对进入公司 2～3 年而不能独立完成工作的，要设法找出他的专长，拟定从辅助工作到独立工作的计划；对进入公司 5～6 年并能独当一面的中坚分子，着重指导其如何完成业务目标；对于候补主管或工作老手，除了让他们完成现有工作外，还要接受更高一级工作的知识和技能的培训，扩大职权范围，使其接触更广泛的业务面。

②实施方法。因为在职培训的核心是"日常管理就是培训"，所以实施方法均以此为基准。具体的指导原则有：

- 以身作则。

- 有效的教育办法。它包括四个阶段：让员工做学习的准备；说明工作，让他们了解；让他们做；观看结果。

- 员工在工作中所犯的小过错应该放过，不再提起。

- 为了工作的顺利进行，应给员工多留一些自主的余地。在培训期间互相检查目标完成的程度。

③检查总结。这项工作主要由指导培训的主管进行。其步骤和方法是：

- 让受训人员自我评价受训期间的业务成果。
- 主管作出评价。
- 根据前述资料准备与员工面谈。
- 针对评价和指导,与员工面谈。

可见,松下公司的在职培训是比较完善的,也可能是有效的。经营管理者要想营造一个巨大的企业王国,这些是不可或缺的。

员工培训,从更新观念开始

培训是提高员工职业素质的不二法门。然而,不少管理者才华横溢、能力超群,在很多观念上具有前瞻性,但是在人才培训的认识方面却有误区,甚至抱着消极的态度。所以,要进行有效的培训务必从更新观念开始。

要更新观念,首先来看看管理者对培训有着什么样的误区。

(1)认为培训是可有可无的事情

很多管理者认识不到培训是企业发展的新动力,他们会在心底里想这几年企业一直未搞培训,还不是一样照常运作?这种观念实在是可怕。当前激烈的市场竞争关键是人才的竞争,而人才的价值在于其积极的态度、卓越的技能和广博的知识。由于知识爆炸和科技高速发展,每个人的知识和技能都在快速老化。为适应社会环境以及市场的快速变化,企业人才素质的提高显得尤为重要。目前,管理理论家和实践家一致认为,培训是一种投资,高质量的培训更是一种回报率很高的投资。因此,培训是企业发展的新动力。

(2)认为培训收不到什么效益

许多公司在招聘新人时都明确强调"要求有一定工作经验"。他们认为有经验者直接可以投入工作,而没有经验的人还要进行培训,既浪费时间又浪费精力。更有一些管理者错误地认为,新人只要随着时间的推移,会自动地逐步适应而胜任工作,不需要在培训上做无益或者作用不大的投入,这一条就把无数有志于效力该企业的应届毕业生拒之门外。事实上,这些年轻人虽然没有经验,但有学历和素质,经过公司的培训后,这些后起之秀将会成为公司的骨干。

而遗憾的是,那些所谓的"有工作经验"者,往往是由其他企业"跳槽"而来的,因不满意原来企业的报酬等原因而来寻求机会,一旦对这里产生了不满同样会匆匆离去。这就使得某些岗位长期处于不稳定中,从而对企业利益造成直接的损害。而这种"来也匆匆,去也匆匆"的行为又往往影响到其他一些人员的稳定,从而进一步对企业造成间接损害。

问题的症结还是在观念上。许多管理者认为培训人才是项成本很高的事情,并且短期内看不到什么效益,这种看法是非常错误的。早在20世纪80年代,电讯巨头摩托罗拉公司曾做过的一次调查表明,每1美元的培训费用,在3年内可实现40美元的生产效益。

但是,有很多公司的管理者都没有意识到这一点,他们只是一味地要求人才提高工作效率、提高产品质量。殊不知,一个拥有陈旧知识技能人才的公司,它的产品质量怎么能够超过其原有的水平,它的生产效率又怎么能够得到提高呢?

管理者应该把培训看作是对未来——自己公司的未来的投资。在过去几年中,许多公司的管理者都将培训与职工的再教育提高到了公司战略目标的地位。这些公司的管理者认识到,有一个愿景目标固然是件好事,但如果没有具备实现公司规划的知识技能的人才,这个目标是永远不可能达到的。

(3)认为目前经营状况良好,不需要培训

一些企业管理者常常说:"我们的企业发展很好,是不需要培训的。"但真的是这样吗?未必。据统计,世界500强企业的平均寿命为30年左右,美国的新企业80%在第二年就宣布倒闭。中国的企业转向市场经济的时间并不长,但已感到市场经济竞争的严酷性。目前的经营状况良好,并不意味着未来的经营更好,而且由于缺乏人才培训,使得经营状况原本可以更好的企业也表现平庸,成功企业的经验反复证明了这一点。

当今社会是个飞速发展的社会,各种知识日新月异。如果你的员工两年没有接受任何培训,那么他们的知识就已经落伍了。所以,无论有没有工作经验的员工都是需要培训的。管理者不能因为培训费时、费钱、费力,并且在短时间内看不到直接的效果就不重视培训了,这是一种目光短浅的行为。

培训员工是一项很重要的工作,而建立起正确的培训观念,是促使培训工作能够顺利进行和达到预期效果的前提。在培训工作开始之前,要树立培训员工的正确观念。

(1)培训是一种可获得丰厚回报的投资

目前许多企业经营者偏重于广告投入,而轻视显效期较长的"培训"投资。这主要是有些管理者错误地认为培训是一种成本,认为应该尽量降低,能省则省。而当企业效益差时,因资金不足就尽量减少培训或者干脆不培训。

培训是一种可获得回报的间接投资,它通过人才技能、素质的改变提高工作效率,带来经济效益,其效果是潜移默化的、无形的。据国外有关资料统计表明,对员工培训投资1美元,可创造50美元的收益。

(2)培训不只是到外面去上课

一提到培训,很多人便会想到外面去上课,听听专家、学者的讲授课程。听了之后,一般会有两种反应:一是有的领导者也不管外面讲的适合不适合自己的公司,把新学到的观念和方法拿来就用;二是回来闷声不响,好像从来没有发生过什么事情一样。

这两种反应都是错误的,前者到外面去上课,回来后把所学到的工具、方法应用到公司的现行作业上，这自然很好，但在应用之前，你要先深入了解一下学到的东西是否适用于公司的环境，或局部修改后即可使用。而后者上课回来却闷不吭声，公司花了钱至少也应该得到一些回馈。如果闷不吭声，公司就好像把钱丢到河里去一样。比较好的方式是让那些上课回来的员工将上课的所得、所知详细地传授给公司内有相关工作的员工。等大家对这些新学来的方法了解了之后，再来改进和执行。如此一来，才算真正善用培训的费用，也算是达到了培训的目的。

（3）培训不只是培训部的事情

一些高层管理者常常会有这样的认识："目前企业所出现的各种问题，主要是因为员工素质不行，员工是人力资源部招收的，培训部是负责培训的，员工素质不行是培训部培训得不好，出现问题不是我们管理人员的责任。"

企业培训是一项系统工程，企业管理者不光要重视培训的前期准备、策划和选择过程，而且培训实施中还要加强监督、沟通和评估，以免造成培训项目的事半功倍。

（4）培训不是灵丹妙药

有的企业把培训当成是万能的，认为"培训是个筐，什么都往里面装"，企图通过培训解决企业的所有问题。

培训一般只能解决技能上的事情，而观念和知识不是一朝一夕的培训就能够解决的。作为企业领导者，不要将培训看成是万能的，对培训产生完全的依赖也是有害的。

（5）不要流行什么就培训什么

有的企业的培训工作流于形式，表现在对培训课题的定位不明、针对性不强，流行什么就培训什么。从表面上看，企业的培训工作开展得轰轰烈烈，但其实是无的放矢，效果并不理想。

培训的首要目的应该是满足企业长期发展的需要，将培训与企业的长期发展目标以及员工的生涯设计相结合，在深入的需求分析上有针对性地进行，才能够真正取得实效。

（6）培训不是一项福利

有些企业把培训当成一项给员工的福利，尤其是那些到国外受训以及较长时间、较高费用的训练。只要员工把培训当作一项福利，接下来的事情就不好办、也不好沟通了。

"今年轮到他，明年就应该轮到我，否则就是不公平！你管我需不需要？轮到我，就该让我出去。"到最后，管理者也搞不清楚为什么要派员工去受训，只是觉得好像是该轮到某人了，否则就不公平。为了避免以上的困扰，也只好由他去了。这样的日子久了，受训就顺理成章地变成一项员工福利了。

因此，真正有心的管理者，平常就要很明白地告诉员工，培训绝对不是一项员工的福利，受训是因为工作上的需要，是一项义务。受训回来，还有责任将受训的课程和内容传授给相关的员工，并且以身作则，先做给员工看，也应提出相应的要求。这样员工就会理解，培训制度才会被员工普遍接受。

保证培训成果的转化是关键

培训成果的转化是指将在培训中所学到的知识、技能和行为应用到实际工作当中去这样一个过程。保证培训成果的转化是培训有效性的关键。培训成果的转化受转化气氛、管理者的支持、同事的支持、运用所学的机会、技术支持以及自我管理技能等方面因素影响。

（1）培训成果的转化气氛

考虑工作环境对培训成果转化所产生的影响的思路之一，是来看一看总体的培训成果转化气氛。转化气氛是指受训者对于工作环境中所存在的有助于或有碍于把通过培训获得的技能或行为运用于实际工作之中的各种各样特征的看法。这些特征包括上级和同事的支持、运用技能的机会以及运用所学技能所产生的后果等等。

（2）管理者的支持

管理者的支持是指，受训者的上级管理人员强调参加培训项目的重要性，强调应当将培训内容运用到工作当中去等。上级管理人员的支持程度越高，则培训成果越有可能得到转化。管理人员所能够提供的最低层次的支持是允许受训者参加培训；最高层次的支持是作为一名指导者（参加培训项目的教学）亲自参加培训，并带领下属把所学应用到实际工作中。

（3）同事的支持

通过在受训者之间建立起一种支持网络，会有助于强化培训成果的转化。所谓支持网络是指由两个或两个以上受训者自愿组成的一个小群体，他们同意定期讨论在将培训中学到的技能转化到实际工作方面所取得的进展。通过这种交流，受训者可以彼此分享在将培训内容运用到工作方面所取得的成功经验。

（4）运用所学的机会

运用所学的机会（应用的机会）是指受训者所得到的或受训者自己努力寻找的运用在培训项目中所学到的新知识、新技能以及新行为的机会多少程度。应用的机会受到工作环境和受训者动机两方面影响。受训者应用在培训中所学能力的途径之一是，安排他们去从事需要运用所学内容的工作（比如解决一些问题、承担一些任务等等）。受训者的上级管理者通常在决定这种工作安排时起着决定性作用。应用的机会还会受到受训者是否愿意承担起个人责任的影响，即他们是否愿意积极地去寻找允许他们发挥新获得的那些技能的工作任务。

（5）技术支持

电子操作支持系统是一种可以按照要求提供技能培训、信息供给以及专家建议的计算机应用软件系统。电子操作支持系统可以被用来促进受训者的培训成果转化,即在存在这种系统的情况下,当受训者力图在工作中运用培训中所习得的能力的时候,只要他们遇到问题,随时都可以通过这一支持系统获得自己所需要的电子信息。

(6)自我管理

培训还应该让员工做好在工作中运用新技能和采取新行为时进行自主管理的准备。特别是在培训的进展过程当中,应当让受训者有机会制定在工作中运用新技术和采取新行为的目标,确定在何种条件下可能无法达到既定的目标,列举运用新技能、采取新行为的积极与消极后果,监督整个新技能和新行为的应用过程。此外,受训者本人也应当明白,在运用培训内容的过程中遇到一些困难是不可避免的,回复到原有的行为和技能模式并不意味着受训者就应该放弃培训中所学到的内容。最后,由于同事或上级管理人员可能无法对受训者运用培训内容的行为给予奖励或自动提供反馈,因此受训者需要创建自己的自我奖励系统,并且要求同事和上级提供反馈。

岗位再培训同样重要

对于管理者来说,今日的企业培训已不仅仅限于新员工的岗前培训,企业员工的岗位再培训同样重要。

培训是要让员工更加优秀,而不是为了解决某一方面的问题而进行的。说培训是锦上添花而不是雪中送炭要有一个前提,这个前提就是培训的目标是具有潜在能力的。成功和有效的员工培训及培养计划,不仅提高了企业员工的素质,而且也满足了员工自我实现的需要,从而增加了企业的凝聚力。不论是多么优秀的员工,企业都负有进行培训和培养的任务。这不仅是提高员工完成本职工作的技能和知识,还能通过其他培训使员工的潜能进一步得到发挥。

培训是企业维持发展的必要手段。一个企业在管理上不能忽视培训的作用。培训除了新员工的岗前教育和员工基本业务技能训练之外，还要建立一套符合公司发展的课程。如果资金允许的话，还要设立培训奖励制度，以激发员工的上进心。对于管理者而言，培养出有才干的员工乃是他所期望的事情，也是职责所在。不论是对新员工还是老员工的培训，目的就是为了培养专业人才。

对员工进行培训应注意以下几点。

（1）明确目的

一般性培训是为了提高专业业务能力、培养经营管理能力、扩大视野和形成良好的人格。

（2）确定培训对象时别忘了自己也要充充电

制定分组培训计划，确定时间和培训名单，错开工作时间，针对每个人的不同情况确定培训内容。在制定培训计划前最好同每一位受训者进行一次深入的谈话，同他们一起来决定培训的内容。

（3）实施培训，要坚持不懈，不能有头无尾

凯斯通公司的杰克·麦克高文说："你越培训员工，他们就越能出业绩；业绩越好，他们就越想留下来。"

德国西门子公司认为，职工技术的熟练与否和技术专家的多少，是增加生产、保证产品质量、保持竞争能力、赚取最大利润的关键。所以，西门子公司历任总裁都非常注重对职工的培训、培养，并不断提高他们的文化、业务水平。其创始人西门子虽然受过一定的正规教育，但从未放弃过学习，以此为广大员工做出榜样。他认为，每个人身上都有一个巨大的资源库，然而却并没有充分发挥出来。为此，他编了一门自我激励的课程，称作"做个伟大的人"。

"做个伟大的人"这门课程包括20卷录音带和一本课本，课本的内容

同录音带一样。课程的前言对决心变成伟大的人的职工提出了忠告:"你已决定改变你的一生了。你已经处在变成一个新人的过程中了。""一次又一次地播放这些录音带吧。重复的力量是无限的。举例说,一再地对一个人说'好像有点道理',到第四次时你会说'我也要试试看',到第五次时——'好棒,我今天试过了!'"

翻翻课本和听了录音后,你会觉得不但内容新颖,而且亲切,有时还有点天真。书里引用了不少名人的话,甚至还有拿破仑的那句名言——"统治世界的想象力。"全书大部分都像鼓励推销员一样培养一种积极的人生观。"记住每一个人的名字!马上就动手去做!不要拖延到明天!如果你有自己系鞋带的能力,你就有上天摘星星的机会!"

在学习完这门课后,你还得继续听40卷录音带、4个探险故事,参加十多次研讨会。

西门子还下大力气挖掘他人的推销能力,他常说:"假如你把一条鱼送给一个人,只能养活他一天。但是假如你教他怎样去捕鱼的话,你就能够养活他一辈子了。"的确,西门子是非常注重发挥人的自觉性、创造力的。

为了使公司的广大职工真正受到培养,切实提高业务水平,1922年西门子公司拨款建立了"学徒基金",专门用于培训工人,以便尽快使他们掌握新技术和新工艺。几十年来,公司先后培训出了数十万熟练工人。后来,厂内选拔了数千名技术熟练工人送到科技大学和有关工程学院学习深造。此外,还有8万余名青年工人在5000多个技术学校、训练班、教育班学习。在德国的同行业中,该公司的技术力量最雄厚,车间主任以上的领导人员都有工程师头衔,属于经理的领导层中技术人员占40%以上,熟练工人占全体职工的半数以上。高质量的技术力量可生产出高品质的产品,这是西门子公司经营的法宝和打进世界市场的锐利武器。

让员工通过培训实现自我提高

一个成功的管理者会让他手下所有的员工，不论在哪一个阶层，都能够系统地接受各种培训。这不只因为他关心他们，而且也是因为这么做是有经济效益的。根据调查显示，受过培训的员工，表现得比那些未经培训的同仁要杰出得多。

单靠个人闭门造车式的自行练习是不够的，这就好像一个做事方法不正确的人，不管他怎么努力练习，最后的结果只会把错误的方式学得很完善而已。

要将培训当成是一种自我提高的经验，这样可以让你的员工从别人的成功和错误里学到经验，避免艰苦的学习过程中所必须付出的痛苦的代价。

在培训员工方面，管理者可以从以下几点着手：

（1）制作出人才训练书，以支持各种业务计划。你需要一个适当的人选，能在适当的地方、适当的时候，具备适当的知识和技巧，来执行你的计划，并使它们圆满成功。

（2）要对你小组的每一个成员做有系统的开发。假如你不这么做的话，那些最有潜力的人才将会最早离开。

（3）利用工作说明书作为基本教材，当成新人的第一个培训。仔细考虑一下他们需要具备的知识和技能是什么，以及要如何才能帮助他们获得这些知识和技能。

（4）从工作同仁中指定一个专人，由他负责帮助新进人员，让新人可以随时向他求助。要听到新人在说"我们"时，是指你的组织，而不是那个他们刚刚离开的单位。

（5）试着让员工透过本身的理解去学习，尤其是经由看和做，因此不要只是说，要实际做给他们看，并让他们亲自动手做练习。

（6）培训人才以保持竞争优势。以市场上占有领先地位的IBM公司为例，该公司的人才培训计划是希望公司里的40万名同仁每年都能暂时抛下手边的工作，接受为期10天的在职培训。

随着公司业务日益蓬勃发展，新产品、系统、政策和市场等因素都会刺激人才培训的需求。培训工作是永无止境的，没有了它就没有成长可言。此外，以长远的眼光来看，未来公司改变的几率有增无减，这也会促使人才培训的需要大增。

（7）人才培训的重点应放在强化优点、纠正缺失及发展潜能上。帮助员工将培训当成一种令人兴奋的机会，而不是令人不悦的待遇或是变相的处罚方式。

（8）邀请你的客户对你们公司服务的标准做一些批评，并对一些可能改进的方法提出建议。对所有必须和客户接触的员工，不管其接触方式是面对面、利用电话或信件往来，一律要接受培训。

（9）以工作企划和工作派任方式，发掘员工的分析能力和领导技巧，以观察和测试出最适合晋升的人选。向员工解释解决问题需要的内容有哪些，然后请他们将重点重述一遍，以确定他们是否了解。为了帮助那些没有经验的人，你要请他们下次来的时候把他们的企划方案带来，以了解他们的进度，并询问一些问题："你打算要怎么做……""那么这一项你觉得……""如果……，你要怎么做……"等等。

（10）利用工作轮调的方式，增加杰出人员的各种工作经验。对那些将来必定会位居要职的人来说，他们需要尽可能地扩大经验，以了解组织里各个不同部门的工作领域。

以日本公司为例，一个非专业的一般经理人的养成需要一段很长的时间。他们必须要在每一种不同的工作领域里待到一段足够长的时间，以证明自己的能力，并等到那些由他们决策的案子结果出来之后才能决定其是否够资格升任为经理。要完成这一整个阶段，可能至少要花12～18个月的时间。

人才的培训是将知识和技能转移给员工，而不是去教化他们，或对他们洗脑。你的目的是帮助工作小组里的每一个成员都能发挥他们的潜力，以共同创造公司的利益。假如你能帮助你的同仁，让他们变得更有信心、更有主张、不再害羞而且更加独立的话，那何乐而不为呢？随着员工对个人的信心逐渐增加，这些人格特质也会慢慢地在他们的身上产生出来，而这对扭转初期一些不利的条件、状况将会有所帮助。

要用心地培训你的人员，因为他们的成功就是你的成功。在商场上管理一个工作小组，就跟在运动场上带领一支球队一样，如果不好好规划人员的培训工作，那是绝对不会成功的。

边干边学，言传身教

在美国微软公司，关于如何教育和引导加入微软的新雇员这个问题，随着公司产品的多样性和复杂性变得越来越棘手。微软试图聘用能够自学业务的人员，而不愿在培训项目、正规条例和流程或详细的产品记录上大量投资。

人们通过交谈或边看代码边使用产品来交流产品设计知识。新雇员注意观察有经验人员的工作，每个人都通过"试错法"来学习。同时，微软还通过熟练员工来教育新雇员，这些熟练员工有组长、某些领域的专家以及正式指定的指导教师，他们除了本职工作之外还要担负起教导新雇员的工作。这种方法使得大家觉得有权学习并自己决定学什么和不学什么，使得他们在公司里的作用灵活机动。

例如，对于程序经理的培训：刚开始时，新雇员的任务可能是一个单纯的特性，并且在直到完成为止的这段时间内都会有人对你进行密切的指导。随后，当这种工作已做得相当熟练之后便会在更大的特性组中从事类似的工作，但指导会少得多。一段时期之后，受训者会拥有一个小项目或一个大项目的一部分。同时，程序经理还可以受到一些正规的培训，包括一个供选修的为期三周的培训项目。

　　同时，微软对开发领域人员有更加正规的定向培训。例如，微软为新开发人员提供了几个为时两天的实习班，培训他们处理开发过程、产品、工具和其他专题。

　　在微软，对于客户支持工程师的培训也是十分重要的。这主要是因为，顾客不仅仅是购买微软的产品，他们还要享受到微软的优质售后服务。所以，训练有素的客户支持工程师对于保持公司良好的形象和提高为顾客服务的能力是至关重要的。客户支持工程师不必像开发员那样有必备的职业教育，但他们必须要有关于微软产品如何工作的广博知识，并且实际上要在某种产品上具有专业知识。新的客户支持工程师在分专业之前，要接受 3～4 周培训。

　　培训从基本的系统产品 MS-DOS 和 Windows 开始，同时他们还将接受交际技巧，包括如何与顾客打交道等方面的一般性训练。作为定向培训的一部分，他们还会接电话，与导师一道工作（每位技术员会有一位导师）。在他们被分配处理客户的电话之前负责答复客户来信。工作确定之后，每个雇员每年还要接受大约 20 个小时的再培训。

　　"通过边干边学和言传身教培训新雇员"这一方法可谓微软的独到之处。正是由于这一培训方法，使得微软作为一个作战团体不断积累知识，培育出了一代比一代更出色的作战精英。

把继续学习看成是工作需要

　　在著名的通用电气公司中，以教育和培训为主的人力资源开发形式一直都是该公司的主要活动，并由一名高级副总裁专门负责有关事宜。公司从最高领导者到各级管理部门都非常重视识人、用人之道，并建立了一整套颇有特色的制度，从职员的招收录用、培训、考核任免到奖惩、工资等方面，加强对人力资源的科学开发和管理，做到人尽其才。

韦尔奇废除了公司原来恪守的终身雇佣职员的承诺，而代之以他认为现实的新政策："企业的工作必须能提供一种令人振奋的环境，那就是敞开大门，对所有人都能一视同仁。这样，人们可以另找门庭，而在新的岗位崭露头角。用人之道在于充分发挥雇员在竞技场上的作用，以获得110％的效果。"因而，从1985年起，这家公司虽然不断裁员，但也吸收着新职员。公司每年都要派出100多人到美国各大学去挑选职员，而每年大约有30000多名毕业生申请到该公司工作，其中被录用的约有2000名。

通用电气公司在挑选毕业生时，为了保证质量，采取两步面试的办法。第一步，由各企业集团人事部门去学校筛选面试；第二步，请初步入选的学生到公司，由具体用人单位面试。同时制定出考核标准、评分标准和面试要求，最后综合各项评分，定出总分，择优录用。考核标准分为四大类：第一类是与人交往和共事的能力，第二类是职业道德观念，第三类是组织能力，第四类是技术能力。面试人员会提出各种问题，要求应试者回答。

公司新招录的大学毕业生最低工资是年薪2.5万美元，社会上急需专业和不急需专业的学生年薪相差1万美元左右。同一专业中分数高的学生和分数低的学生之间年薪也有差异。

新雇员进入公司后，首先要接受的一项培训内容是有关公司、厂史和产业简介，组织机构、质量管理、规章制度、工资系统、福利待遇，以及参观有关各个部门，目的在于使新雇员尽快熟悉环境和业务，顺利开展工作。其中，新来的大学本科和硕士毕业生中的成绩杰出者可以直接参加公司高级专业人员的各类培训，如市场营销、财务、制造工程培训等。

通用电气公司还鼓励新吸收的大学生、硕士生继续深造。当其本人要求深造的专业与公司需求相一致时，公司会让其脱产学习，提供工资、学费，送他们到大学去攻读硕士、博士学位。他们与公司达成"君子协定"，学成后回公司效力。但倘若别的公司用更优惠的待遇聘用他们时，他们有重新选择的权利。一旦他决定要到别的公司或机构工作时，公司不能也不会强留。但这种情况很少发生，即使发生，公司也不认为这是一笔赔本的生意。正因为有这种待遇和宽宏态度，许多优秀的毕业生都愿意到通用电气公司工作，它可以从中选优而获得理想的人才。

通用电气公司非常重视在职员工的教育和培训。它深刻地认识到，在处于不断变化的社会中，不可能期望受到一次教育就一劳永逸。现在，已经没有一种教育或一种技能可以终身受用。学校教育的宗旨在于为学生的一生——其中大部分时间是工作——做好准备。但公司所需要的技能与学校所能提供的知识之间却存在着很大差距。这个差距是如此之大，以致迫使公司必须大步跨入教育领域。

通用电气公司每年都为一半以上的职员创造各种培训和接受再教育的机会。除与美国二十多所大学共同制定工程方面的课程，使公司内任何一个职工都可以通过攻读这些课程而取得硕士学位之外，它还有自己本系统的培训组织。

公司对一般职工的教育培训工作，除了专题讲座、技术交流会等小型培训活动由车间、工厂等基层单位组织安排外，大部分培训工作都由各企业集团的人力资源部组织安排。每个企业集团都有自己的技术学校，教授专业理论知识，提高操作技能。

人力资源部是一般职工教育的组织过程的核心。有关工作人员要及时收集各方面的办学信息，以便尽可能满足本集团职工对课程的不同要求。这类信息来源包括：

（1）大学开设的有关课程

大学与企业、社会有密切联系，他们非常了解企业中各类人员的需求。各大学大多针对企业需求开设课程，并编印宣传材料。因此，这方面的信息很容易从常规的渠道获得。

（2）来自总公司的各类学院的课程信息

总公司每年都会编印下年的办学计划，有些课程甚至会提前3～5年通知各个企业集团。

3.集团自身所办学校开设的课程

不管信息来自何方，公司各级培训机构的目标很明确，即为公司造就人才、提高工作技能、解决公司实际问题、提高公司的经济效益。各级经理对职工的学习要求总是给予热情的支持，从不以生产、工作忙为理由加以阻拦。

参加培训的学员可以根据自己的业务发展目标及工作需要选修相应的课程。为管理人员开设的课程有：经营管理、生产计划、谈判技巧、国际交流、领导艺术、市场开发与管理、金融、计算机运用等等。为工程技术人员开设的课程有：电子及计算机工程、材料科学、冶金工程、机械工程、加工技术、制造计划等等。这些课程有的是在总公司的管理发展中心、工程技术学院举办，有的由各企业集团自己开设，有的则委托有关大学开办。

通用电气公司的职员把继续学习既看作是工作的需要，同时也视为个人发展的需要。通过学习，他们提高了自己的素质和工作能力，也往往容易得到晋升和重用。即便离开通用电气公司，他们也容易找到合适的工作。一位通用员工道出了他们的普遍心思："我们乐意为通用电气公司工作，除了工资待遇较高外，提供良好的培训条件也是一个重要的因素。"

职员之所以热心于接受培训，与通用电气公司的奖惩制度有密切的内在联系。公司一般会通过提高工资、晋升职务、发给奖金等手段来表扬、鼓励职员不断努力，积极上进。但通用的领导者也认识到金钱不是万能的，对一个人的最大激励是给予他们探索、创造的机会，让他们承担更重要的责任，给予他们荣誉。公司经常在各种范围的会议上表扬那些工作优秀的职员，介绍他们的成就，并由最高领导者亲自授予证书、奖章等。

第 07 章

细节管到位,事情才能做到位

对待员工要将心比心

员工是一个组织的基本组成单位，一切组织都必须依靠每一名员工的辛勤工作来得到健全与发展。因此，作为管理者就必须要主动了解员工对企业文化的需求，才可能建立起真正基于员工需求的文化，才可能使人员稳定，人才不轻易外流。

员工的需要分为生理需要和社会需要两大部分。生理需要是维持生命必不可少的需要，如衣、食、住等最基本的物质需要；社会需要是指人们为了维持社会生产和生活，进行社交活动所形成的需要。社会需要又可分为高级的物质需要，如生产工具、交通工具、生活器具等，以及文化、艺术、求知、社会交际等精神与心理上的需要两大类。

要对这些需求进行了解，领导者必须要站在员工的角度，从员工的位置去思考，才能真正了解员工的需求。要想了解员工的需求，必须做到以下几点。

（1）搭建信任的平台

尽管许多领导者都懂得去了解员工们对企业文化的需求，但现实中却往往存在种种难以解决的问题。

由于长期传统的、等级性很强的管理文化的影响，员工们往往会对这样的领导者产生疑惑，甚至是敌意。因此，若要在组织内建立有效的沟通机制，以求了解员工对组织文化的需求，就必须首先达到相互信任。

一个组织之间的成员如果互相信任，上级信任下级、下级也信任上级，同时，无论是在上级之间还是下级之间都一样，都被信任的氛围中浸泡着，每一个人对另外一个人所做的事都十分信任，那么，这个组织由此产生的强大合力将会使其他组织无力匹敌。因为一个人只有在得到一定程度信任的情况下，才能愉快地投入工作，干出成果。因此，对于管理者来说，在必须注意的诸多事项中，最重要的一点就是要充分信任自己的下属，用信任换取下属的责任感，使之发挥最大潜能。

（2）建立迅速的沟通机制

由于语言不通或交流方式的不同，管理者与员工之间的沟通往往存在种种障碍，更由于员工本身存在的等级，以至于最低层的员工依然是最遥远的观望者。

由此可见，即使是建立了信任，沟通问题也并非就迎刃而解了，同样是由于长期以来的传统管理文化形成的组织结构，使沟通常有一些障碍。

在许多传统组织中，信息传递的准确性总是要受到种种干扰。公司的老总将任务交给下面的经理，经理又根据自己的理解将任务交给下面的项目负责人，项目负责人再把下面的人找来，又根据自己的理解做一番布置。在这样的信息传递过程中，不可避免地会出现信息的变形，产生种种信息壁垒。或者出于保密需要或者出于理解力上的偏差或者出于其他方面的原因，领导者如果能够深入员工内部了解员工需求并使组织内的每个成员，包括领导与员工、员工之间保持有效沟通的工作，那么就会使办事效率获得很大提升。

十多年前，管理学大师、战略家彼得·德鲁克曾经预言了一个时代的来临。在那个时代，传统的、等级制度的管理模式会逐渐淡化，取而代之的是对外界反应更敏感、更精简的机构。德鲁克说："20年之后的典型的大公司，其管理层将比现今同等规模的公司少一半还多，其管理人员将不到现在的1/3。其结构、管理问题和关注的内容，将不再和我们至今仍当成规范的20世纪50年代前后的那些传统的制造型企业有共同之处。相反，它更类似于如今的管理者和管理学学者都不注意的组织：医院、大学和管弦乐队。"

过去10年里发生的震撼商界的巨变已经证明了德鲁克非凡的先见之明。在20世纪80年代末和90年代初那场对美国经济产生重大影响的严重的经济衰退中，诸多公司的管理层被大幅度精简。而在随后的经济复苏中，虽然就业率上升了，但管理层却再也没有回到原来的规模。这种趋势如此迅猛，连国际知名银行摩根大通银行也不例外。

以前，摩根的总经理倾向于花大量的时间与其自身所在的总经理圈子联络；有些人会发现接听电话或者走近证券分析师身边去谈话是不容易的事情。当然，对于证券分析师而言，走进总经理的办公室说出自己的想法来也是很难的事情。

但是，现在摩根大通银行已经采取了不少办法摧毁这些天然的阻碍人际沟通的屏障，并开辟了企业内部信息的自由交流渠道，无论岗位与职衔，目的是营造一种互助、合作、友情的企业文化。例如，总经理们会邀请证券分析师、副行长以及其他员工组成的小组与之共进早餐，在轻松的环境中讨论重要的业务问题，摧毁等级的界限，鼓励人们相互认识、共同工作。非正式的聚会和招待会创造了"思想平等"的氛围，并培养一种环境，在这个环境里，人们不会因畏惧跨越组织的界线而无法实现目标。

摩根大通银行的资深成员很注重与资历较浅的员工一起开会，帮助他们锻炼在正式场合演说的技巧和在工作程序中的自信。奥利弗·本德说："我们在每星期一都有一次午餐例会，在会上，人们可以说说究竟有哪些事情在发生，项目负责人和总经理们对上周发生的事情做简短的总结，并简要地陈述本周即将发生的事情。他们经常把这项任务委派给团队内的下属，给他们一个可以发言的平台。"资历不深的员工也经常被请到面对客户的说明会上，甚至为最为资深的员工和最为重要的客户作演说。这些员工有着极不寻常的学习和观察的机会，在讨论到他们参与的事情中的某些细节时还能够添加一些有价值的东西。他们不可避免地与顾客形成的关系，不仅非常适合他们自己的需要，也非常适合公司的需要。

摩根曾两次荣登《财富》杂志"50家最适合少数民族工作的公司"，而摩根的雇员们一直称他们的工作既富有挑战性，其本身又得到了奖励。

高级员工之一约翰·高曼斯说，摩根赋予他的自主权是使他在该公司长时间不走的关键原因。他说："我一直认为这是最好的工作。与在'新经济'类的公司里工作相比，虽然所负的责任和得到的独立性是独一无二的，可是我觉得在这儿更有价值。"他还补充道，"金钱是商业生活中重要的因素，但是当你看不见任何一个客户，也看不见工作能给你带来哪些影响的情况下，金钱对这种可怜的生活已无济于事。在摩根，你有思想自由、言论自由，能够真真切切地看到你的工作所产生的结果：我得到了激励，因为我知道最终我比一台大机器上的一个小齿轮重要得多。"

现在企业的管理过程，已经逐步趋向沟通的过程。如果我们还没有重视到这一点，从不理会阻碍沟通的藩篱，那我们将在封闭中自生自灭。

"换位思考"的原理，使我们了解了沟通的重要。在建立一个真正民主、创新的组织文化的过程中，也惟有如此，才能使之达到有效与完善。

（3）让每个员工都是老板

在换位思考中，管理者的主动性固然重要，而要更进一步了解员工的需求就应更进一步激发员工的积极性，让他们自己发出心声来。这便是不同于上述问题的另一种换位思考方式。其实，在这里，关键还是在于管理者是如何引导的。

戴尔公司的董事长迈克尔·戴尔常讲："据我所知，要建立或维持一个健康的、有竞争力的文化，最简单也最好的方法就是通过目标统一、策略一致，与公司员工成为并肩作战的伙伴，让每个员工都是'老板'。"

戴尔公司大部分的员工都拥有公司的股权，这是员工认购股权计划、配股奖金还有退休计划的结果。戴尔评估了员工对公司的表现之后，不但以现金进行奖励，而且还会赠送公司的股票。

一家所有员工都是自律的"老板"的公司，在理论上听起来好像很了不起，但如果目标不够明确可能也会一片混乱。这套制度在戴尔公司能行得通，全因为戴尔拥有一贯的策略以及解释明确的目标。

要让员工以老板的思维思考，戴尔提供了他所能够接受的度量方式。戴尔公司每个员工的奖励和奖金制度都与企业的健全息息相关。戴尔认为，即使员工实际上尚未拥有股权，也要把所有员工都当成老板。一旦他们真的拥有公司，他们便会开始注意整个大方向的目标。荣誉感一旦能与强烈的个人投资并存，便会产生神奇的功效，建立起更大的责任感来。

让你的员工拥有知识、能力及权力，可以放手去做他们最在行的事，将其带到"公司属于员工"的最高境界。戴尔发现，这个方式为公司带来的成就已超过其他任何方式。

迈克尔·戴尔让他的员工行动了起来。他们结成互相信任的联盟的成果之一，就是戴尔公司的飞速发展。1984年戴尔公司成立。到了1991年，戴尔公司的销售额就已达到8亿美元。1992年则突破20亿美元，进入到《财富》500强之列。2001年，戴尔公司全球排名第10位，如日中天。

同样，在沃尔玛员工被视为"合伙人"，让员工表达自己的意见也是沃尔顿一向关注的问题，他总是设法鼓励每位成员——无论是高级主管还是兼职的收银员，对公司方方面面的做法提出新构想。如果有谁想出了什么好主意，就请他出席星期六上午的会议，并发给奖金。整个沃尔玛有几十万员工，沃尔顿相信在他们中间一定会有很多好主意可以采纳。

在沃尔顿看来，只有当员工先了解他们的组织面临的经营局势时，他们才能知道自己需要怎样的企业文化，才能明确自己在整个生产过程中所扮演的角色。

无为而治是管理的最高境界

在企业中，无论职位高低，每个人经常说到的词就是"管理"。每个企业都在不断追求着管理方面的进步，管理程序上更加细化和优化。管理水平构成企业的核心竞争力，管理创造效益，这些观点得到了普遍的认同。

我们常常关注的往往是管理的方法和手段，管理有时候和"控制"具有同等意义。对什么样的管理是最好的管理，大家莫衷一是。适合企业的管理就是最好的管理，往往具有很大的说服力，但这句话说和没说是一样的，企业千差万别，我们无法找到最好的标准。

管理作为一种实践，既然能用来评价一个企业的好坏，它一定是有最高境界。每个人根据自己的工作有决策的权力，是企业基业长青的最有效方式。在这种现象的背后所揭示的管理的趋势和最高境界就是——企业中每个人都能自我管理，如同老子用"无为而治"来表达治理国家的最高境界一样，治国和治理企业其实是一样的，无为而治也应是企业管理的最高境界。

我们读中国的历史会发现，曾经有过的几次盛世，比如文景之治等，其实都是运用"外用儒术，内示黄老"之策而取得国家的兴盛。现代企业在这方面运用得最好的是谷歌。

每个去过谷歌的人都会对它不拘一格的"自由式"办公区留下很深的印象。办公区里沙发随处可见，员工可以随意喝咖啡聊天，甚至分不清哪里是办公区、哪里是休闲区。谷歌的工作模式就是平等和倾听每一位员工的声音。

过去十多年来，谷歌的花钱速度在硅谷堪称奇迹。对于员工，谷歌有着较为完善的福利制度，包括免费三餐、免费医疗、滑雪旅游以及洗衣服务等，同时还为员工个人培训提供补贴。此外，谷歌还允许工程师们将20%的工作时间用于自己喜欢的项目，此举是为了鼓励员工开发新产品，以减少公司对互联网搜索广告业务的过度依赖。

意图是好的，但问题是，公司如何保证员工能把握好这20%的自由时间？

其实，自由时间比例多少并不重要。谷歌20%自由时间制度的背后

世界 500 强高效管理笔记
管理不是为了管人,而是为了做事

有一个更重要的原则,即公司信任员工。公司放权给员工,并不会真的去衡量这个 20%,公司觉得员工会自行调整。打个比方,如果员工觉得自己正在做的某个程序非常重要,那么,这个月他可以只做这个程序;如果员工觉得公司交给他的任务更重要,那么,他可能花三个月来做,而根本不会去碰这个 20%。正是如此,除了公司布置的工作之外,很多员工还能拿出额外的、让公司意想不到的新产品来。其中,大部分小创意都出自那 20% 的自由时间,比如 Gmail、谷歌 NEWS 等产品。

谷歌的创始人谢尔盖·布林曾经说过:"我们公司的创造力就是我们的员工。我们以后如果遇到瓶颈,那一定是我们没能以足够快的速度雇到最聪明、最能干的员工。所以,我们必须要对员工负责,让他们长期留在公司,为公司服务。"

为什么说无为而治是企业管理的最高境界呢?这主要有两方面原因。

一是和企业存在目的有关。企业作为社会的一种器官,它存在的目的就是为外界提供有效的服务。如德鲁克所言"组织内部不会有成果出现,一切成果都是发生在组织外部"。管理只不过是为了更好地整合内部资源,从而实现这种为社会服务的目的而实施的一种手段。但是,随着企业越来越大,内部的种种事务也变得越来越多,占据着管理者大量的精力、兴趣和能力。企业在管理上消耗大量的资源,但是往往会忘记管理本身不是目的,为了管理而管理是一种本末倒置。

二是和企业中最重要的资源——"人"有关。在社会中工作的每个人,最大的渴望可能都是自由,现在的管理在很多方面是剥夺了人的这种自由权力的。不剥夺人的自由就管理不好企业吗?企业的活力、企业的团队精神只有建立在每个人失去自由的基础之上吗?对此笔者持强烈的怀疑态度。

管理者能否管理好别人从来没有被验证过,但每个人完全可以管理好自己却是被验证过的。所以,企业的无为而治与个人的自我管理结合起来，最大限度地激发人的主动性和有效性，才是企业竞争能力的来源。"无为而治"，无论是大企业，还是小企业，都是管理的最高境界，只有认识到这一点，企业才会走在正确的管理道路上。

"心"动才能行动

俗话说："浇树要浇根，带人要带心。"作为领导者，必须要摸清员工的内心愿望和需求，并予以适当的满足，这样众人才可能追随你。

（1）适当满足员工的需求

下面是专家分析总结出来的大多数员工的共同需求，作为企业领导者对此要谙熟于心。

①干同样的活儿，拿同样的钱。大多数员工都希望他们的工作能得到公平的回报，希望自己的收入符合正常的水平，即同样的工作、同样的报酬。员工不满的是别人干同类或同样的工作却拿更多的钱。偏离准则是令人恼火的，很可能会引起员工的不满。

②被看成是一个"人物"。员工希望自己在领导、同事的眼里显得很重要，他们希望自己的出色工作能够得到承认。鼓励几句、拍拍肩膀或增加工资，都有助于满足这种需要。

③步步高升的机会。多数员工都希望在工作中有晋升的机会。向前发展是至关重要的，没有前途的工作会使员工产生不满，最终可能导致辞职。除了有提升的机会外，员工还希望工作有保障，对于身为一家之主并要抚养几口人的员工来说更是如此。

④在舒适的地方从事有趣的工作。许多员工把这一点排在许多要素的前列，员工大都希望有一个安全、清洁和舒适的工作环境。但是，如果员工们对工作不感兴趣，那么再舒适的工作场所也无济于事。

当然，不同的工作对不同的员工有不同的吸引力。同一样东西对这个人来说是馅饼，对另一个人则可能是毒药。因此，你应该认真负责地为你的员工选择和安排工作。

⑤被"大家庭"所接受。员工谋求社会的承认和同事的认可。如果得不到这些，他们的士气就可能低落从而缺乏工作效率。员工们不仅需要感到自己归属于员工群体，而且还需要感到自己归属于企业这个整体，是企业整体的一部分。

所有的员工都希望企业领导赏识他们，甚至需要他们一起来讨论工作，讨论可能出现的变动或某种新的工作方法。他们希望直接从领导者那里得到信息，而不是通过小道消息。

⑥领导者别是"窝囊废"。所有的员工都需要信赖于他们的领导者，他们愿意为那些了解他们的职责、能作出正确决策、行为公正无私的领导者工作，而不希望碰上一个"窝囊废"来当其上司。

不同的员工对这些需要和愿望的侧重有所不同。作为领导者，你应该认识到这类个人需要，认识到员工对这类需要有哪些不同的侧重。对这位员工来说，晋升的机会或许最为重要；而对另一位来说，工作保障可能是第一重要的。

鉴别个人的需要对你来说并非易事，所以要警觉到这一点。员工嘴上说想要什么，与他们实际上想要什么可能是两回事。例如，他们可能声称对工资不满意，但他们真正的需要却是要求得到其他员工的承认。为了搞好企业内的人际关系，你应该了解这些需要，并尽可能去创造能满足员工大部分需要的条件。为此而努力的领导者会与他的员工相处得最好，使得上下一心，有效而协调一致地进行工作。

如果你希望自己成为一名具有激励力的领导者，就必须表现出你对员工的关心。而关心员工的企业领导者主要表现在：

①激励员工做他们从未考虑过的事情。

②让员工对他们所从事的工作感到满意。

③发现并充分利用员工的专长。

④发展员工们的兴趣爱好。

⑤走出来与员工一道工作，而不是高高在上地领导。

⑥真正倾听员工们的心声。

如果你真心实意地关心自己的员工并表现出来，你将会满足他们需要被别人关心这一最基本的需求。那种感觉会使员工备受激励并努力工作。

企业领导者表现对员工的关心实际上并不需要花费任何东西，只需要你付出一点点精力，就能为企业积累大量的财产——为企业积极贡献的员工。换句话说，关心员工的领导者能够激励员工关心他们所做的事，并使他们更加努力地去达成目标。

当你要求员工多走一步或走出他们习惯的地带时，你表现的关心和你给予的鼓励将会帮助他们抵制压力带来的消极影响。你要强调这样一个有力的信息：我们在一起，我们是一个团队。运用你的关心去激励你的员工，去关心他们的工作，去用心领导他们，就可以建立起一支能够共同努力达到目标的团队。

记住：一个伟大的领导者从不将自己凌驾于他的员工之上，除非是承担责任。

（2）走进员工的内心，提高团队的凝聚力

管理者只有走进员工的内心世界，全方位进行心与心的情感交流，培养共同语言，帮助他们确定自己的发展计划，给他们锻炼和学习的机会，灌输正确的团队精神，才能够激励他们创造业绩，并使团队充满活力。

同时，员工的工作应该是有趣的，乐趣意味着挑战，也意味着成长、自由与成就，这样的工作环境能够培育出强大的团队向心力。如果领导者尊重员工，员工也会还以尊重，并以责任作为回报。因此，让员工因为责任而拥有对企业的一种使命感，他们必然会干劲十足。

TCL公司竭尽全力营造一种温馨大家庭的氛围，让每一个员工都受到热情的鼓舞、温暖的关怀和愉悦的感召。在TCL这个大家庭中，时刻存在着一股强大的、积极的向心力，这种向心力在愉悦的运动中加速了其核心业务的成长。

在塑造团队时，TCL从以下几方面培育了团队成员之间的向心力。

一是在工作上，建立有吸引力的岗位工资制度。

TCL集团公司实行的是"以岗定薪"的薪酬制度，根据工作性质的不同，会有不同的收入待遇。而且与同行业相比，TCL公司的收入是有吸引力的。

二是在生活上，结合感情激励，解决员工的后顾之忧。

TCL倡导人性化的管理，一直为员工的生活、成长着想，把为员工解决实际问题作为重要工作来抓，使员工工作起来没有任何后顾之忧。公司总裁李东生认为，员工只有没有后顾之忧才能安心工作，因此，公司首先要为员工着想，员工才能忠诚于公司。如果有外地员工要到TCL的TV事业部面试，TCL会提供免费的食宿。针对本公司外地员工多的实际情况，TCL出面为外地员工安排住宿，并提供优质的宿舍管理服务。TCL公司有员工饭堂，技艺高超的厨师们为每日三餐准备了多种南北风味的美味佳肴。此外，公司还帮助员工代办用工手续、代办户口调动手续、代交保险、代办暂住证，对于中高级人才，还可以享有集团补贴的养老保险。

三是在个人发展上，为员工提供自我实现的舞台。

20年来，TCL集团创造的一个奇迹，就是它的高级管理人才几乎没有一个"跳槽"的。对此，李东生说："吸引人才的有力措施是为其创造一个施展才华和实现自我价值的环境，TCL为人才提供的是超出金钱和福利的东西。"2000年，TCL集团公司重组国际控股公司业务，一方面，频频传出微软、东芝、LG等国际大公司的高层管理人员跳槽到该公司的消息，这些新加盟的重量级人才充当起了TCL拓展海外市场的先锋官角色。另一方面，虽然不断有"猎头公司"找过TCL的多位中高层主管，许诺年薪五六十万元，并配以"宝马""奔驰"和别墅，但却很少有人为之动心。

四是在管理上，鼓励员工充分参与。

在长期的管理过程中，TCL的企业领导认识到，一个企业要取得成功就必须有全体员工的充分参与。处在生产第一线的员工容易发现生产过程中的问题，也就更有可能提出解决实际问题的方法。为此，TCL制定了鼓励员工参与的制度，根据员工提出建议、作出贡献的大小给予应有的奖励。2001年，一个学工业设计的大学生进入TCL移动通讯有限公司，在实习期间就画了一款手机外观设计图，受到公司的重视，当即获得了一万元奖励。2003年6月，这款型号为3188的手机已经大批量供应市场。

团队是一个很有效的改变工具，要促使员工改变工作行为，把他纳入到团队的范畴之内，然后，慢慢地把团队意识巩固起来，继而使团队的凝聚力提高。一个聪明的领导者，可以依照下列八个方法来提高员工对所属团队的向心力。

①给予员工全体合一的认同。不论是在会议的场合还是指派命令的时刻，领导者要在谈话中强调"我们"、"我们这个部门"或者"我们这个团队"，如此，才能使员工觉得企业领导者与他们处于同一阵线。如果一味地讲"你如何……"或"我怎样……"，员工的心目中便会觉得工作团队不甚重要，所以也容易表现出满不在乎来。

②建立团体的历史。一方面，在适当的场合，企业领导偶尔可以把过去一些好玩、特殊而刺激的事件不露痕迹地向员工加以叙述。另一方面，每当员工生日或其他值得祝贺的事件发生时，领导者应该主动安排庆祝会。这样，日子一长，团队的历史便会逐渐形成。有了历史，工作团队自然就增加了对员工的吸引力。

③强调团队工作的重要性。领导者应该以身作则地表示"只要我们赢了，谁居功都无所谓"的观念，换句话说，领导者时时刻刻要担心这个工

作团队是否能达到目标，而不必担心谁出风头谁居功的问题。如此，大家都会全力以赴。

④适当地对优良的员工行为给予认可、褒奖。领导者必须小心翼翼地揣摩员工的心理，观察员工的表现，随时给予协助、认可、鼓励与赞扬，明确地向员工说明他们对团队的重要性。如果有哪一位员工赞美同仁的表现，那么也应该褒奖这位员工的建设性行为。久而久之，这个工作团队的气氛就会显得和谐而融洽。

⑤设立清楚而容易达到的团队目标。在制定公司的长期目标蓝图后，应该摘要其大纲传述于员工，但是更应该在这项长期计划的参考架构内制定一些短期而明确的目标。这些短期的目标应该让人一目了然，而且具体可行、容易达成。如果目标过于笼统而高不可攀，那么员工的斗志便很容易丧失。

⑥实施团队激励的措施。除了个人奖金制度以外，领导者应该设定一套奖赏的办法，以便配合团队激励的政策。此外，企业或团队得到特殊的奖励，也应该与员工共享成果。

⑦心理上与员工保持亲近。要采取参与的态度与员工保持联系，适度参与员工的团队活动，以了解他们的感觉与想法。同时，还必须保持距离，否则过度的深入参与会带来彼此的过于熟稔而招致员工的轻视。

⑧把员工当作人来看待。许多管理者都是养尊处优，己贵人贱的观念难免会在脑海里生根。于是，他们期望员工多付出一点，也认为员工应该如此。这种不把员工当作人来看待的想法，很容易造成双方关系的紧张。

领导者与员工增进共同的体验，才可能产生伙伴意识。此项共同的体验，如果是共担劳苦，则更可增进密不可分的伙伴关系。所以，与其与员工共进午餐，不如当员工晚上在公司加班时你也加入到他们之中，这样必能加强同甘共苦的患难意识。

在一个企业里，如果各种团队都具有高度的凝聚力，那么员工会看重团队的名声，员工之间的隔阂就会消失，团队的工作会更有效率。如此一来，整个企业的目标才易于达到，企业才会得以生生不息。

爱员工等于爱自己

在日趋复杂的社会里，一个高级工程师未必能成为一个优秀的领导者。道理很简单，工程师面对的课题是一种专业的功夫，而企业领导者则需要一种较为综合、全面的素质。领导者的职责，就是要让企业这部机器很好地运转起来，产生最大的效果，因此，领导者要善于打好"人性"牌。

（1）打好"人性"管理这张牌

①培养人性价值观。耐心、和蔼是管理者应有的素质，并且要不断地去培养这种价值观。人类是有感情的，尊重被领导者的人格，你同时也会得到他们的尊敬和忠心。他们有家人和朋友，也有爱好与厌恶，你若整天摆出一副居高临下的姿态，并且冷淡地对待他们，就会让他们失去为你工作的动力。"己所不欲，勿施于人"，这是管理上的金科玉律。当然，这并不等于领导者要随意迁就员工的过错。

②化挑剔为引导。在现代领导的工作内容中，有时要充当师傅的角色，指出员工的错误，告诉他们哪儿出了差错，然后让员工按照正确的方法去工作。在这个"指导"的过程中，中国企业的有些领导者往往喜欢过分挑剔，似乎不加以严厉批评就心里不舒畅。

千万别当这种领导者。你在自己领域的知识和经验可能会比许多下属丰富，所以，你的工作就是要教导好手下人并使之优秀起来，而不是整天去挑剔或显示他们如何地比不上你。成功的领导者能够鼓励下属，而不是批评他们。

有些领导者认为员工犯了错误，就无异于在自己的记录本上抹黑。因此，大多数员工犯了错误之后都有准备受罚的心态。但优秀的企业领导者认为，让员工学习和成长的最佳途径就是体验，这就意味着冒险和犯错误。倘若领导者动辄就教训人，试问谁敢去"体验"？

下属不去"体验"就难以提高自身的技术水平，就难以实现高效率的目标。让你的下属在没有任何监督的情况下尝试应用新技术或承担新任务，当然，是些小的或不太重要的项目。这样，即使有了点儿错误也不会使企业受损，又可以立即改正员工的错误之处。

领导者不仅要有允许下属失败的豁达心态，还要善于发掘员工自己还未认识到的潜在能量。

③尽力改善工作条件。员工手里有合适的工具，在愉快、舒适的环境中工作，这时的效率最高。作为一个领导者，对于员工需要什么东西来使工作有效进行，你可能不是位最好的判官，但你有义务向他们提供合适的设备，以提高其工作效率。

如果你的员工抱怨工作条件，你要专心聆听下去。因为很多时候，员工们的这些抱怨通常不是为了个人利益，而是希望把工作尽可能干到最好程度的一种愿望。许多事实告诉我们，提供适当的设备或工作空间，产量将得到大幅度增长，而且通常只用花一小笔投资。这种事即使你不能拍板，但作为领导者也有不可推卸的报告和建议的责任，并要努力直至解决问题。

（2）实现真正的柔性管理

"柔性管理"是以人性化的管理理论为基础，从满足员工的生理、安全、社交、尊重、自我实现的五个需要层次出发，结合企业的经营机制及市场经济条件下的员工价值观念，整合管理各要素，为员工创造经济需求（生理、安全）、精神需求（社交、尊重、自我实现）、"自我实现"的文化氛围和参与管理的"自我改善"机制，以充分调动员工积极性，增强企业活力和凝聚力的一种管理方式。

"柔性管理"是相对于"刚性管理"提出来的。"刚性管理"以"规章制度为中心"，凭借制度约束、纪律监督、奖惩规则等手段对企业员工进行管理，这是20世纪通行的泰勒管理模式。而"柔性管理"则是"以人为中心"，依据企业的共同价值观和精神氛围进行人性化管理。它是在研究人的心理和行为规律的基础上，采用非强制性方式，在员工心目中产生一种潜在的说服力，从而把组织意志变为个人的自觉行动。

"柔性管理"的基本宗旨是，内在重于外在，心理重于物理，身教重于言教，肯定重于否定，激励重于控制，务实重于务虚。

"柔性管理"的最大特点在于，它主要不是依靠外力（如领导的发号施令），而是依靠人性解放、权力平等、民主管理，从内心深处激发每个员工的内在潜力、主动性和创造精神，使他们能够真正做到心情舒畅、不遗余力地为企业勤奋工作，成为企业在激烈的市场竞争中取得竞争优势的力量源泉。

自我改善的柔性管理以严格规范管理为基础，以高素质的员工队伍为条件，突出员工自我管理的主体。通过顺势而人性化的管理，强化管理的应变能力。它以理性的管理思维，超越了传统的单纯制约管理模式，把刚性管理制度的强制性实施发展成为员工自觉行为准则和弹性的约束机制；把被动的事后检查考核管理方式转变成事前预防性的相互协作、互为监督的管理方式；把围绕生产的管理结构调整为适应发展的弹性管理结构；把员工在企业中自我价值的实现与企业的发展目标相融合。

大连三洋制冷有限公司的"柔性管理"制度就是中国企业人性化管理的典范。这家由日本三洋电机株式会社、中国大连冷冻机股份有限公司、日本日商岩井株式会社合资兴建的企业，之所以能当年投产当年赢利，并连续多年荣获"辽宁省三资企业十大高效益企业"称号，"自我改善的柔性管理"起到了非常重要的作用。

总结大连三洋制冷有限公司在员工管理上的经验，主要有以下三个方面：

第一，柔性管理的核心是"自我管理"。"自我管理"是员工参与管理的升华，是实现员工自我评价的有效形式，是企业员工主人翁地位的具体体现。

第二，柔性管理贵在"自我改善"。"自我改善"是一种观念，是一种精神，是"柔性"管理的灵魂。为了促使自我改善意识的形成，使员工成为改善活动的主体，公司从员工入厂开始即对其进行"爱我公司"的员工行为准则教育、"创造无止境改善"的自我完善教育、"现场就是市场"的危机感教育。

第三，柔性管理的精髓是"爱人"。三洋制冷的柔性管理，以尊重人的价值、发挥人的才能、承认人的劳动为精髓，通过不断提高的员工素质带来产品的高质量、生产的高效率、企业的高效益、员工的高收入。"五高"是以人为本，以高质量、高效率、高效益为目标，最终又以员工的高收入为归宿的良性循环。

"柔性管理"在企业管理中的作用主要表现在三个方面。

一是激发人的创造性。在工业社会，主要财富来源于资产，而知识经济时代的主要财富则来源于知识。知识根据其存在形式，可分为显性知识和隐性知识，前者主要是指以专利、科学发明和特殊技术等形式存在的知识，后者则指员工的创造性知识与思想。显性知识人所共知，而隐性知识则只存在于员工的头脑中，难以掌握和控制。要让员工自觉、自愿地将自己的知识、思想奉献给企业，实现"知识共享"，单靠"刚性管理"不行，只能通过"柔性管理"。

二是适应瞬息万变的外部经营环境。知识经济时代是信息爆炸的时代，由于外部环境的易变性与复杂性，一方面要求领导者必须要整合各类专业人员的智慧，另一方面又要求战略的出台必须快速。这就意味着必须打破传统的严格的部门分工的界限，实行职能的重新组合，让每个员工或每个团队获得独立处理问题的能力，独立履行职责的权力，而不必层层请示。因而仅仅靠规章制度难以有效地管理该类组织，而只有通过"柔性管理"才能提供"人尽其才"的机制和环境，才能迅速准确作出决策，才能在激烈的竞争中立于不败之地。

三是满足个性化消费的需要。在知识经济时代，人们的消费观念、消费习惯和审美情趣也处在不断的变化之中。满足"个性化消费"的需要，对内赋予每个员工以责任，这可以看作是当代生产经营的必然趋势。知识型企业的这种巨大变化必然要反映到管理模式上来，导致管理模式的转化，使"柔性管理"成为必然。

（3）情感管理的"双面性"

被人重视的愿望来自于我们内心深处。任何人都渴望引起别人的注意，不管他承认与否，他需要向人倾诉，他需要有人倾听，他有着热切被重视、受赏识的期望。

在传统的管理中，总是先讲究人情，把自己的亲戚放在最显赫的地位。这样的管理，可以说只有情而没有理。现代的企业要想求得发展，必须创造出公平合理的竞争环境，因此绝对不能再把传统的"人情"放在第一位。然而，任何事情都要一分为二地看待。人毕竟是有感情的动物，完全不讲究人情是不行的，这也是现代管理者所追求的以情管理的真谛。

情感管理是指立足于个人心理效用而实施的一种精神管理，所以用情管理必须立足于员工的人性、人情方面。以情管理是领导者理性的表现，其中的玄机、奥妙，若即若离的感觉，不知不觉的失败或成功，并不是在很短的时间里就能揣摩透、运用好的。

人情只有运用得恰到好处，才能发挥出其效用。情感管理用在工作努力、有贡献的员工身上，是一种爱护和精神激励，会产生出巨大的精神动力。经验证明，用微笑去鼓励远比严厉说教对员工的影响更大。在这种情况下，企业领导者运用"人情"可以说是感情投资，能够换取更大的精神动力，从而创造出更多的财富来。

但是，如果"人情"用在不用功、不努力、作风散漫的员工身上，不仅是种浪费，甚至还会带来更严重的后果，使他更加没有责任感、更容易偷懒。对于这样的员工，你只有不客气地提出警告，施加压力或者干脆淘汰掉，才不会失策。这样做，并不是让你做一个冷酷无情的管理者，只不过是用市场的标准来要求员工。

一个都不能少

员工流失对企业来说是一件不幸的事，对员工本身来说也不是一件轻松的事。在员工正式提出流动要求之前，在他身上一定会有许多表现，如工作的专心度下降、迟到缺勤和早退现象增加等等。员工作出流动的决策是一个很痛苦的过程，员工的这种流动前期症状还会表现在其心理和行为上。好的企业领导者会主动发现这些征兆，并及时采取措施。

（1）在员工流失前努力劝阻

当领导者看到这些征兆时，正确的做法是与尚未拿定主意的员工进行谈话，引导他们考虑一些企业实际存在的但不能从数量上看得到的积极因素，让他们坦诚地说出决定离开的原因。这时员工首先会很吃惊，自己认为很秘密的心理活动都被企业领导者发现了，他会从心里感觉到自己被重视。他也会比较平静地对自己的决定进行重新思考，也可能会考虑许多自己过去没有考虑到的企业的好处，尤其是那些不能用金钱来衡量的好处。

尽管员工在离职之前有许多迹象可循，但并不是所有的企业领导者都能在员工提出辞职请求之前就看出苗头的。不过，这并没有什么，企业领导者应该还有第二道"防线"，即积极地劝阻。

首先，作为企业领导者的你要对这件事有很强烈的反应，因为所有的员工都很重视企业领导者这时的反应。如果这时你的反应是不冷不热，那么员工本来还只有三分去意的话，现在会马上变成八分去意了。当然，更不能说出"要走就走吧"之类的气话。

这时，企业领导者需要做的是，与提出辞职的员工进行坦诚的谈心。有一些员工可能并不是真心要离开企业，而是想通过这样的方式来实现自己的愿望，如工资晋级、职位变换等。这种谈话实际上可以看成是企业与员工进行的又一次"劳资谈判"。

在谈心时，一方面要诚恳地劝说员工留下来；另一方面，则要倾听员工对企业的意见，尤其是他辞职的原因；同时还应该了解员工打算去什么样的新企业、为什么选择那家企业。通过了解这些信息，企业领导者可以寻找员工的心理突破点，更重要的是，通过这样的谈话可以了解企业管理中存在的问题。一般说来，员工离开企业总是说明企业管理中的什么地方出了问题、存在什么弊端。

在与欲离职员工谈话之后，领导者就应该对谈话所获得的信息进行分析，寻找一个说服员工留下来的办法。企业领导者制定的挽留方案应该有很强的针对性，能够击破员工的心理防线。而要做到这一点，与员工的谈话是很必要的。应根据员工所陈述的理由，进行耐心的说服。

要让员工认识到他对企业的看法是由误会而引起的，而且企业是制造这一误会的主要责任者，企业领导者也会很积极地纠正这一误会。这时，一些重要的企业领导者与员工在一起进餐等方法会是很有用的，很能说明企业挽留员工的诚意。

与此同时，企业领导者还应该采取积极的行动，解决员工所提出来的困难。一般说来，除非由于员工与企业有着不可调和的冲突与矛盾而产生去意，许多情形下问题还是可以解决或者得到缓解的。

如果以上的措施都不能奏效，企业领导者也不能强留员工。这时，领导者应该做的就是采取措施减少由于该员工流动而可能带来的损失，如分析该员工流动是否会泄露企业的商业或技术秘密、员工是否会带走企业的市场份额、员工是否还有必须在离开之前了结的债务等。企业领导者应该采取积极的、果断的防范措施，避免企业受到更大损失。

（2）最有效的五大挽留方案

在每个公司中，企业领导者难免会面对一些"身在曹营心在汉"的不安分员工。由于在其他地方的预期收益与发展机会优于你的公司，他们会选择"人往高处走"。这对个人发展来说是无可厚非的，但是，对公司来说却是不公平的。你或许已经给了他们很优厚的待遇，或是为了培养他们投入了巨大的心血和财力。他们弃这些不顾而毅然出走，对你与公司来说肯定会带来财力与人力上的损失。

留住优秀的人才并不是一件很困难的事，只要企业领导者在工作中和生活上营造公正、平等、融洽的环境，使他们能有一种自我价值实现的成就感，人才便会忠心地在你的旗下勤奋工作，回报于你。

①把好招聘关。在招聘人才时，特别是在招聘技术或业务上的核心人员时，除了要考察他的岗位技术能力外，还要考察他的职业稳定性。你可以从他以往的经历中看出他个人职业的稳定性。比如，他是否经常跳槽？他跳槽的原因是什么？是基于个人发展，还是因为待遇？如果将这些问题都搞清楚了，你就基本上可以了解这个人才的稳定性如何了。

②规范管理制度。人才跳槽本身并不可怕，可怕的是他会带走企业的技术和客户资源。如果企业规范了岗位职责、作业流程，就可以将人员跳槽的损失减少到最低程度。很多员工跳槽，主要是因为企业的规章制度不健全、管理混乱，认为企业没有前途，自己干下去也没有什么意思。所以，从长远的眼光来看，加强企业或部门的管理制度、工作流程、岗位职责、激励机制等方面建设是解决员工流失的根本途径。

③满足人才的志趣。一个员工的工作表现并不总是显示出他对企业的看法。常常会有这样的情形，即某个员工仅仅依靠自己的才能就可在某个岗位上工作得极为出色，而实际上他本来对这项工作毫无兴趣。例如，在

第07章
细节管到位，事情才能做到位

某部门有一位销售员极其出色，不断打破销售纪录，可是他内心梦想的工作是该企业的电视部。从企业的角度考虑问题，他当然应该留在原部门去继续创造纪录。但现实问题是，如果他一心要搞电视工作，其他企业满足了他的要求，他很快就会离开企业。对这个问题，非常有效的解决方法是让他同时插手两项工作。他如果确实很优异，那么参加电视部的工作不会影响他在原部门的工作，相反却会拓宽他的知识面，使他继续与企业在一起，从而使双方获得满足。

④提拔的艺术。有时候，你会有幸得到这样一个人才，他能力极高，以至于没有人怀疑他一定会沿着台阶一直升上去。问题只是，升到什么位置以及以怎样的速度上升。你在提拔这个员工时一定要多动脑筋，因为他很可能会给你的企业带来破坏。如果没有处理好这个问题，那么你不仅会失去他，同时还会得罪其他留在企业的员工。不用说，这是一个高级的烦恼，但是请不要轻视它。一家企业曾聘用一位年轻人在海外某部门工作。几个月后，他显示出了非凡的能力，其企业领导者相比之下便显得黯然无光了。如果将年轻人提拔到他应该的位置，那他的领导者将会因为不满而破坏企业的安定。于是企业把他调到另一个驻外代表处担任主任，充分发挥出了他的才能，那位年轻人实际上连升了三级，但企业里却没有人注意到他的三级跳，也没有人发牢骚。

⑤重视有前途的年轻人。在任何一个企业里，新聘用的那些刚刚从大学毕业的优秀生最容易跳槽。他们是企业花了很大的力气去争取到的人才，他们是具有远大前程的人才。但令人悲哀的是，他们也是各企业所忽视的人才。一个精明的、怀有雄心壮志的人才如果在加入企业后被扔在底层、被人忽视，那么他很可能就要离开你的企业去寻找一个新天地了。领导者可以采取的解决办法是，在最初的12个月将新进员工看成是一笔投资。如果你失去他们，确实是企业的损失。在这12个月里，应观察他们、培训他们，让他们有机会接触到企业最有能力的员工，促使他们负责一些

稍稍超过其能力的项目。就像一切投资一样，这一项投资你不要希望立刻就会收到利润。其实，他们在你的企业时间越长，利润就会越高。

告诉每个人"你很重要"

员工总是希望他们的工作得到管理者的认可，因此，管理者千万别让员工成为被人遗忘的角色，不要忘了员工只有在一个能够受到关注与承认的氛围中才能得到成长。你不应当有这种想法："他是我的员工，我招他进来是做事的，不是用来奉承的。"

（1）让员工感到自己的重要

作为企业管理者，如果想让员工充分发挥其潜能，必须让员工感觉到他是企业不可缺少的一分子。如果你不能重视每一个员工，让员工感到自己没被重视，在这个团队里可有可无，没有发挥自己才能的天地，那么，员工便不会把工作作为自己的事业去奋斗，企业也就难以形成强大的凝聚力和竞争力。

那么，管理者要怎样才能让员工感觉到自己的重要性呢？这里要注意以下三点：

①记住员工的名字。使一名员工觉得自己重要的最有效方法，就是将员工的名字清晰地记住，以便在适当的时机叫出员工的名字来。千万不要小看这个方法所产生的效应，特别是在一些大企业中，一个管理者记住了下属员工的名字，对员工来说就能带给他心理上的满足与精神上的激励。

②有事情多找员工商量。优秀的管理者总是将这样一个概念深入人心：企业的事就是大家的事。尽管员工在重大决策的过程中发挥的作用不大，但让每一个员工都参与进来，特别是在与他们利益有所关联的事情上和他们多商量，听取员工对制度、措施的意见和建议，会让他们产生一种积极的归属感与主人翁责任心。责任感的形成对自信心的树立起到了推波

助澜的作用，也会使员工更加明确自己在企业中所处的位置，更加珍视自己辛勤劳动与业绩的取得。

③给员工一个深情的拥抱。自信心的取得是在一个人经历磨难并且战胜它后才得以实现的。而让员工产生战胜工作中的困难而作出一番业绩的勇气，与使其最终变得自信是需要企业管理者的情感投入的。不妨给员工一个深情的拥抱，然后轻轻拍拍他们的肩头，并加上一句"你一定能干好的""我相信你一定能行"，这样做会让你的员工有上乘的表现，作出连他们自己都无法相信的业绩来。

进行感情的沟通与交流，可以拉近管理者与员工之间的关系。但是感情的表达不能太做作，要让员工感觉到你的真诚，这样才不会起到相反的作用。感情的沟通方式也因人而异，作为企业管理者必须清楚了解自己员工的性格、爱好，否则便不会收到好的效果。表达感情要把握分寸，不然也会适得其反。

（2）成就感激发员工创造力

作为一个管理者，你要想让富有创造力的员工全身心投入工作，就必须使他们对所从事的工作满怀兴趣，并持续保持张力。否则，他就会丧失工作的动力，从而不能发挥出本身的潜力。

某电子公司的研发部经理要求其研究人员与顾客之间保持紧密的关系，这不仅仅是让他们了解顾客的需要，更重要的是当他们研制出一种成功的产品时也可使其领略到这份成功的喜悦。尤其是当某员工提出一个不俗的研究设想时，就应委以重任或给予资金支持以帮助他完成这项工作。委任革新者不仅能够激发其工作能力，还能证明他可以承担更重要的责任。

许多富有创造力的人往往能通过自己的信仰方式获得成就感和满足感。他们自我激励，但别人赏识他们完成的工作也同样重要。对于企业管理者而言，若能以非正式的形式经常赞赏员工的工作，最有效的方法之一就是经常深入基层。

富有创造力的人，其自由性是很强的，因此，他们需要一个不拘形式的工作环境，以便自由地彼此闲谈某个概念或问题，同时需要避开存在各个部门或办公室的骚扰。他们其中的大部分人都需要有个人的或至少私人的工作环境。

但是，革新者的创新价值是难以估算的，因此，在某些企业，他们常常比其他部门的员工获得较少的加薪和奖金，但他们需要感到自己所从事的工作与别人的具有同样价值。作为他们的管理者，你应该竭尽所能为他们争取津贴和福利。一旦有人提出创新的意念时，就应从该创新事物为企业赚取的利润中提取一部分奖励他。从长远来看，这种方式所能产生的价值是不可估量的。

一般而言，富有创造性的工作往往需要每周工作60～70小时。在这段期间，灵活的时间安排是非常重要的。如果你的处理手法欠缺灵活，就有可能毁掉你的重要资产。你应谨记合作是双向的，如果稍有延迟就对他们加以制裁，那么下次当你需要在限期内完成任务时，他们的工作积极性就会很大程度地降低甚至会拒绝加班加点。

需要注意的是，一些富有创造力甚至是具有超凡创造力的员工往往并没有充分发挥出他们的潜力。无数研究结果显示，大部分人一般只会发挥20%～30%的能力，但若能激发他们的工作热忱和动力，就可发挥80%～90%的潜力。由于不少员工没有尽展其能，不知降低了多少生产率、流失了多少科研设想，这些损失都是无法估量的。

员工未能达到预期的表现，可能是有以下三个原因：

一是员工本人不愿意干好其工作。

二是他不懂得怎样去干。

三是他没有机会发挥自己的才能。

多数情况下，员工本身是希望能干好他的工作的，但这需要更多的信息和培训。当你雇用他时，你是否说明了你对他的所有要求以及如何评定他的工作价值，他所接受的培训是否足以满足工作的要求？此外，也许是由于超出他控制范围内的因素妨碍了他充分发挥潜力。比如，其他部门的工作拖拉可能会直接影响到他的工作。

以下三种方法可以提高他们的工作表现：

一是重新规定工作任务。有些时候，调派某员工到另一部门是不切实际的。在这种情况下，你应根据其能力来重新规定他的工作。

二是提供额外培训。企业可通过为员工提供有效的培训计划防止员工的流失。

三是让他们感到你很关心他们。你需要让员工知道你很关心他们，如果你未能使他们感觉到这一点，便会影响到他们的自信心，毁掉他们的创造力。

一个优秀的管理者要想使自己的员工都努力工作，发挥出他们自身的潜力，就要让员工在这个群体中找到归宿感、成就感，这才是最成功的做法。

（3）尊重，尊重，再尊重

企业的竞争也是人才的竞争。企业要有持续良好的发展，就必须汇集优秀的人才。可如何吸引人才、如何让优秀人才愿意追随你？这是一个需要认真考虑的问题。

有些管理者总是埋怨身边没有人才、找不到人才，却从来没有想过自身是否存在某种缺陷。管理者只有加强自身的修养，提高吸纳人才的素质、创建人才成长的工作环境，才能使身边人才济济。而要做到这一点，管理者首先应从"尊重"开始，对人才做到尊重，尊重，再尊重。

"尊重"这个词听起来、说起来容易，但做到却很难。"尊重"是一种很高的修养，是由里而外透射的人格，而这种人格是需要修炼积累的，这也成为衡量一个成功管理者的标准。

"尊重"给企业带来的好处是多方面的：员工之所以愿意在企业工作，看重的并非只是收入，更重要的是工作氛围，特别是对于高素质人才，更需要创造一种相互理解、轻松和谐的气氛，而企业管理者就是这个气氛的缔造者。

每个员工都希望拥有四种权利，即知情权、参与权、商量权与决定权。他们希望了解、知道企业的情况，同时对与自己相关的事项拥有参与的权力。只有事先参与了这个事情的设计，在具体执行中才会更积极地去做。

商量权是指员工希望自己参与共同讨论，而事实上，管理者往往不习惯先讨论，认为那是浪费时间。这就导致了在执行过程中，相关员工在主客观上均不能很好地落实，因而造成更大的浪费。有参与感才有归属感，才会使工作热情度提高。如何让员工有更高的工作热情、达到更高的工作绩效是企业管理者一直都在追寻的。

从实质上分析，管理者的人格魅力较之管理技能更为重要，这里更多涉及的是观念认知的问题。尊重人才是强化管理者人格魅力的有效手段，管理者可从以下几个方面入手。

①视下属为合作者。企业是由其成员组合而成的，企业的管理者与员工在人格上应该是平等的，在工作上只是扮演的角色不同而已，离开谁都难以成事。因此，员工是管理者的工作伙伴，应以"同事"来称呼他们，这不仅仅是称谓的问题，更重要的是尊重的问题。

②随时肯定下属的成绩。在工作中，管理者对下属应该肯定多于批评，下属在被肯定之后会有更多的工作热情及创新。不可以乱骂下属，每一次责备都会使他们萎缩一次。有更多的自我期待，就会有更多的自我表现。所以，尽量以建议来代替批评，这样的效果会比较好。

③尊重下属的私人时间。在许多公司里，大家下班后都不愿很快离开，有些人即使下班后没有事做也要在办公室里多留一会。不要一昧地要

求员工有着同等的工作热情，企业管理者总是希望员工们加班，希望员工晚上带工作回家做，还希望员工可以为了工作而牺牲家庭，甚至希望员工能将工作视为生命的重心。

身为企业管理者当然要以身作则、树立典范，但是不要忘了，以身作则并不代表要以此暗示员工，要求他们做到你所"示范"的每一项事务。大部分员工都希望在上班时享受工作，有高的工作效率，能力受到肯定，得到应得的薪水；而下班之后可以暂时忘掉工作，享受家庭的温馨，与三五好友聊天，参与某些活动。他们不希望一天24小时时时挂念着工作。企业管理者应当尊重员工这个人性的需求，尽可能避免在下班后要求员工工作，如无法避免也应以麻烦别人的心情和下属来商量。

④尊重和包含差异。在企业中，总是充满着形形色色的人，即有各种背景的人、有各种性格的人、有不同生活经验的人，管理者应尊重个别的差异并找出共同点来。当员工选择一种生活方式时，管理者可以内心不认同，但没有权力去贬低别人，要学会接受别人与我们的不一样。

一个好的企业文化是能包含不同的个性、塑造共同价值观的。身为管理者的你要学习用不同的方式管理不同的人。要承认人的最大特点是差异性，克服自己的偏见，这样才能使企业更和谐，也更具效率。

⑤尊重下属的不同意见。管理者不愿听取下属的意见，大致原因是因为下属能力不足、意见不具备参考价值，而这实际上是个误区。下属的能力比你弱或许是事实，但并非他的每个意见都不高明，有些意见可能会对方案有补充作用，有些意见可能会反映出下属在执行中有什么心态及要求。

总之，无论从哪个角度讲，都有必要认真倾听不同的意见，因为一个人考虑问题不可能十全十美，况且，就怎样做成一件事来说也很少有标准答案。我们要的是结果，如果大家能齐心协力共同完成一个任务，不是很开心的一件事吗？

⑥尊重下属的选择。员工有选择工作的自由,不可将员工的辞职视为背叛。员工选择来企业工作,那么帮助他们个人成长就是企业管理者应尽的义务。切不可把员工的成长当成施恩的某种结果,并要求员工不断地给予回报。我们需要的是接受员工的选择,对员工的离职完全可以做到"人走茶不凉"。"山和山难相连,人和人常相逢",管理者是否有雅量可以从对待离职员工的态度中体现出来。

一个企业能走多远,取决于管理者的修炼到了何种程度。人的柔韧度越高,社会适应度就越高。企业管理者要本着善心、爱心、进取心去经营企业,以积极的心态、平等的态度、关爱的语言与员工交流,创造优良的企业氛围,而这些要求中国企业的管理者必须要学会对人才"尊重,尊重,再尊重"。

用最简单的方式打动人

就小事而论,它的确没有非常重要的意义,但用辩证法的观点去考察,你就会发现一件小事往往会引发大事,几件小事加在一起就有可能产生出意料之外的形态和意义。

小事犹如一块未经雕琢的璞玉,如果你没有一双识别它们的慧眼,细心鉴别,它就永远会埋在山野石林之中,很难被人们发现其价值所在。

(1)从细微处关心员工

你了解自己周围每个人的长处和短处吗?你每天有没有看到周围细微的变化?你是否发现了别人哪怕是一丁点儿的优点?如果人人都去关注自己的周围,去发掘一滴水中的世界,那么在彼此的赞美声中,人们获得的将是世间荡漾着的温情。

假如你是一位统率千军万马的元帅,那么你会过问每一个士卒的饥寒冷暖吗?事实上,这是根本不可能的。但是,你可以适时、适当地参加一些细致入微的工作事务,这对你赢得人心会大有帮助。如果你总是摆出一副官架子,遇到一些事就满脸不高兴,不屑于做或者根本不情愿去做小事,那么你的下属将会对你产生成见。

在处理一些小事上你做的效果不佳或不完美,也会被下属们轻视、讥笑。他们会认为像你这样连一点儿小事都不想做,或者连一点儿小事都做不成的管理者又如何做得了大事情呢?你的信誉会受到威胁。

要从小事上关心员工,管理者首先得做一个有心之人,善于发掘小事后边的重大意义,这就要求做到留心观察、细心思考。有一些小事,你作为企业管理者,必须努力去做到。

例如,你的下属得了一场大病,请了半个多月的病假在家养病。今天,他恢复健康,头一天来办公室上班,难道你对他的到来会面无表情、麻木不仁,不加半句客套,没有真诚的问候话语吗?

再比如,你手下的一位年轻员工找到了一位伴侣,不久就要喜结良缘,或者这位下属在工作上取得了突出的成就,为企业或本部门作出了杰出的贡献,难道你就不冷不热、无动于衷地不加一声祝贺称赞的话语吗?

小事足可以折射出管理者的品质风貌,员工往往会通过一些鸡毛蒜皮的小事去衡量你、评判你。小事往往是成就大事的基石,这两者之间是相互联系、相互影响、相辅相成的。管理者要善于处理好这两方面的关系,使两者相得益彰。

如果管理者能在许多看似平凡的时刻,勤于在细小的事情上与下属沟通感情,经常用"毛毛细雨"去灌溉员工的心灵,下属便会像禾苗一样茁壮成长,最终必然会结出丰硕的果实。

调动员工的积极性,激发他们的热情和干劲,企业管理者光会说一些漂亮话是不够的。配合实际行动,不失时机地显示你的关心和体贴,无疑是对下属的最高赞赏。这种方法可以在下列场合中收到最好的效果。

①记住下属的生日,在他生日时向他祝贺。现代人都习惯祝贺生日,

生日这一天一般都是家人或知心朋友在一起庆祝，聪明的企业管理者则会"见缝插针"，使自己成为庆祝中的一员。有些管理者惯用此招，每次都能给下属留下难忘的印象。或许下属当时体味不出来，而一旦换了管理者，有了差异，其自然而然地便会想起你。给下属庆祝生日，可以发点奖金、买个蛋糕、请顿饭，甚至送一束花，效果都很好，而献上几句赞扬和助兴的话更能起到锦上添花的效果。

②下属住院时，管理者一定要亲自探望。一位普通的下属住院了，企业管理者应该亲自去探望，并说上几句贴心话："平时你在的时候感觉不出来你作了多少贡献，现在你没在岗上就感觉工作没了头绪、慌了手脚。安心把病养好！"

有的管理者就不重视探望下属。殊不知，下属此时是"身在曹营心在汉"，虽然住在医院里，却惦记着管理者是否会来看看自己。如果你不来，对他而言简直不亚于一次打击。他不免会嘀咕："平时我干出成绩来他只会没心没肺地假装表扬一番，现在我死了他也不放在心上，真是卸磨杀驴，没良心的家伙！"

③关心下属的家庭和生活。家庭幸福和睦、生活宽松富裕，无疑是下属干好工作的保障。如果下属家里出了事情，或者生活很拮据，管理者却视而不见，那么对下属再好的赞美也无异于假惺惺。

有一个中国的电子公司，职员和管理者大部分都是单身汉或家在外地，就是这些人凭着满腔热情和辛勤的努力把公司经营得红红火火。该公司的管理者很高兴也很满意，他没有限于滔滔不绝、唾沫横飞的口头表扬，而是注意到职工们没有条件在家做饭，吃饭很不方便的困难，自办了一个小食堂，解决了职工的后顾之忧。

当职工们吃着公司小食堂美味的饭菜时，能不意识到这是管理者为他们着想，能不感激管理者的爱护和关心吗？

④抓住欢迎和送别的机会，表达对下属的赞美。调换下属是常常碰到

的事情，粗心的企业管理者总认为不就是来个新手或走个老部下吗，来去自由，愿来就来，愿走就走。这种思想很不可取。

下属调走时，彼此相处已久，疙疙瘩瘩的事情肯定不少，此时用语言表达管理者的挽留之情很不到位，也不恰当。而没走的下属又都在眼睁睁地看着要走的下属，心里不免想着或许自己也有这么一天，管理者是怎样评价他的呢？此时企业管理者如果高明，那么不妨做一两件让下属满意的事情以表达惜别之情。

（2）用关怀构筑忠诚堡垒

企业管理者只会下命令是不够的，关心下属也是你的一门必修课。你肯定知道人们必须要具备衣食住行等生活条件才能从事政治经济等活动。下属的生活状况如何，直接影响到了他的思想活动、精神状态及工作效率。

一个高明的企业管理者，不仅善于使用下属，更善于通过为下属排忧解难来唤起他的内在工作热情——主动性、创造性，使其全身心地投入工作。

"人心齐，泰山移"，全体员工的同心协力、一致努力是企业能够获得最终成功的有力保证。而要做到这一点，企业管理者就应多关心员工的生活，对他们遇到的事业挫折、感情波折、病痛烦恼等"疑难病症"给予及时的"治疗"和疏导，建立起正常、良好、健康的人际关系，从而赢得员工对企业的忠诚，增强员工对公司的归属感，使整个企业结成一个凝聚力很强的团体。

①提供舒适的工作环境。员工对企业的要求会越来越高，他们会要求更多的酬劳、更舒适的工作环境，其实就是要求对工作的满意度。优秀的企业非常强调为员工提供一个一流的工作环境。这是因为一流的环境不仅能使工作的员工感到身体上的舒适，还能使他们的创造性在这种舒适的条件下自发地发挥出来。更重要的是，当员工们在这种适合自己发展的环境

中体会到企业所寄予的厚望时就会更加努力进取，而这也可以用来解释优秀的企业之所以成为一流企业的原因所在。

②让员工说心里话。员工虽然能接受与自己的理想不太一样的东西，但并不代表他们就能完全坦然接受了，这时就要鼓励他们说出自己的想法来——不管是否合理。让员工把话说出来是最好的解决矛盾的办法，如果你连员工在想什么都不知道，那么解决问题就难有针对性。所以，应该为他们开条"绿色通道"，使他们的想法第一时间反映上来。

海尔就给新员工每人都发了张"合理化建议卡"，员工有什么想法，无论是制度、管理、工作、生活等任何方面都可以提出来。对合理化的建议，海尔会立即采纳并实行，对提出者还有一定的物质和精神奖励。而对不适用的建议也会给予积极回应，因为这会让员工知道自己的想法已经被考虑过，他们会有被尊重的感觉，更敢于说出自己的心里话来。在新员工所提的建议与问题中，有的居然把"蚊帐的网眼太大"的问题都反映出来了，这也从一个侧面表现出海尔的工作相当到位。

③培养员工的归属感。敢于说话是一大喜事，但那也仅是"对立式"地提出问题。有了问题可能就会产生不满、失落情绪，这其实并没有在观念上把问题当成自己的"家务事"，这时就要帮助员工转变思想，培养员工的归属感，让新员工不把自己当"外人"。

海尔本身就给员工一种吸引、一种归属感，而并非像外界传闻的那样，好像海尔除了严格的管理之外没有一点人性化的东西。"海尔人就是要创造感动"，在海尔每时每刻都在产生着感动。

企业管理者对新员工的关心真正到了无微不至的地步。在新员工军训时，人力中心的管理者会把他们的水杯一个个盛满酸梅汤，让他们一休息就能喝到；集团的副总专门从外地赶回来就是为了和新员工共度中秋；集团管理者对员工的祝愿中有这么一条——"希望你们早日走出单身宿舍"（找到对象）；海尔还为新来的员工统一过生日，每个人都可以得到一个温馨的小蛋糕和一份精致的礼物；首席执行官张瑞敏也会特意抽出半天时间和新员工共聚一堂，沟通交流。对于长期在"家"以外的地方漂泊流浪，对家的概念逐渐模糊的新员工来说，海尔所做的一切又帮他们找回了"家"的感觉。

一碗水要端平，因人而管

要想成为一名出色的管理者，最为基本的一点就是，赢得员工们的心，获得员工的依赖和支持。人是企业中的第一宝贵因素，任何时候都不可或缺。钞票没有了可以赚回来，机器坏了可以修理，但如果失去了员工的向心力，那用金钱是买不回来的。

（1）客观公正地对待每一个人

在中国的企业中这样的现象屡见不鲜：企业管理者对一些员工倍加信任、视为心腹，而对其他员工则处处设防，甚至让前者去监视后者。管理者常把下属分为三六九等：对心腹有求必应，特别优待；对那些与自己不冷不热的，用小恩小惠进行笼络或者不闻不问；对那些不听话的、有棱角的，则寻机给"小鞋"穿。

还有一些企业管理者对男女下属不一视同仁，觉得女性追求成就的动机低，她们希望稳定、舒适的工作。于是，更多地关心她们的一些基本需求，而很少关心她们的职业发展等高级需求。

管理者不能一碗水端平，势必会打击员工的工作积极性，产生内耗，影响到企业整体的团结。而若想赢得下属的拥护，你就要公平客观地对待每一个人。企业管理者对员工要一视同仁，对员工分亲疏厚薄是管理中的大忌。

"管理者偏心，员工寒心"，员工能谅解管理者因经验不足而出现的失误，但却无法容忍企业管理者的不公正之风。如果亲一派、疏一派，厚一伙、薄一伙,"一个锅里做出两样饭",势必会导致企业内部怨气丛生、人心涣散。实践证明,搞小圈子的管理者,圈子会越搞越小,干不成什么大事。

如果员工发现你"偏心眼儿",可想而知,偏向的一方,获得好处,似无怨言;但另一方则是怨声载道,而旁观的第三者也会站在这一方,那么你就会众叛亲离。而你偏袒的一方,也会因此而与别人"格格不入"。

所以,要想客观地对待员工,企业管理者不能与一部分或个别人过分亲密,而同时过分疏远另一些人。在工作问题上,应该是一律公平一样看待,工作上一样支持,不要戴"有色眼镜"看人,更不能"看人下菜"。

员工一次成绩的取得绝不能成为他赚取私人感情的资本。你对某个员工的偏爱,会让其他员工为你们的这种亲密关系不知所措。一个个问号会在脑海中被肯定了又否定、否定了又肯定,经过一段时间的折腾之后,他们与你和所喜爱的那位员工的距离会越走越远。

由于待遇的不平等、机会享受的不公正(至少他们会认为是这样),企业的人际关系变得紧张了,员工们从你的偏爱中也学会了选取个人所好来加强个人的势力。结果,最糟糕的事情发生了,企业仿佛变成了四分五裂的散体,无数的小阵营使企业的这股绳结出了许多解不开的"死疙瘩"!

你对业绩不太出众或犯过错误的员工的成见,与你对业绩好的员工的偏爱一样,对企业的人际关系的和谐、对企业的发展同样有害。

犯了错误的员工通常都有自知之明,他们在对自己行为检讨的同时也是懊恼不已。你对他们的归类,不仅使得他们的信心又遭受了一次打击,而且他们还会产生破罐破摔的消极情绪,并对企业与管理者产生极强的敌对抵触情绪,这显然是企业安定团结一种巨大的潜在危险。

消除你心中已有的成见吧,别让那几次失败的经历总萦绕在你的脑海中,使你总是怀疑别人改过自新、从失败中总结奋起的能力。坐下来,与失败的员工恳谈一下，帮助他们找到失败的原因，恢复他们的自信。你要在语言中充分表现出对他们的信赖，指出只要他们走出自我消极的误区一样能为企业作出贡献，况且失败的经历孕育着成功的希望。

作为一个企业管理者应该懂得，员工个人的成功与失败是企业荣辱的组成部分。你的任务是不断地充实集体的力量，而不是人为地制造分裂！

（2）"对症下药"，因人而管

上面强调企业管理者要一碗水端平，对待员工要一视同仁，然而这并不是说你面对所有的员工绝对一样，没有任何差异。事实上，这也是不可能的。

企业是由不同类型员工组成的"大家庭"，为了最有效率地进行管理，管理者需要了解那些为你工作的员工，而且要试着把他们看作是独立的个体，即每个人都有各自的优缺点、喜爱以及专长，你还要了解需要做的都是些什么，然后再考虑哪个人能干些什么、谁愿意干，只有这样才能让员工为企业"转动"起来。

因此，管理者应该针对不同类型的员工采取不同的管理方式，一句话，就是"因人而管"。这不是对"一碗水端平"原则的否定，恰恰相反，而是对后者的有益补充。

①管理过于敏感的员工。过于敏感的员工生性较脆弱，对于大多数人能接受的建设性批评也会耿耿于怀。他们在工作中经常会为了避免批评而格外小心地工作，对于自己的工作他们都会检查再三，并且会不厌其烦地复查他们所做的每一件事，这样他们虽然是减少了被批评的机会，但同时也会让整个部门的工作进度受到影响。

对于这类员工的管理，你要使他们相信，以他们出色的专业知识，他们通常可以一次就把工作做好，而并不需要反复检查。管理者应该指出，偶尔出现错误是在所难免的，一旦这些错误被及时发现并纠正是不会影响犯错人的能力评价的。

对于这类员工，如果你了解到他们在作出决定前需要大量信息，那你就要指导他们找到信息来源，并帮助他们获得信息。如果你认为他们已经有了足够的信息，就可以要求他们立刻作出决定。如果他们向你询问决定该如何作出，你应该告诉他们，那是他们自己的事。

这类员工一般具有良好的专业素养，工作能力较强，只要他们肯，他们的决策大多数是正确的，他们缺少的只是果断。所以，对于他们，你所要做的工作就是要不断地对其予以鼓励，帮助他们把想法变成现实。

②管理有困难的员工。据有关调查显示，几乎半数的员工在家庭问题上都有不可明言之处。当你的员工们遇到家庭问题而影响到工作的时候，你要有一颗宽容的心。"优秀的员工不为家庭所困"之类斥责的话最好别说，否则只会招致员工的反感。最好的方法就是主动帮助员工解决问题，以使其尽快从家庭的困境中解脱出来。

很少有员工能不顾一切地工作，对于那些不能专心工作的下属，管理者要表示同情并给予安慰，帮助他们渡过难关。如果他的家属生病住院，你可以让他提前下班或推迟上班，你可以帮他调整工作时间。但要注意，这种照顾只能给予特殊情况中的下属，即使受到其他下属的抱怨或不平也不要滥开这种方便之门。

在帮助员工解决纠纷的同时，务必要注意员工的情绪波动。俗话说"清官难断家务事"，你或调解人很有可能在解决问题的过程中会出现过失。有的时候，也许员工能体会到你们那份弄巧成拙的尴尬心理，但若他们正在气头上，也许对你就不会那么客气了。不论怎样，你都要以照顾员工的情绪为主，忍一时之气。

当然，还有一些家庭问题来源于天灾而非人祸。一些意外的发生往往会使员工们不知所措，谁也不愿意看到事情居然发生在你的员工家庭里。这个时候，你要做的就不仅仅是给予员工一些精神上的帮助，物质帮助在这个时候也是不可缺少的。这些直接的帮助虽然是必需的，但是你在给员工帮助的时候，在什么场合、什么时间给，用什么态度、说什么话，最好要想清楚。当你帮助了员工和他的家庭之后，所有员工都会看到你的仁爱之心。

③管理年轻员工。北大方正的创业者王选在谈到他一生的八个重要抉择时说："1992年我开始花大力气培养扶植年轻人，让年青一代出来逐步取代我们的位置是我的第六个抉择。"

纵观世界上一些企业的创业者：英特尔的三个创业者，最年轻的只有31岁，另外两个也不到40岁；苹果公司的开创者也只有22岁，他三年内把苹果变成了500强，为此他被美国前总统里根称为美国人心目中的英雄；比尔·盖茨创办微软的时候只有19岁；雅虎的创业者也是不到30岁。由此可见，创业的都是年轻人，作为企业的管理者应该看到这个趋势。

所以，企业管理者要重视年轻员工的管理。年轻员工有着与老员工不同的思想价值观念。今天的年轻人更注重家庭生活，工作专业的选择范围扩大了，对工作各方面的要求也扩大了，对工作各方面的因素也变得越来越挑剔，如工资、住房、人际关系、福利待遇等。他们容易跳槽，对企业的依赖感和亲近感总不如老员工。他们最看重的是收入问题，而不像中年人那样偏向稳定，他们往往在获得了一定的工作经验和能力之后，跳到另外一些条件更优越的企业中去，谋求更好的发展。

④管理易消极的员工。几乎每个企业都有消极悲观的员工，也就是爱持否定态度的人。无论什么时候，只要你同意一件事，他们必定要反对。他们总是有一个一成不变的理由，那就是你想要做的，恰恰是不能做的。

当你对消极悲观的员工提出新建议时，可以让他们开诚布公地讲出反对意见来，并告诉他们："你们说得有道理，我很欣赏。既然我们要执行这项新方案，还是让我们商量解决这些问题的方法吧。我们必须尝试一下这种新方法，咱们一起工作，共同克服困难。"

作为企业管理者，你不可能让每个员工都满意。对于那些认为自己遭受了不公平待遇的人，你可以运用智慧和耐心，使他们重振士气。为避免出现不公的现象，在作出决策的时候要解释清楚为什么要这样做。

你也可以推心置腹地与持消极态度的员工多谈话，指出他不断地抱怨和对任何事的否定态度已大大影响了其他员工的工作。让他明白，他是企业团队最难得的人才，对于任何事，每个人都不可能尽如其愿。鼓励他，一个成熟的人要勇于接受失败，再接再厉，迎接生活中新的挑战。

（3）走出关心的误区

管理者是率领一个团队来完成工作的，只有关心下属、赢得下属的忠诚，你才能真正建立起自己的影响力。这一道理，对于企业管理者来说，无人不知无人不晓，但在具体操作时往往会走入误区。

下面这些"关心下属"的误区，管理者应该尽量避免。

①把关心下属等同于小恩小惠。这一现象在中国企业的管理者中相当普遍。一些管理者觉得，只要给员工一些小恩小惠就可以表明自己在关心下属。然而，小恩小惠只能博得下属一时的欢心，而更多的下属关注的是自身的职业发展和综合能力的提高。一旦你满足不了下属稍高一点的需求，他就觉得你不是真正关心他们。况且，小恩小惠往往是以牺牲企业或部门的整体利益为代价的，一旦曝光，对管理者自己也不利。

②好许诺空头支票。每个下属都有获得加薪、晋升的期望，作为管理者，你自然想抓住他们这个需求进行激励。你是直接告诉他们，你在为他们的加薪、晋升而努力，还是不说为妙呢？如果不说，你会担心下属觉得你根本不关心他们。但是，轻率许诺的结果更糟。

成熟的企业都有自己的一套关于薪金、晋升的规定和程序，并不是一个管理者个人就能随意更改的事。一旦许诺落空，你在下属面前就会威信扫地。因此，千万不要轻易许诺。关心下属，重要的不在说，而在做。要让下属感觉到你真正在为他们的期待而努力和行动，比如给下属展露才华的空间、放手让下属挑重担等等。如果你已经作出了承诺，而由于情况发生变化，以至于无法兑现，此时最好的解决办法是向下属道歉并坦诚地告诉下属不能兑现的缘由，以求得下属的谅解。

③把关心下属的业务混同于关心下属。对于下属的业务，管理者都很关心重视，毕竟这关系到自己业绩的好坏。但过于关心业务反而会使下属反感，觉得你对他不放心，怀疑他的工作能力。而且下属是一个活生生的人，有着多种需求。如果你只关心业务情况，没准儿会落个"冷血动物"的谑称。

④关心的内容与下属的真正需求背道而驰。例如，一名年轻的下属向你抱怨自己的工作太累，你可能觉得下属希望提高薪水，于是想方设法促使人力资源部为其加薪。其实，该下属感觉到累的真正原因是对自己不明朗的职业生涯忧心忡忡，是"心累"，实际需要你关心的是其职业生涯的发展。这就需要管理者深入了解自己的下属，从而使自己对下属的实际关心与下属的真正需求相吻合。

⑤关心下属的方式、方法不对头。例如，对一位新录用的推销员，当你详细询问他如何宣传公司的产品、如何和客户建立关系时，你可能觉得这样做是在帮助下属发现自己的不足，但下属可能会觉得你怀疑其能力。又如，你在部门例会上对一位资历较长的推销员进行业务指导，但他可能觉得你并不是在关心他，而是让其出丑。以上两种情况，你的关心使下属误解，不但不能起到应有的效果，甚至会适得其反。

⑥关心下属是对下属有求必应。人的需求是无止境的，满足了一个需求又会产生另一个需求。下属的需求是多种多样的，有的和企业目标一致，有的却与企业的目标背道而驰。作为管理者，你只能尽量满足下属那些与企业目标一致的需求，而对不合理的需求要敢于拒绝，甚至给予严厉的批评。否则既害了下属，到头来也会害了自己。

⑦关心下属就是不批评下属。批评可以帮助下属改进提高，因此也是

关心下属的一种方式。如果下属有了问题你不及时进行批评，将会使下属走得越来越远，犯的错误越来越严重。当然，批评如果使用不当也会有副作用，如造成下属的逆反情绪，使上下级关系紧张等等。因此，你一定要注意批评的方式方法，照顾下属的自尊心。

⑧不关心下属的牢骚。每个人都会有不满，有了不满就会发牢骚，从而使自己得到心理上的放松。发牢骚并不可怕，但作为企业管理者，如果不去分析其背后的原因并及时进行疏导，下属的怨气将会积小成大，而且，这种不满很容易像瘟疫一样在企业或部门中蔓延。一旦其他下属受到感染，一场大的动荡就在所难免了。这时候，你想解决都没有机会了。

⑨关心下属的"动机不纯"。中国企业的不少管理者关心下属的功利色彩过于明显，让下属觉得你并不是真正地关心帮助他，而是在为自己的晋升拉选票。这样的关心不会有好效果。关心下属必须要真正为下属着想，而不是"另有企图"，否则就会弄巧成拙。

第 08 章

管理的艺术：把握好松与紧的尺度

不要让指令成为一纸空文

管理要立足于"管",这里有一个问题是管理者务必紧握不放的,那就是一定要做到令必行、禁必止。这样,你的主导思想才能迅速化为下属的具体行动,你才能管出效率、管出成绩。

在这个问题上有以下几点需要注意。

(1)要保证发出的指令正确有效

领导者可以通过"号令"进行有效指挥。发出一个指令是容易的,但要正确且有效地发出指令则是困难的。管人的基本要求是发出的指令要正确,要能有效地执行。

发出正确有效的指令,其要点是指令要明确、要相对稳定。只有发出的指令是明确清楚的,才能使下级对同一指令产生相同的理解,员工才会有一致的行动。要使指令明确,在发出指令时就要使用准确的词语,多用数据,减少中性词汇和模糊语。指令应当包括时间、地点、任务要求、协作关系、考核指标和考核方式等内容。指令还应当简明扼要、一目了然。

如果指令变化太多太快、缺乏稳定性,下级就会形成一种采取短期化行为的倾向,以便捞取好处。或者下级根本不信任领导者发出的指令,这就会难以管理和控制。因此,在发出指令前要仔细审查指令的可行性、在执行中可能遇到的阻力以及处理的方式。向下级解释清楚指令的内容和要求执行的原因,以统一全员的认识。如在执行过程中发现指令有不切实际的地方,应因事因时而异,区别情况采取不同的补救措施,立即更正发现的原则性错误。

再正确有效的指令如果得不到落实,也等于没有指令。当然,抓落实也不意味着要"一竿子插到底",使领导者陷于琐碎的日常事务之中。抓指令的落实主要是通过定期和不定期的检查来进行的。以检查的结果或抽查的结果来判断下级的执行情况，这样下级在执行时就不敢懈怠了。

艾柯卡在福特汽车公司总经理和克莱斯勒公司总裁职位上时，通过实施"季检查制度"来进行控制。每隔三个月，领导人会与直属下级坐下来面谈一次，检查上一季度的成绩及目标完成情况，并定出下个季度的目标。彼此同意后，下级就要写出目标，领导者在其上签名。艾柯卡认为这种方法虽然简单却很有效。

对计划、指令的执行情况进行了检查之后，就要采取强化措施。执行得好的要进行强化，给予奖励和表彰，鼓励他们再创佳绩；而执行得不理想的，则应加以批评。还要区分不同的情况，采取不同的纠正偏差的措施。

若是指令本身存在不合理的地方，影响了下级的执行效果，那么纠正方法应是调整指令，使其更加合理与切实可行。

若是指令本身没有问题，主要是下级执行不力或方式不当导致执行效果不佳，则一方面要给予处罚，另一方面则需进行适当的指导。

（2）要让你的命令迅速被执行

没有被执行的命令是毫无作用的，因此管理者应当注意掌握让命令有效的方法。

命令并不是向下属发布之后就没事了，信任下属当然有必要，但你的监督也必不可少。

切记，即使是在你日理万机、分身无术的情况下，也不要放弃监督的权力。

为什么有许多命令或指示下达后总是受阻呢？就是因为管理者没有监督自己的命令执行情况。

你发布一条命令，大家听明白了，你笑了，你感到心满意足，你认为自己做了一件很棒的事。你回到自己的办公室，端起茶水看报纸，一切顺利，天下太平。其间，事情会进行得很顺利。你的命令会被执行得适当而迅速，你可以高枕无忧地去钓鱼了。可事情能是这样吗？不会的，绝对不会的。为什么呢？因为一个没有检查监督的命令就不能称其为命令，这只是一种美好的想法。要保证工作的顺利进行，你的命令就必须得到认真的贯彻，你必须亲自去检查工作，因为下级不敢忽视上级的检查。换句话说就是：不检查总会有疏忽！

管理者在向下属发布命令时一定要做到心中有数，不乱发布命令，不用狂傲的态度发布命令，发布命令要替下属着想。发布命令之后甚至还应隔一段时间就去了解一下命令被执行的情况，至少是：统一观念，集中精力，有序工作，明确方向，逐步完善。没有命令，下属就会像一盘散沙，企业就会失去控制和方向。因此，命令是使企业上下一致、同心协力的规范措施，理当重视，不可视为平常；否则你就是把玩命令，易失去领导者的权威。命令就是权威，权威服务于管理，管人者一定要明白这一点。

（3）力争实现指挥科学性和艺术性的统一

有成效的领导者在进行指挥时，既不像将帅统率军队打仗那样发号施令，也不像乐队指挥那样严格而有板有眼。他结合了二者的长处，实现了科学性和艺术性的统一。指挥就是通过命令、指示、要求和指导、说服、示范等方式，使组织中的各部门及其成员积极而协调地实现既定的目标任务的过程。成功的指挥者要学会下达指示，进行授权和委派任务。

领导者下达的指示要有十项要素：什么问题，什么标准（数量、质量的要求），什么人执行，什么时间执行，什么地点执行，什么方式完成，什么手段完成，什么目的，什么事项必须注意，什么方法考核、评估执行任务的最终成果。由于第一个字都是"什"（shen），所以可称为10S要素。其中，"什么方式完成"指在执行任务中采用的方法、方式、措施，而"什么手段"则指所使用的工具、机器、设备和物资及所需经费。

下达指示要合乎法规、政策，合乎组织目标，合乎职权范围，合乎实际情况，合乎下级正当意愿，合乎明晰、准确的要求。

指挥方式对于指挥的效果有着不同的影响。采用激励说服型的指挥方式，员工会热情接受并取得卓著的业绩，指挥效果最好。一般指示型的指挥方式只会使员工接受工作，取得一般的业绩，指挥效果还可以。而简单粗暴型的指挥方式只会导致消极接受，取得的业绩较差，指挥效果不好。领导者一般应采用激励说服型的指挥方式，并辅以严肃的指示。

总之，管理者的个人指令与已经公布的规则、制度一样，必须要得到切实的贯彻执行。如果你总是朝令夕改，让自己的指令成为一纸空文，那么迟早会出现"管不住人"的局面。无疑，这会让管理者在上司、下属眼里都是一个无可救药的失败者。

正确看待下属没有完成任务的情况

有一本《没有任何借口》的书曾经深受管理人士的追捧，看来，该书的中心观点"上级安排的任何任务都必须无条件完成"得到了广泛的认同。如果把这一观点作为强化下属工作主动性、创造性的培训要点也无可厚非，但是如果管理者用它来指导自己的实际工作和评价下属的具体表现那就大错特错了。因为实际情况总是复杂多变的，更何况还有管理者本人的指令是否正确这一因素在里面，一味强调"无条件""不找任何借口"，而不看下属为此付出的努力，是对"原则""规矩"的滥用，是缺乏灵活的表现，其结果势必抑制了下属工作的积极性。

在《没有任何借口》一书中写道："它（没有任何借口）强化的是每一位学员想尽办法去完成任何一项任务，而不是为没有完成任务去寻找借口，哪怕是看似合理的借口。它体现的是一种完美的执行能力，一种服从诚实的态度，一种负责敬业的精神，其核心是敬业、责任、服从、诚实。这一理念是提升企业凝聚力、建设企业文化的最重要准则。"

但实际情况是，"想尽办法去完成任何一项任务"，与无法完成时提供一个理由并不矛盾,而这被称为"合理的原因"。事实上,"合理的原因"不是借口,借口是不合理的,合理的只能是理由、原因。如果不顾客观情况,不顾领导者的命令是否正确,以及是否有实现的可能性,只是盲目去做,包括以让企业付出沉重的牺牲为代价也在所不惜,那么还算得上是"完美的执行能力"吗?还算得上"负责敬业"吗?

绝对的服从只等于愚忠,这甚至恰恰表现了一种不诚实。如果看到这个任务不可能完成却不提出自己的意见,而只是一味服从,这能算诚实吗?所以,"没有任何借口"这一理念与所谓的"核心"是不能画等号的。至于说这一理论"提升企业凝聚力",更是不可靠。企业的凝聚力是要靠共同的价值观、相互尊重、相互给予、重视员工的价值来实现的。

"没有任何借口"强调的是一种霸权思维,一种管理者至高无上的不平等意识,只能用来驯服奴才、唬住弱者,让真正有能力的员工暂时收敛锋芒随时等待跳槽,必然的结果是离心离德、企业涣散,何谈凝聚力呢?提出对某一任务的反对或未完成的理由不是提出借口,也不等于自我辩解,而很可能是一种认真负责的工作精神。

有一个企业的总经理平时确实体现着"没有任何借口"的管理风格,包括开除员工的时候。许多员工勤勤恳恳工作了很多年,被开除的时候要一个解释,即为什么被开除。这位老总总是理直气壮地说:"没有理由,说你不适合就是不适合!"这种管理风格导致的结果如何呢?不少人慑于老总的淫威,或沉默不语,或学着拍马屁,人心涣散,时刻想着跳槽,公司的业绩更是一落千丈。

我们一定要清楚的是,即使每个管理者布置的每项任务都是合理的,但重要的一点是,不是每项任务在任何时候和任何背景下都可以完成,也不是每个员工都能够完成每项任务。为什么我们说一个企业的成长需要客观环境呢?一个企业的管理同样不是关上门管理,而是与企业的外部环境有着密切的关系，就是强调完成任务的条件和环境往往是重要的。每个人想做的就一定能够做成，这听起来是一个多么荒唐的逻辑，但却奇怪地成为了某些人信奉的准则。

对于员工来讲，每个员工都是有差异的，都是有所长也有所短的，如果运用好了正是一个企业的人力资源优势，但如果不顾员工的个体差异而一味地认为没有完成任务就是找借口，那么只能将优势变为劣势，从而导致人才无法真正发挥其应有的实力。

心理学告诉我们，受到挫折的人自我寻找理由或借口，是一种自我保护、自我疗伤，能够有效地避免一蹶不振，帮助他们度过心理上最脆弱的时期。而并不意味着，这些自我疗伤的手段就会使他们丧失对未来工作的热情和进取精神。

清晨，你正在为今天即将召开的一次重要会议做准备，突然接到某一位下属的电话，他在电话里解释说，一位从外地来的亲戚刚刚到火车站，需要请半天假去接站。这个时候，如果你语气平和地跟他说：不要紧，你只管去吧，下午也没什么事情，你就带着你的亲戚出去逛一逛，明天准时上班也不迟，会议内容我会让其他人帮你记录。

此时，员工听到这么亲和、真诚的回答，不仅不会在挂上电话之后心生任何怨言，反而会为了这事儿耽误工作而产生愧疚的感觉，并对老板温和、坦诚的回答心存感激。

如此简单的道理，相信大多数领导者都是懂得的，只不过某些领导者认为员工拿着自己的工资，就应该分分秒秒、不遗余力地把自己奉献到工作中去，任何阻碍工作的事情都是无理的！

其实，给员工一个解释的机会又何妨呢？

灵活性并不是对原则的背叛，相反，是对原则的最好补充。把灵活性与原则性有机地结合在一起，才能最大限度地发挥出原则的效力。

以紧盯的方式让员工产生紧迫感

紧迫感是下属努力工作的催化剂,但是如何让下属产生紧迫感呢?一个似乎有点笨但绝对有效的做法是,紧紧地"盯"着他们,关注他们的工作进展并及时指出不足,要尽量把自己所承受的来自市场的或来自上级的压力传达到每一个下属身上。

不称职的部下就得换掉,这当然不错。但这并不是处理人事问题的高明方法,同时也不是处理人事问题的最终目的。从郭士纳那里我们会受到不少启发。当郭士纳从约翰·艾克手中接过处境不妙的 IBM 时,大家原以为公司的很多头头脑脑都要走人,但郭士纳却只是撤换了财务和人事主管,以及其他三个主要的执行官。他当初的决策是否英明,只要看看 IBM 比当初高出十倍的股价就全都明白了。

郭士纳知道,IBM 雇员心里最急迫的问题就是:我一个月后还会在公司干吗?六个月后呢,一年后呢?郭士纳上任只有五天,就竭力向雇员们保证,虽然他的扭亏为盈计划难免会伤害一些人,但他会尽力缓解痛苦的。他知道每个首席执行官在动手裁员前都会说这话,可是他在 4 月 6 日的一份备忘录中说的却是肺腑之言:"你们中的有些人多年效忠公司,到头来反被宣布为'冗员',报刊上也登载了一些业绩评分的报道,当然让你们伤心愤怒。我深切地感到自己是在要大量裁员的痛苦之时上任的,我知道这对大家都是痛苦的,但大家知道这是必要的。我只能向你们保证,我将尽一切可能尽快地度过这个痛苦时期,好让我们开始向未来看,并期待着重建我们的企业。"

他用电子邮件把这份备忘录发给了 IBM 的所有员工。这和 IBM 以前的领导者与雇员沟通的方式大相径庭。他不再用约翰·阿克斯的正式电视讲话这一办法了,因为雇员们都知道不理睬他的讲话。他是第一次把电子

第 08 章
管理的艺术：把握好松与紧的尺度

邮件发给全公司工作人员的 IBM 的首席执行官。这是非正式的、个人间的和前所未闻的。有谁能不打开公司的新首席执行官写给自己的电子邮件呢？从一开始，郭士纳就试图突破传统，想表明 IBM 不必要那么一本正经，随和的方式也是很好的。

听了郭士纳的话，IBM 的员工中很少有人会完全放心的，但是他知道自己真的别无选择。正如他所说："20 世纪 90 年代的启迪就是，世界上任何地区的公司都不能保证一个员工也不辞退。那是空头支票。"

但是，他知道要开通与员工交流的渠道。他希望大部分人都会理解他的坦诚态度。当然，会裁减更多人员，但是他也希望，那些有幸留下的员工会开始感觉到过了一关。因为他向他们许诺，一旦裁员结束就不再裁员了，留下的人会觉得他们的工作在长期内是有保障的，他们能毫无忧虑地重新工作。他何时行动呢？在这个关头他还不知道。但是他决心已定，在不可避免的一次性裁员结束后，他要说："我们可以对客户、雇员和股东说，我们公司不是一味裁员。裁员工作已经过去了。"

郭士纳之前的 IBM 变成了一个不健康的家庭。萨姆尔·佩米萨罗，后来 IBM 个人电脑公司的总经理回忆说："那时我们的企业文化营造出了一种平缓舒适的氛围，有时你甚至会忘了自己在哪儿。会议总是轻松愉快，你走进会议室，看到一切都是那么和谐，几个人坐在一起悠闲地聊天。如果经营情况较好，他们会说：'非常感谢。'即使结果不尽如人意，他们还是会说：'我们知道你已经尽力了，十分感谢。'"

没有一个正常的人会把郭士纳的会议描绘成这般轻松愉快。会前他要求各部门主管把运营情况和出现的问题全都写下来，即使偶尔看到你，他也不会停下来和你聊天。他这样做的目的是使 IBM 人习惯于正视困难，在用户会议上，他鼓动人们对他的董事会发难。如果董事们回避问题，那么郭士纳就会指定一个董事负责解决。佩米萨罗回忆起当时的情形说："他会从椅子上跳起来，毫不留情地训斥他的下属。"他直率的作风让整个公司都感到震颤。佩米萨罗继续说:"要是你被郭士纳点了名,别指望会听到一句称赞的话,多数时候都是他愤怒地责问:'这到底是怎么回事?!'"

在他组建管理队伍时,郭士纳说:"我不管你将是未来的商界名人,或是正准备另谋出路,我要的是你们现在得为我尽心尽力地工作。"对他手下那批管理者来说,适应郭士纳的过程就如同达尔文的进化论一样残酷而且缓慢。IBM的经理常常会谈起他们是如何被郭士纳偶然叫住,并被要求立即对一名同事做全面的评估。一位IBM雇员说:"他想知道我对自己的上司怎么看。尽管我说的都是称赞的话,但当着他的面我始终感到心惊胆战。"开会时,郭士纳习惯对每个在场的人做一番评价,他说:"毫无疑问,在最初的一年里有些人企图给我服精神砒霜,我是指那些很糟糕的主意和计划。"

郭士纳告诉下属:"你必须准备迎接变化,并且必须要有紧迫感,愿意在必要时马上作出改变,否则在20世纪90年代迅猛变化的计算机产业中就不可能跟上潮流并取得成功。"郭士纳把紧迫感带回了这个曾把勇敢进取等同于耻辱的公司。旧的IBM文化不屑于过多谈论竞争,太爱出风头是不合适的。司法部曾试图削弱IBM对计算机行业的所谓垄断。鉴于公司曾为此与司法部有过冲突,IBM不鼓励员工像垄断者一样思考,不要像出名的六百磅大猩猩那样排挤别人。它的销售队伍被告知不要贬低竞争对手,不要引起政府的注意,要不然会适得其反,这样做的结果就是IBM不能真正施展拳脚。但郭士纳要看到的是一个完全不同的IBM。他希望员工们重新富有竞争意识,他希望员工们都想着去赢。IBM失去了一笔生意,就像他自己也失去了生意一样。他希望公司的每个人都会这么想。

紧迫是郭士纳的口头禅。他不只是希望变化,还希望变得快点儿。为了实现这个想法,他一边迫使员工重新考虑业绩,重新考虑他们该如何把产品推向市场，一边让员工知道他们的工作不是板上钉钉的；同时，他还营造出了一种更随意、更民主的氛围。以往保守谨慎的思维方式已被摒弃，冒险和进取的做法受到了热烈欢迎。为了强调这些做法的重要性，郭士纳把主管人员的薪水和优先认股权与IBM的整体业绩紧密挂钩，迫使经理们紧紧盯住自己的业务。至于上层管理人员，他要求他们按一个固定的比例持有股票。IBM总部执行委员会成员持股量为年基本工资和奖金的三倍，其他地区的管理委员会成员为两倍，高级管理层持股量等同于其年基本工资和奖金。郭士纳给自己定了更高的所有权要求——他必须持有自己年基本工资和奖金四倍的股票。对非管理人员没有相应的股权要求，而是使他们享有股票优先认股权，而在过去只有高级管理人员才享有这些优先认股权。

我们曾见过管理者自己忙得焦头烂额而下属却悠哉游哉的场面，这样的管理者其病灶就是不懂得以方圆之道管人，在"哪些方面需要紧一点"以及"如何去紧"的问题上犯了糊涂。

必要时刻，也应适度责惩

作为一名领导者，在日常工作中不能老是"做好人"，有时候你也必须要进行责备和惩罚。如果你不这样，错误的事情将会接二连三地发生，使你应接不暇，团队目标的实现最终会成为一句空话。此外，你这样做"好好先生"也就等于告诉你的团队成员：不管工作成绩或工作态度如何，你都不会在乎。当然，你不在乎，你的团队成员就更不在乎了！

美国四星上将巴顿将军曾经劝告别人：对犯错误者应该立即责备。他的部下每逢犯错误时，他便会立即让其知道自己犯了错误。他曾经说过这样的话："虽然在战斗训练中我不能杀人，但是我会让那些犯错误的人因我的发怒而情愿死去！"巴顿将军的这种观点和目前最现代的责备理论不谋而合，在今天仍然有着积极的现实意义。布兰查德和詹森在他们的畅销书《一分钟经理人》中就有这样的建议："要在错误发生后立即加以责备，你要明白地指出他们错在哪里，用坚定的口气告诉他们，你觉得他们错了。"

当一个主管责备其团队成员时，除了立即行动之外，还要切记"规过于私室"。有时候，你在责备人时很想骂人，等到经过深入的调查和了解后，发现犯错误者有自己的苦衷，那你就根本用不着再责备了。如果你是私下里责备人，对你自己或是别人都不会形成干扰。否则，你便会遭受不必要的尴尬。

当一个主管在盛怒之下责备其属下时，还不如向对方表明你在生气，并且说明你为什么生气、为什么发那么大脾气。生气不是不可以，但是不要气得失去控制，失去控制表示你已忘记了原来要责备的目的。

在你要责备人时，你必须牢牢记住自己要达到的目的。你绝不会是为了要伤害他人、引起别人反感或是恐惧而责备人，而是想要别人知道错误，并改正错误。

责备人常用的方法有两种：一种是玛丽·凯总结出的"三明治技巧"，也叫"夹心饼技巧"，先赞美肯定，再责备，最后给以鼓励和称赞。这种方法在现实生活中被越来越广泛地运用。另一种方法是遵照布兰查德和詹森的方法来责备人：你应和对方握手或是拍拍他们的肩膀，让对方知道你并不是和他们处于敌对的立场。你应提醒他们你是多么地器重他们，同时还要强调你只是责备他们这次行为，而不是他们的全部，让他们知道责骂过后，一切都过去了，不必耿耿于怀。

当你的团队成员犯下的错误非常严重时，你必须执行某种形式的惩罚。当你必须用到惩罚手段时，切不可心慈手软、手下留情，不要犹豫不决。否则的话，拖得越久，对你自己和应该受到惩罚的成员来说日子越难

第08章
管理的艺术：把握好松与紧的尺度

过，也越容易使团队其他成员误解你的惩罚不公平。

惩罚的目的是为了防止未来再次发生同类型事件。因此，在实施惩罚的过程中应谨记防止未来发生同类型事件的主要因素，而不必太过严厉，通常在惩罚时要附带某种形式的纠正行动。

在17世纪的英国，对拦路打劫的惩罚是处死。而在今天，同样的罪行只不过是几年徒刑而已。可拦路打劫的事件反而少多了，原因是采取了许多对发生这种事件因素的防止措施，使得这类事件在今天被抓获的几率高了很多。而同样的事件在美国的情况就不同了。在今天的美国，抢劫发生的频率越来越高。这其中的原因固然很多，但绝不是因为惩罚降低了。在美国，抢劫罪从来都不会被判死刑。如今的抢劫案增多，是因为没有很好地制止促成这类事件发生的因素，破案率还是和以前一样低，并且对现行的做法没有给予纠正。

有一点往往不被人注意的是，一个团队的规章制度遭到破坏以后，要想重振昔日的景象比新建还要难上许多倍。这就是俗话说的"叫不醒的死人，不如重新怀孕来得快"。

如果你的团队在走下坡路，那你该怎么办呢？首先，你应该以身作则，为整个团队树立一个典型模范。你不要指望你自己做不到的事，自己的团队成员能够做得到。

其次，你应找出某个范围来，集中精力全面整顿该方面。比如说，你的团队规定每天的午餐时间是一个小时，多年来大家总是拖拖拉拉不遵守。有的人不但超过一个小时，甚至快两个小时还未回到办公室。如果你是新来的团队领导，你可以同时作出许多新的改革。如果不是，你就只能首先解决某一个方面的问题了。你应将为什么无法接受这种状况的理由全部列出来，比如说对公司是一种欺骗，客户商谈业务会找不到人，团队形象遭破坏等等。然后，就应下决心惩罚那些仍不遵守团队规定的人。这可以采用罚薪或留用察看、通报批评、记过处分等方式，必要时不妨给予除名,"杀鸡给猴看",但是应注意公平合理。同时,你应将整个事件衡量一下,大家都将午餐时间延长,是否有其合理的原因,以及该如何相应地给予处理。等一切准备工作做好后,你可以召集全体成员,当面告诉他们这个问题的来龙去脉以及解决的办法。你还必须有回答任何问题的心理准备,你会发现那些平时守规矩的人一定会很高兴,因为他们认为拖延午餐时间相对来说等于是掠夺了他们的时间,从而加重了他们的工作负担。

等到你解决了一个问题后,再接下去解决另外一个,这样做事情就会很顺利。如果操之过急,会引起太多的怨恨,往往欲速而不达。不管你要做任何改变,你都应记住:一旦开始,就要往正确的方向坚定地迈进,决不能三心二意。

单纯的肯定和赞美或责备和惩罚都不可取,在实际工作中应根据具体情况对团队成员多肯定、多赞美,在必要时不妨也恰当地给予及时的责备与惩罚,但要适可而止。

通过协调,使"松""紧"平衡

在管人实践中如果片面地理解和运用"松紧有度",难免会如盲人摸象一样有失偏颇。那么,应通过一个什么样的渠道把这二者有机地结合在一起呢?答案是协调,只要掌握了正确的协调方式,就能达到松紧平衡的管人新境界。

从整个协调体系来讲,有的是通过权责和制度来协调的,比如上下左右权责范围的划分、责任制度和事务配合;有的是通过计划来协调的,比如部门之间的生产期量协作;有的是通过领导的活动来协调的,如指挥、调度、现场办公等。

协调解决各种矛盾和问题、协调产生效率,有的管理学家也把协调归纳为管理的职能之一,理应受到管理者的重视。

企业内部的协调大致可分为两类。

第一类:垂直方向——处理好上下级关系。

协调一般内容:组织授权不合理,上下权责不清;下级不尊重上级职权,有越权行事、不服从行为;上级擅自干涉和干扰下级工作;上下级缺乏有效的沟通和理解;上级的不当指挥;上下级个人因素造成的问题(工作思路、习惯、作风等)。

协调的一般方法:组织协调,理顺组织关系,合理分工授权,明确上下级权责范围;加强信息交流,广泛开展各种形式的交流、访谈、座谈;企业形成良好的工作氛围和团结一致的合作愿望;提高上下级的素质;上级的指挥要减少失误;建立明确的管理制度和责任制度。

第二类:水平方向——部门之间、岗位之间、生产经营的各个环节之间,是企业协调量最大的工作,也是一个难点,因为上下级之间的矛盾往往可以通过行政手段解决,上级手中的权力可以起很大的作用,而同级之间的问题则要复杂得多。

协调内容(问题和矛盾所在):机构不健全,职能上存在漏洞——例如"三不管",往往会引起推托和争抢;分工不明、职责不清,好事争抢、难事推托;机构臃肿,职位、职能重叠,人浮于事;任务苦乐不均;奖惩不明;部门利益冲突;本位主义;侵犯同级职权;个人因素;缺乏信息沟通,各行其是;供、产、销各环节的标准、期量、工序之间的衔接不平衡。

一般方法:组织调整——队伍精干,精兵简政,健全机构,明确权责;制度协调——健全各项管理制度,落实责任制度;科学计划——资源调整、任务分配、期量衔接等;加强教育,提高素质;加强信息沟通;营造团结一致、相互协作的工作氛围。

协调工作的形式多种多样,作为管理者应了解如下几种。

（1）会议协调

为了保证企业内外各不相同的部门之间在技术力量、财政力量、贸易力量等方面达到平衡，保证企业的统一领导和力量的集中，使各部门在统一目标下自觉合作，管理者必须要经常开好各类协调会议，这也是发挥集体力量、鼓舞士气的一种重要方法。常见的会议类型有以下几种：

①信息交流会议。这是一种典型的专业人员的会议，通过交流各个不同部门的工作状况和业务信息，使大家减少会后在工作之间可能发生的问题以及矛盾。

②表明态度会议。这是一种商讨、分析问题的会议。与会者对上级决定的政策、方案、规划和下达的任务表明态度、感觉和意见，对以往类似问题执行中的经验、教训提出意见，这种会议对于沟通上下级之间的感情会起到重要作用。

③解决问题会议。这是会同有关人员共同讨论解决某项专题的会议，目的是使与会人员能够统一思想，共同协商解决问题。

④培训会议。旨在传达指令并增进了解，从事训练，并对即将执行的政策、计划、方案、程序进行解释。这是动员发动和统一行动的会议。

（2）现场协调

具体做法是，把有关人员带到问题的现场，请当事人自己讲述产生问题的原因和解决问题的办法，同时允许有关部门提出要求，使当事人有一种"压力感"，感到自己部门确实没有做好工作。使其他部门也愿意"帮一把"，或出些点子，这样有利于统一认识，使问题尽快解决。而对于一些群众意见大的问题，则可以采取现场协调这种快速有效的协调方式来加以解决。

（3）结构协调

通过调整组织机构、完善职责分工等办法进行协调。对待那些处于部门与部门之间、单位与单位之间的"结合部"的问题，以及诸如由于分工不清、职责不明所造成的问题，应当采取结构协调的措施。"结合部"的问题可以分为两种，一种是"协同型"问题，这是一种"三不管"的问题，就是有关的各部门都有责任，又都没有全部责任，需要有关部门通过分工和协作关系的明确共同努力完成。另一种是"传递型"问题，它需要协调的是上下工序和管理业务流程中的业务衔接问题。可以通过把问题划给联系最密切的部门去解决，并相应扩大其职权范围。

事实上，只要善于协调，从上对下的管理通道就不会堵塞，松与紧的结合通道也不会堵塞。

这里有如下几个方面的问题需要注意：

第一，预防与解决问题相结合。

优秀的管理者应该有战略眼光，善于分析和推测未来，对可能发生的问题和矛盾的环节采取先期的预防措施，尽可能避免，或者准备好补救措施。

第二，把问题消灭在萌芽状态。

密切注意，问题一旦出现苗头就应该及时解决，防止问题恶化，最大限度减少损失。

第三，最有效的协调方式应该从根本因素入手。

既要治标更要治本，防止不断引发不同的问题或是重复出现同一问题，例如从组织设计、管理体制、管理制度、员工素质等原因引起的问题。

第四，善于抓关键因素。

作为管理者，细小烦琐的事情可以不必去理会，或是交给下级解决，自己则集中精力抓大事，解决重大问题。一般以下问题应引起足够重视：影响全局的问题、危害重大的问题、后果严重的问题、代表性的典型问题、根源性的问题、群众意见大的问题等。

第五，协调工作体现一个领导者的工作水平，因此要创造性地开拓新方法，要有魄力。

总之，在管理中不会运用协调的力量是不行的，因为通过协调可以把过紧的地方放松一些，又可以把过松的地方变紧一点，这样就可以在松与紧的平衡之间达到理想的管人效果了。

• 第 09 章 •

简单寓言里的管理智慧

重复就是渗透

一只狐狸看见野狼卧在草上磨牙，便劝它说："天气这么好，大家在休息娱乐，你也加入到我们队伍中吧！"野狼没有说话，继续磨牙，把它的牙齿磨得又尖又利。狐狸奇怪地问道："森林这么静，猎人和猎狗已经回家了，老虎也不在近处徘徊，你何必那么用劲地磨牙呢？"狼停了下来回答说："我磨牙并不是为了娱乐，你想想，如果有一天我被猎人或老虎追逐，到那时，我想磨牙也来不及了。而平时我就把牙磨好，到那时就可以保护自己了。"

做事成功的简单方法是未雨绸缪、居安思危，这样在危险突然降临时才不至于手忙脚乱。野狼反复的磨牙正是在渗透自己安全的思想，在磨牙的同时心里在想着安全的结果，不至于一旦临敌而身死人手。

管理也如此，领导者要贯彻自己的思想，说一遍不行，要说两遍、三遍甚至更多，只有反复地重复，把思想渗透至企业每个员工的心里，才能使管理者好的思想得以付诸行动变成现实，否则，仅想用一句简单的话换来公司的快速运转，那是痴人做梦。

日本索尼公司创建于第二次世界大战后的1946年，其前身为东京通信工业公司，经过70多年的发展历程，现已成为全球性的著名家用电器生产企业。在世界500强企业排序中，索尼公司长期居于前50名之列。1998年索尼公司销售额为531.567亿美元，位居《财富》杂志新的全球500强排序第31名。

索尼公司在创建初始，其公司的主要宗旨为"公司绝不搞抄袭伪造产品，必须选择其他公司近期或长时间不易搞成的产品"。这一宗旨很快让公司的任何一个职员都能背熟。这体现了索尼公司标新立异，重在以新、奇取胜的研发原则。这一原则首先体现在高层决策者的思维之中，公司创建人盛田昭夫认为:"我们公司的计划是用新产品来引领大众消费,而不是被动地去问他们要什么产品。消费者并不了解新产品,但我们必须要有自己的明确判断。因此,我们不必做过多的市场调查,而应不断更新、修正我们对每一种产品及其性能、用途的想法,以设法依靠引导消费者、与消费者沟通来创造市场。"

  研制新产品,必须要善于思考和发现。20世纪80年代末,索尼公司发现欧美国家的工作效率很高,如何赶超它们呢?经过调研,公司决定研制一种高效率的秘书实用工具,经过近两年的研制工作,很快便推出电子记事本这一新产品,它具有计算机记事的功能,并不断改进完善,很快便风行于日本,而且迅速占领了欧美及全球市场。这种事例在索尼公司研发新品的历程中数不胜数。

  根据标新立异研发新品的主旨思路,索尼公司推出的新产品居全世界企业界的前列,效率也是最高的。公司平均每天会研发出4种新品,每年向市场推出1000多种新产品,其中800多种是原有产品的更新改进型,200多种为引领消费新潮、开拓市场而推出的全新产品,这些产品基本上是索尼公司利用自己的高新技术研发生产出来的。正因为索尼公司能够不断开发新产品、创造并开拓新市场,所以它的经营业务获得了快速发展。如今,索尼公司的产品已销往世界近200多个国家及地区,公司享有的技术专利权分布于世界近180多个国家和地区。

最有效的工具是团队章程

  有个人养了一头驴和一只哈巴狗。驴子关在栏子里,虽然不愁温饱,却每天都要到磨坊里拉磨、到树林里去拉木材,工作挺繁重,而哈巴狗会演许多小把戏,很得主人欢心,每次都能得到好吃的当奖励。驴子在工作之余难免有怨言,总抱怨命运对自己不公平。这一天机会终于来了,驴子挣断缰绳，跑进主人的房间，学哈巴狗那样围着主人跳舞，又蹬又踢，撞翻了桌子，碗碟摔得粉碎。这样驴子还觉得不够，它居然趴到主人身上去舔他的脸，把主人吓坏了，直喊救命。大家听到喊叫急忙赶来，驴子正等着奖赏，没想到反挨了一顿痛打，被重新关进了栏子里。

驴子关在栏子里是有章程的，它不可能像哈巴狗一样跟在主人的后面跳舞。如果一旦把章程打破，把哈巴狗的工作让它来做，那么一切就会乱了秩序。

"团队工作缺乏效率，那么最终的责任人是企业领导者而不是团队。"这是玛丽·莫西尔的一句名言。建立目的明确的团队，最有效的工具是团队章程。多数企业都有职责说明、制定目标的体制及个人业绩评估系统。团队章程是团队相应的工具。团队成员在完成工作时，不管业绩好坏，都需要企业领导者帮助解决业绩问题。他们需要反馈，需要有机会和统领全局的企业领导者一起检查自己的工作与现实的差距。

作为企业家一定要把握变革的时机，调整企业的发展速度与方向。推动变革的一种最好的方式就是利用团队。团队可以随时组建，完成工作，随后予以解散。团队所做的工作是无法用其他方法来完成的。不管是研制新产品还是改进流程，团队都可以把多种优势、技能和知识糅合在一起。

但是，团队要求高层进行更多而非更少的管理。以为企业领导者只要建立起团队就行了，这种想法是错误的。高层经理要确保团队能出效益，这对他们来说是一个要求极高的任务。由于团队与传统的等级结构及职能分工不相吻合，因此高层经理必须要带动并培育团队的活动，使团队不致被企业的日常工作所吞噬。

企业领导者必须要认识到，团队在传统企业中是个"外人"，它的任务不在现有企业单位的职责范围内。因此，领导者必须要告诉团队成员他们与企业是怎样的关系，同样，也必须告诉企业的员工哪些适合团队工作，会得到什么结果以及如何使整个企业受益。

成功的团队目的明确，接受企业领导者的指示，它的业绩目标植根于企业的战略与优先目标中。团队需要了解企业目标及其与自己工作的关系，也需要激励和鞭策。而失去了这些动力，团队只能随波逐流，业绩平庸。

没有一个高效的团队可以孤立存在。企业领导者必须要帮助团队了解它的供应商和顾客，以便通过建立适当的联系来达到目的。

玛丽·莫西尔说："团队一旦成立，企业领导者就必须确保团队能自主决策。如果利用团队让员工买管理层的账，就不会有好的结果，团队和企业的士气便会低落。"

建立目的明确的团队，最有效的工具是团队章程。多数企业都有职责说明、制定目标的体制及个人业绩评估系统，团队章程是团队相应的工具。团队章程的评估部分，值得引起企业领导者的特别注意。评估能够量化团队完成的目标及主要绩效，可以借以向团队外的员工传达项目进展情况，并为发现问题和解决问题提供一个跳板。

业绩评估使团队能够检测自己的进展。例如，降低成本的团队一般都会设立成本目标，而业务流程重组团队则设立了周期或时间目标。所有这一切使团队建立起责任心来，这听起来好像是压在团队身上的一副重担。而其实恰恰相反，团队的存在就是为了应付这种挑战。

企业领导者也必须从团队那里得到信息和报告。下面是企业领导者如何把团队工作列入其日程表的一些方法：

- 员工会上定出团队工作进展汇报的时间。
- 评估团队报告并给出反馈。
- 参与重大里程碑的信息发布。
- 如有需要，主动充当团队资源。
- 要求定期应邀参加团队会议。
- 顺便旁听团队会议。

如果企业领导者明确要求团队使用现有业绩汇报方式，可能会无意之中限制了有效交流并因此限制团队的效率。

团队完成工作时，不管业绩好坏，都需要企业领导者帮助解决业绩问题。他们需要反馈，需要有机会和统领全局的企业领导者一起检查自己的工作与现实的差距。

人们致力于实现工作绩效，从而会得到激发，这在正常工作中是没有的。他们只要有方向、有限期，对自己所从事的重要工作有一种专注，就会更好地工作。

专注于结果，不要探究过程

在一个畜栏里，绵羊、山羊和小猪被关在了一起。有一天，主人捉住了小猪，小猪拼命地挣扎，并且大声地嚎叫，吵得绵羊和山羊很不耐烦。于是它们俩议论："主人经常捉我们，我们从不叫，小猪未免太小题大做了吧！"小猪听了一边挣扎一边回答："这根本就是两码事，他抓你们只是为了剪羊毛、挤羊奶，可是抓住我，却是想要我的命啊！"

事不关己，自然无关痛痒，而当事人才会有切身的体会感受，甘苦自知。即使是类似的经历，对于处于不同立场、不同情况的人来说结果也是不一样的。例如一次创伤，对于老人、儿童来说很可能是致命的，而对于年轻人也许很快就能康复，无关大碍。所以，我们可以得出这样一个结论：对待别人的不幸，要多一分关心和理解同情，而不是冷漠或者幸灾乐祸。

在现代企业管理中，首先是确定目标，对目标的完成很重要，至于员工用什么方法解决，不要探究其过程。领导者不可能事事关心，对一些细小的事情完全可以不管，要求属下去完成，只要有一个很好的结果，这就达到了目的。

所谓的"结果导向"，就是设定可评量的目标，依照设定的时间表提出阶段性的成果。葛洛夫不仅要求英特尔的每一位成员都能严守这项务实的原则，对他自己的要求则更为严格。他曾写过一本书——《高效率管理》（High Output Management），1983年由蓝灯书屋（Random House）出版，主要就是在讨论如何令组织达成可预期的目标。

我们相信，这种以结果为导向的思考模式让英特尔务实而创新，无论是在产品、制程还是服务方面，都能为客户带来最大的利益。创新的想法，往往会在设定目标的过程中产生。结果导向意味着英特尔所肯定的价值在于积极的目标、具体的结论与成果。

要让每个人都能了解团队的方向，就必须设定高目标，还要以量化的手法，务实地制定能够展现进度和成果的指标。这样一来，每个成员就能站在自己的岗位上尽一己之力。英特尔采用的是以"计划式管理"来推动结果导向的理念。每一个事业部、每一个部门以至于每一个人，都必须为自己设定一季的目标，并且为完成度设立具体的标的，所有的目标设定都要以公司的方向为指导原则。在每一季结束之时，每个人都要为自己的成果评分。同时，也经由相同的步骤设定下一季的目标。

为了使所有的人都能了解公司的方向，每一季英特尔都会为所有员工举行公司的营运会议。在会议中，英特尔会公布公司营运以及市场上的竞争状况，还有当季事业计划的完成度等等。英特尔也在会中讨论公司下一季的主要目标。这样的会议无非是希望每个人不致受限于自己的工作范围，而能够着眼于公司整体的状况，并对未来的方向有一致的脚步。如此一来，才有可能凝聚每一分力量，完成公司整体的目标。

英特尔习惯于为各个组织设定那种乍看之下让人觉得无法达成的"高目标"。然后，葛洛夫再和相关的小组密切讨论，找出合理的标的，并且对市场的需求及公司的资源作出合理的评估。1993年，英特尔订立PCI晶片组的业绩目标就是一个典型例子。葛洛夫觉得英特尔能够把晶片组的业务提升到100万套，但是部门的总经理依照他的经验，预估当年的业绩是20万套。葛洛夫向他指出，PCI将会广泛地被业界接受，所以100万套的业绩并非天方夜谭。但是他提出了不同的看法，认为PCI的市场还需要一些时间才能架构起来。最后，大家一致同意，60万套是可接受的目标。经过一年的努力，在不停推动PCI规格与新产品之后，他们终于在年底达成了预定的目标，每个人都洋洋得意。

第二年，同一个经理人、同样的团队自发地提出了500万套的销售目标，这可是远远超过葛洛夫预期的。而且，他们再次做到了！小组积极而自发地设定了高目标，并且实现了。

"看板式管理"是驱动所有组员往同一个目标前进的最佳工具。一个具体的例子是1994年600万颗Pentium微处理器的产销故事。英特尔把进度表张贴在会议室。每天，每个人都会为各种进度而雀跃不已，英特尔也终于在年底达到了这个目标。对于生产部门而言，进度非常明确，产量、库存量、成本等等是最具体的指标。而对业务部门而言，接单、出货以及即将敲定的案子同样是清晰可见的标的。

除了生产与业务之外，组织上的产值就没有那么容易评估了。通常，大部分的公司都不去评估市场行销部门的产值，因为市场行销的成果很难量化。早期，英特尔是用"用以设计"来判定市场行销成果的。一旦一家公司投入资源，以英特尔微处理器展开设计，比如说购买英特尔的开发系统，英特尔就认定这是一个"用以设计"，因为客户投入资金和人员，相当于对英特尔的一种承诺。一旦厂商采用英特尔的系统来设计，在产品量产之后自然会转化为订单，变成可见的业绩。在20世纪80年代推动"致胜"计划时，英特尔每周都会检讨"用以设计"的状况。随着数量节节上升，英特尔知道"致胜"计划奏效了。当英特尔推动"Intel Inside"媒体计划时，英特尔以市场的曝光率和使用者的喜好度作为成果的指标。英特尔直接搜集世界各地使用者的意见，这是使用者对英特尔最直接的评分。随着指数的上升，葛洛夫相信"Intel Inside"已逐步达成了原先期望的市场效果。

对于开发产品的设计部门而言,产品是否能即时上市就是最好的指标。评估的标准可以是由制定规格直到量产的种种阶段,或者是由送样到出货一百万颗所需的时间。英特尔最早期的成就是 486D2X 晶片,从完成样品到 100 万个晶片出货只用了 52 周的时间。后来,英特尔更是一次又一次打破了这个纪录。

简单是一种方法

橄榄树嘲笑无花果树说:"你的叶子到冬天时就落光了,光秃秃的树枝真难看,哪像我终年翠绿,美丽无比。"不久,一场大雪降临了,橄榄树身上都是翠绿的叶子,雪堆积在上面,最后由于重量太大把树枝压断了,橄榄树的美丽也遭到了破坏。而无花果树则由于叶子已经落尽了,全身简单,雪穿过树枝落在地上,结果无花果树安然无恙。

外表的美丽不一定适应环境,有时是一种负担,而且往往会为生存带来麻烦或灾难。相反,平平常常倒能活得自由自在。所以,不如放下你外表虚荣的美丽,或者是不实的身份和地位,踏踏实实地去体会真实简单的生活,相信这样你将获得更多的乐趣。

在企业管理中,方法不必太复杂化,使事情保持简单是企业发展的要旨之一。当然,简单化要求领导者要有"巨大的自信心"。信心对所有学习型公司来说都是一个至关重要的因素,它像简单化一样,也在一个非正式的舞台上日渐繁盛。

简单化的具体做法有以下几种。

(1) 简化工作场所

大多数企业有着太多复杂的制度、程序和做事情的方式。鉴别出其中最浪费时间的,与同事们协力铲除它们,或简化它们,可以提高效率。

（2）让会议更简单

管理者会见下属的业务负责人时，首先要明确不要搞具体到每一分钟的复杂的议事日程。相反，应鼓励他们简单地陈述一下他们最近几个月里所得到的最好的构想。

（3）抛弃复杂化的备忘录和信函

真正的管理者不会喜欢复杂的备忘录，而喜欢那些手写的简单的便条，这会使管理者觉得，交流应当充满创意而又简单明了，不要复杂化及使用那些难懂的行业术语。

雀巢喜欢简单的组织结构，而不喜欢太多的管理阶层，因为扁平化组织所能涵盖的范围较广。汉穆·茂赫尝试减少层层叠叠的行政规定和步骤，虽然阶段化的组织是必要的，但是茂赫却避免过度地强调它，这种结构的单纯化除了鼓励主管和员工间的个别接触之外，还为庞大的组织保留了难得的弹性和员工的工作热忱。

雀巢另一个重要的管理原则是开放式的风格，但茂赫把这种开放式的风格和每一层次的最高管理阶级定义合二为一。雀巢不像某些公司那样以委员会作为管理阶层，因而衍生出责任归属问题的纷争和权力斗争。茂赫比较喜欢有最高负责人的团队，而非这种以团队为最高管理阶层的组织。

每个人都知道，提到管理、公司组织重编或是作决策，事情的进行总是须由顶层开始。基于这个理由，有关管理阶层和董事会之间的义务与责任的讨论都是在雀巢的瑞士总部进行的。瑞士的法律为该公司提供了几种可能性：公司的营运负责人可以是董事长、最高执行主管（CEO）、最高营运主管（chiefoderating officer）或是总裁（president）。在这样的情形之下，厘清责任范围就变得很重要了，如此可以避免成功的时候有好几个人抢功，而失败时又总是互相推卸责任。不管义务和责任是如何在公司内部形成的，茂赫认为，整个董事会都必须掌控全局，并且在必要时采取系统性行动。这一点在作出管理方面的决策时特别重要，不管当时负责的人是谁。

汉穆·茂赫经常关心的一个重要问题是雀巢的原则、政策、行为规范、策略应该统一到什么程度，而在不同的国家、分公司、地区、产品群里又该依据什么标准来体现差异。这个问题对一个跨国公司来讲是非常重要的，然而，通常没有人注意到这一点。在一般情况下，雀巢总是把统一的政策限制为最小的必要。在组织内部，除非某个市场的负责人有正当的理由决定不遵循统一的政策，否则集团统一性总是以最小的幅度在每个市场中贯彻执行。

理所当然的，雀巢努力试着要做到系统和方法上的统一，但是各地的人事政策、市场营销、产品特性以及有关消费者和当地竞争状况的课题，大部分都是由当地人决定的，雀巢总公司所提供的只是可以依地区差异修改调整的原则而已。随着各地环境、思想和情势做最好的配合是雀巢的基本方针，因为雀巢的目标不只是在瑞士国内市场，同时也不希望把重点放在国内的市场，而把国外分公司变成卫星式的小规模组织。雀巢在每一个市场里都希望成为"当地"的公司，而非"外人"。

茂赫认为，雀巢的每一分子都应该知道雀巢是什么样的公司以及它的起源、它的基本哲学和它所要保留并发扬光大的瑞士美德——实用、符合现实以及正面的工作态度。但另一方面，大家也都应该了解雀巢是一个讲求自由、具有开放胸襟的公司。雀巢原本就具有国际化的管理，而且也当然想要继续维持（不只是瑞士的，愈国际化愈好），但也非常重视当地管理人员的培养。汉穆·茂赫认为跨国公司借助于经理人员和专业人员的轮调制度，可以协助组织发展出各区域间彼此的容忍和了解，这一点非常重要，不容小觑。

挖墙脚是夺取优秀人才的捷径

狮子和老虎为争夺森林之王进行一场生死大战，战争愈打愈烈，但胜负难分。狮子为了使战争获得胜利，派狼送五只鸡给老虎的军师狐狸，并说:"我们的狮子大王很欢迎你的加盟,只要你愿意加入我们的队伍,它愿意再出十只鸡和统领的职位给你,省得你在老虎身边受气。"

狐狸面对诱惑,终于动心了,拿着老虎的作战计划和地图去见狮子。狮子看了很高兴,说道:"战争胜利,你将是最大的功臣,现在你在我的宫殿里休息吧!等胜利回来再封你为统领。"

由于狐狸的帮助,狮子打败了老虎,成了森林之王,所有参战者都获得了封赏,狐狸自然也去讨封。狮子说:"昨天你背叛了老虎,明天你也会背叛我,我这里不需要叛徒。"说完狮子一张口,把狐狸吃了。

狮子之所以能打败老虎,在于它挖了老虎的军师狐狸,当然狐狸的所作所为不能令人恭维,但它确实是个人才,它是狮子取得胜利的最大功臣。

在企业管理上,人才是企业生存壮大发展的基石,特别是同行中的优秀人才,更是企业之"宝",聪明的领导者要善于挖掘。

"挖墙脚"是现代公司抢夺人才的最简单方法,只要会"挖",挖起来就会神不知鬼不觉。

成功的公司的产品能够不断创新和保持强劲的竞争力,是与它们赢得了人才密不可分的。

挖掘人才最直接的方法就是给他优厚的物质待遇、充足的精神满足。以下是挖掘人才时应该注意的几点。

(1)确保所聘人员是公司真正急需的高级人才

在作出挖掘人才的决定之前一定要考察清楚公司需要哪方面人才,而将聘用的人员是否具备这方面素质。这要求分析公司的现状,以及该人员的详细工作历程与业绩,通过对比分析,决定是不是应该聘用。

(2)确保企业有足够的资金实力支付高薪

(3)对所聘人才要给予充分的信任,并为其提供用武之地

多年以来,斯科公司总裁佩恩一直希望能雇用戈拉曼飞机公司的工程

师瑞克斯,但是瑞克斯对斯科公司连正眼都不看一下。佩恩知道他在戈拉曼公司前程远大,他曾两次获得年度的最佳雇员奖,负责几个重大项目,还被正式当作了高级职位的候选人。尽管如此,佩恩还是定期去拜访他(他住得比较近),看他是否对加盟斯科公司感兴趣。

机会终于来了。这要感谢讲故事。

"瑞克斯,有家大出版社希望出版关于斯科公司的故事集。"在一次会谈时佩恩说,"我想确信这些故事对于在其他公司工作的人是不是也有意义,你愿意抽时间读一下吗?然后告诉我有没有从中得到什么东西,或哪里应该有所改善。"

不到一个月,瑞克斯便打电话过来。

"佩恩,这些故事是真的吗?"

"是的。否则就没有什么意义了。"

"佩恩,我真不能相信这些故事是真的。你让我觉得斯科公司对于任何人都是个理想的公司。"

"那么,知道到底如何,最简单的办法是去工厂看看。"

瑞克斯去了。佩恩也感到非常荣幸,因为他现在已经是斯科的工程主管了。

斯科公司的故事也应用在其他方面。

在招聘工程师的面试中,佩恩把电池的故事讲给其中的一位听,并问他对此有何想法。佩恩觉得此人对于斯科公司有些过于僵化和消极,他对于故事的分析也证明了这点。

"你们的制度有问题。"读完之后他对佩恩说,"如果没有问题,员工不会首先考虑把电池拿走挪作私用,肯定在拿到报销单之前应该知道会发生什么。"

"对于不必要的组织程序这部分你怎么想?"佩恩问。

"只是小问题。"他说,"故事讲得很清楚,还是制度的问题。"

最终，佩恩没有雇用他。

有能力是件好事，但能发现别人的能力才是对自己能力的考验。讲故事能帮助你进行面试，如果你的故事是真诚的，说明了公司的发展方向，就能在面试中成为很有价值的工具。请应聘者阅读故事，然后询问他们的意见，你就能知道他是不是真正相信你的哲学。

请面试的人给你讲个故事。如果你想雇的人没能讲出一个不错的关于他工作的故事，可能他目前的工作做得一点都不出色。如果他讲了故事，听他是如何说的，是讽刺的、幽默的、诚恳的、具体的事实，还是编造的？这些和故事本身同样重要，能使你进一步了解他。

容人，容可容之人

为了能够更容易地捕获食物，野驴和狮子缔结了互助条约，野驴跑得快，负责寻找食物；狮子有力量，负责捕捉食物，二者结合在一起共同发挥作用。果然，它们很快就捕到了一份肥美的食物，由狮子来实施分配方案。它将食物分成了三份，说："我拿第一份，因为我是百兽之王；第二份也应归我，因为这是我们合作我所应得的；至于第三份嘛，我们可以公平竞争，不过你要是不赶紧滚开，把它让给我，你恐怕就要大祸临头，成为我的第四份美味了。"结果狮子把野驴赶跑了，以后它再也没能找到肥美的食物。

野驴和狮子的选择是有自己的道理的，狮子拥有实力，善于捕捉食物；野驴拥有速度，善于寻找食物。二者结合，当然完善无缺，只可惜狮子为了眼前利益不能容人，把野驴赶跑了，最终自己也吃不上肥美的食物。

管理也是这样，要做事，首先要有容人的胸怀，正所谓"海纳百川，有容乃大"。

在企业里,必须要让员工说话,不论他们说得正确与否。员工没有发言权,就谈不上对人的尊重,更谈不上信任。员工的意见、批评、观点乃至牢骚,如果没有一个"输出"的平台,员工哪会有发明创造和干劲?

容人还表现在不计怨仇上,在企业里,什么都以企业为前提,因才而用,不能由于个人原因而压抑某人。

容人也要付出,必要的物质需求应尽力满足员工,特别是那些有专门技术的人才。

有时候获得一个人才的办法真的很简单,只需要你听听他的牢骚。1947年的一天,一个中年人走进托马斯·约翰·沃森的儿子小沃森——这个IBM第二任总裁的办公室,他瞧了一眼小沃森,毫无顾忌地嚷道:"我没有什么盼头了,销售总经理的差事丢了,现在干着没人干的闲差……"此话怎讲呢?

这个人叫伯肯斯托克,是IBM公司未来需求部的负责人。他是当时刚刚去世的IBM公司第二把手柯克的好友。因为柯克与小沃森是对头,伯肯斯托克心想:柯克一死,小沃森肯定不会放过他,与其被人赶走,不如主动辞职,闹个痛快。

伯肯斯托克知道小沃森与他的父亲一样脾气暴躁,也很要面子,假若哪位职工敢当面向他们发火,那么,其结果就不言而喻了。

而奇怪的是,小沃森显得很平静,脸上还挂着一丝笑意。

伯肯斯托克有点紧张了。不是因为害怕,而是有点摸不着头脑了。

"如果你真行,那么,不仅在柯克手下,在我、我父亲手下都能成功。如果你认为我不公平,那么你就走;否则,你应该留下,因为这里有许多机遇。"

事实证明,留下伯肯斯托克是正确的。

伯肯斯托克对小沃森说:"打孔机注定要被淘汰,假如我们不尽早觉醒，尽快研制电子计算机，那么IBM就要灭亡。"

小沃森相信他说的话是对的。

小沃森联合了伯肯斯托克的力量，为IBM立下了汗马功劳。

小沃森在他的回忆中还曾写下这样一句话："在柯克死后挽留伯肯斯托克，是我有史以来所采取的最出色的行动之一。"

小沃森不但挽留了伯肯斯托克，他还提拔了一批他并不喜欢但却有真才实学的人。

关心从一件小事开始

一天傍晚，牧羊人把牧场的羊往回赶，他发现有几只野山羊混在羊群里，也不声张，一起赶回来关在了羊栏里。第二天下起了大雪，无法放牧，羊只能呆在羊栏里。牧人喂羊时特别厚待几只野山羊，给它们很多精饲料，而对其他羊则只给了些刚够充饥的饲料。他的算盘打得很精，希望能把野山羊收服驯化，这样白白得到几只羊，多划算！过了几天雪化了，牧羊人又把羊群赶到牧场去吃草，几只野山羊立刻逃跑到山上去，恢复了自由。牧羊人气得大骂，说野山羊忘恩负义，全然忘了下雪天时他的恩惠。一头野山羊回敬他说："正因为如此，我们才要离开你。那些羊和你在一起那么久，你却厚待我们。如果以后再有别的羊来，你岂不是马上便冷遇我们了。"

牧羊人之所以厚待野山羊，并非好客，乃是为了笼络住它们，别有用心。管理也是这样，对待职员需要用方法笼络住他们的心，若说这也是领导者的别有用心，那就是告诉职员要忠于企业，为发展企业作出贡献。

员工的忠诚和积极性是企业生存与发展的关键，它是凝聚整个企业组织的黏合剂，使企业得以赢得员工的信任。所以，企业的领导者一定要拿出笼络之方，关心每一位职员，关心的动作无需太大，从一件小事开始就行。

- 对工作上的关心，满足职工的个人需要。
- 对职员家人的关心，虽然付出的不多，但收获会很大。
- 对职员健康的关心慰问，能使职员深受感动。
- 对工资要求的满足。
- 常与雇员谈心，通过沟通拉近彼此的距离。

关心下属从小事做起简单又容易，下面就是一个成功的例子。

"你真的找到最好的医生了？如果有问题，我可以向你推荐这里看这种病的医生。"

这是谁在说话？

这是谁在跟什么人说话？

这是摩托罗拉总裁保罗·高尔文在对员工们表达他的关怀和爱护。

只要高尔文听到公司的哪位员工或其家人生病了，他就会打电话这样询问："你真的找到最好的医生了？"

由于他的努力，许多人请不来的专家被请来了。而且在这种情况下，医生的账单可直接交给他。

下面的故事已经发生很长时间了。

在经济不景气的年代，工人们最怕失业。为了保住饭碗，他们最怕生病，尤其怕被老板知道。比尔·阿诺斯是一位采购员，他现在的两个担心都发生了。他的牙病非常严重，不得已，只有放下紧要的工作，因为他实在无力去做了。而且，他的病还被高尔文知道了。

高尔文看到他痛苦不堪的样子，非常心疼，说："你马上去看病。不要想工作的事，你的事我来想好了。"

比尔·阿诺斯做了手术，但他从未见到账单。他知道是高尔文替他出的手术费。他多次向高尔文询问，得到的直截了当的回答是："我会让你知道的。"

阿诺斯的手术很成功，他知道凭自己的普通收入是难以承受手术费的。

阿诺斯勤奋工作，几年后，他的生活大有改善。一次，他找到了高尔文。

"我一定要偿还您代我支付的那个账单的钱。"

"你呀，不必这么关心这件事。忘了吧！好好干。"

阿诺斯说："我会干得很出色的。但我不是要还您钱……是为了使您能帮助其他员工医好牙病……当然还有别的什么病。"

高尔文说："谢谢，我先代他们向你表示感谢！"阿诺斯的手术费是200美元，这对高尔文来说是一个小数目，可是这200美元代表的价值是对人的关怀和尊重，"买"下了一个人的心。

为工作自豪，哪怕是在擦地板

两张犁，用同一块铁铸成，由同一家工厂锻造。其中一张犁到了农人的手里，马上耕作了起来，而另外一张犁却无用地闲搁在商人的铺子里。

经过一段时间，两张犁偶然又碰到了一起。那张曾经是农人手里的犁，好像银子似的锃光闪亮，甚至比刚拿出工厂时更加光亮；而那张无所作为地闲搁在铺子里的犁呢，却变得黯然无光，上面布满了铁锈。

"请问，你为什么会那样光亮？"那张生满锈的犁问它的老相识。

"这是由于劳动的关系。我亲爱的，"那光亮的犁回答它说，"要是你生上了锈，变得反而不如以前的话，那是因为你老侧身躺在那儿，什么活儿也不干。"

一张犁由于工作努力而使自己全身光亮，而另一张犁却成了废铁；一张犁贡献了自己的能力而受人尊重，而另一张犁却被人冷落。

在企业管理中，管理者要善于跟职员沟通，利用"亲和的需要"满足员工的心理愿望，企业不仅仅是管理者的，也是每一位员工的。让员工工作起来产生自豪感，哪怕只是在擦地板，这样的管理方法无疑提高了员工与经理人员更好合作的愿望及能力。

多跟员工沟通交谈，让他们产生拥有感。同时，交谈是获取信息的重要来源。决不能冷落任何一个工作中的员工。让每一位员工知道，只有工作了就是自豪的，就是对企业的贡献，哪怕是擦地板的小事。

沟通的最简单方式是语言："我要使我的下级有这样一个信念，就是为他们所做的工作感到自豪，甚至当这工作是擦地板时。"

不是所有人都能这么说。

弗兰克·康塞汀是美国国家罐头食品有限公司的总裁，他领导的这家公司是世界上第三大的罐头食品公司。至于他有什么领导秘诀，下面这句话不知算不算上一条："如果你使员工对他们的工作有自豪感，这比给他们报酬要好得多。你再给他们地位、被认可感和满足感……"因此，这家公司从来不会担心招聘不到员工。当他们在俄克拉荷马城的分厂需要100个工作职位时，在招聘广告发布后竟然收到了2000份申请。也难怪，这个新工厂充满了家庭气息，有野餐，工作中还洋溢着抒情的音乐。

在亚利桑那的费尼克斯的工厂成绩卓著，公司搭起了一个露天马戏场让员工们工作之余开心快乐。在马戏场建起的那一天，94名工人的日产量达到了100万个罐头的目标。那一天，马戏场成了欢乐的大本营。而三年以后，工人将日产量提高到了差不多200万个罐头。

公司还建立了心脏保健计划，有600多名受过训练的员工将负责心脏病的紧急救护，他们已经成功地挽救了两个工友的宝贵生命。

公司在不断地壮大，康塞汀非常高兴，但他也很难过，就是没有时间同每个人进行交谈了，这意味着他不能亲自激励那些优秀的员工了。他把管理人员找来，跟他们讲："管理人员的工作就是把员工们放到合适的岗位上。如果你把适当的人安排在了适当的岗位，他们就会得到心理上的满足,这种满足是他们在他们所不能胜任的更高一点的职位上也得不到的。"

有的管理人员说:"我们的工作太忙了,也没有太多时间考虑他们的想法。"

康塞汀说:"那你们就错了。我们对人的关注花费并不大,而利益却在员工的忠诚和高度信心下自然而然地增长。你们的任务之一就是把人性的优点运用到同员工打交道的日常事务中去。"

康塞汀常常说:"我们公司也许不会成为同行业中最大的一家公司,但是只要我们一如既往地对待职员、顾客和供应者,那就已经足够了。"

以人为中心的管理方式在美国国家罐头食品有限公司得到了传承。康塞汀的继任者——罗伯特·斯图尔特,加强了公司深入工厂访问的传统。他每年都会去各个工厂一次,并和每个员工交谈一次。公司的值勤人员在深更半夜时,常常能看到一个身影出现在公司,那就是罗伯特·斯图尔特,他是来和那些上第三班的员工交谈的。

不要忘了与员工共享

松鼠、针和手套在一起,他们生活得很和睦。有一天,他们一起到森林里去找好东西。松鼠和手套并排走着,针跟在他们后面一蹦一跳地往前赶。

他们走了很久很久,没有找到任何好东西,三个朋友很不高兴。突然,针发现了一个小水塘,他高兴得叫了起来:"松鼠、手套,你们快来呀!我找到了一个好东西,你们快来看呀!"

松鼠和手套飞快地跑过去,以为针找到了什么好东西。可是过来一看,原来是个小水塘。他们非常失望,对针说:"你就找了这么个东西?"

"是啊,"针回答说,"难道你们还嫌少吗?"

"哎呀,你也太古怪了,就为了这么一个小水塘还把我们叫过来看!"

松鼠和手套带着一肚子怨气回去了，针也跟在他们后面一跳一蹦地回了家。

第二天一早，他们又一起到森林里去。松鼠和手套在前面走，针跟在他们的后面。他们走了很久很久，后来，针发现了一个树桩，又像昨天一样叫了起来："松鼠、手套，你们快来呀！我找到了一个好东西，你们快来看呀！"

松鼠和手套以为针真的找到了什么好东西，就急急忙忙跑过去，没想到，原来是一个烂树桩。他们火冒三丈，真想把针敲扁了！后来，他们总算和解了，松鼠和手套在前面走，针跟在他们后面，又一起回了家。

又过了一夜，天刚蒙蒙亮，三个朋友就在一起商议：他们已经扑了两次空，还值不值得再到森林里去一趟呢？商量来商量去，决定还是再去试一试。松鼠和手套还在前面走，针还是一跳一蹦地在后面跟着。前面的伙伴又是什么都没有找到。针独自在后面东找找、西看看，他跑到一大片沼泽地，用他的一只眼睛细心地观察，终于发现了一头鹿，他立即躲到草丛里。鹿过来吃草了，针也被鹿吞到了肚子里。针在鹿肚子里到处戳，这头鹿终于疼死了。

针又从鹿肚里爬了出来，大声地喊道："松鼠、手套，你们快来呀！我找到了一样好东西，你们快来看呀！"

松鼠和手套听到针又在叫他们，生怕再次受骗，互相商量着说："要是他真的找到了好东西，我们就去看。可是，谁知道他这次是不是又在撒谎呢？"

他们翻来覆去地商量，认为还是眼见为实，决定还是再去看一看。到了那里，看到一头死鹿，使他们喜出望外。手套围着这头鹿看了又看，松鼠的溜溜圆的眼睛也转个不停，对针找到的这件好东西赞叹不已。

针对他们说："我已经把鹿戳死了，现在该你们去煮了！"

松鼠和手套连连点头，开始忙碌起来。松鼠咬碎了老树桩，手套提来了塘里的水，针找到的三样东西都派上了用场。篝火熊熊，不一会，鹿煮熟了，他们一起吃了一顿美餐。

针前两次找到东西不但没得到朋友的支持，反而受到了朋友的批评。当他第三次找到吃的后，他还是把朋友一起叫来分享，针是很讲"哥们儿义气"的。

在企业管理中，管理者有快乐别忘了与员工一起分享。以下一些因素能达到和员工一起分享的目的：

- 如果员工的工作单调，试试给工作添加些乐趣和花样。
- 对于如何做工作，只给出一些提议，由员工自己选择去做。
- 在公司里提倡并鼓励责任感和带头精神。
- 鼓励员工之间的互动与协作。
- 有很大的庆祝活动，别忘记也让员工参加。
- 日常闲谈中多表示赞赏，让员工知道管理者是关心他的。

成功的管理者总是能同员工分享快乐。

海因茨去佛罗里达旅行。

大家对他说："好好玩一玩，你太累了，一年到头也难得轻松那么一回。"

不久，他就回来了。

"怎么这么早就回来了？"

"你们也不在，没有多大意思。"他对大家说。

他指挥一些人在工厂中央安放了一只大玻璃箱，员工们纳闷地过去看，原来里面有一只大家伙，是短吻鳄，重达800磅，身长14.5英尺，年龄为150岁。

"怎么样，这个家伙看起来还好玩吗？"

"好玩。"许多人都说从来没有看到过这么大的短吻鳄。

海因茨笑呵呵地说："这个家伙是我佛罗里达之行最难忘的记忆，也令我兴奋。请大家工作之余一起与我分享快乐吧!"

原来,海因茨是为员工们买回来的。

这个海因茨就是亨利·约翰·海因茨。1844年,亨利·约翰·海因茨出生于美国的宾夕法尼亚。他8岁的时候就具备了领导的才能。他在家中是最大的孩子,于是,他带领着弟弟妹妹们在父亲砖厂的空地上开垦了一块小菜地,种植西红柿、洋葱、土豆等蔬菜。到了收获季节,他们就挎着菜篮子向邻居和砖厂的工人兜售蔬菜。弟弟妹妹们把这事当成了一个游戏,玩了一阵子就没有了兴趣。但海因茨却对此非常上心,他不但坚持了下来,而且10岁时就开始推着独轮车走街串巷去叫卖。到了16岁,他已经成为了一个小老板,手下有好几个伙计替他种菜和卖菜。

后来,这个海因茨创建了H.J.亨氏公司。有人说:这个食品王国里的"国王"是从宾夕法尼亚的菜地里走进商界的。因为从1888年他的公司更名为H.J.亨氏公司以来,海因茨不但是"酱菜大王",到了1900年,亨氏公司的产品种类超过了200种,跃居美国大公司的行列。又经过几代人的努力,亨氏公司的产品不只是人们印象中的婴儿营养奶粉、婴儿营养米粉,只就美国而言,亨氏公司的产品已经渗透到了美国人的每一间厨房、每一张餐桌——罐状金枪鱼、青豆罐头、泡菜、芥末粉等,成为了美国人生活的组成部分。现在亨氏公司的分公司和工厂已遍及世界各地,是一个年销售额高达几百亿美元的超级食品王国。

那么,那个8岁就带领弟弟妹妹种菜的小男孩是如何创立这个超级食品王国的呢?应该说,海因茨在经营过程中有很多招法,但建立一个融洽的劳资关系应该是他的一个经营秘诀。他是个身材短小的家伙,可员工们都认为他很高大,因为他总是与大家谈笑风生,往来于他们之间。他还特别善于用自己的热情来打动员工,使大家非常感动和振奋。亨氏公司的劳资关系被认为是全美工业的楷模,被誉为"员工的乐园"。

让员工产生拥有感

森林之王狮子要求所有兽类都把丰收的食物存放在它家里。

这一要求引起了众多兽类的不满,但大家畏惧它是森林之王,敢怒不敢言,只得各自拿着食物送进狮子的家里。存放完之后,大家恋恋不舍,不愿离去。

狮子看出了所有兽类的心态,便说:"送来的所有食物都是你们的,你们是最大的收获者,也是我最辛勤的臣民,放在我这里只是保存,为的是以后更好地生活。"

众兽类听了,这才满意地离去。但它们等到饥饿时来取食物时,却发现早被狮子吞掉了。

狮子的聪明在于让百兽产生了拥有感,让各位都认为自己是最大的收获者。

在现代管理中,让员工产生拥有感,是充分调动员工积极性的有力手段。当然,光靠"以厂为家""以公司为家"的宣传是没用的,必须要让员工看到实实在在的东西,比如采取股权分配制、按功计酬的工资奖金制等等。这样,员工就会将公司或工厂真正当成发挥能力、达成人生目标的理想之地,从而产生发自内心的拥有感,并真心实意地奉献自己的力量。

微软公司招聘的一般都是有前途的优秀青年,正是他们把微软公司推向了顶峰。对此,比尔·盖茨毫不隐讳。当被问及公司成功的秘诀时,他说:"我们坚持聘用出色的人。"

比尔·盖茨是一个以自我为中心的人,他率性而为,在任何时候都保持自己的个性而不迁就别人。一般来说,这种个性很容易让人反感,使自己处于孤立地位。但比尔·盖茨的可贵之处就在于:他虽武断但不专横,允许别人保持自己的个性,也能容忍别人的针锋相对。这样,大家在同等权利下交往，不至于有受伤害的感觉。这就是为什么那些开始不习惯比尔·盖茨的人后来却越来越喜欢他的原因。而且，公司的性质随着几年的发展，已悄然发生了变化。

微软公司的初期形式是合伙人制，比尔·盖茨和保罗·艾伦享有公司的全部所有权。1981年7月1日，微软公司成了华盛顿州的一家股份公司。起初，微软公司的股票只有少数内部人购买，盖茨、艾伦分别占有股份的53%和31%，鲍尔默占8%左右，拉伯恩占4%，西蒙伊和利特文大约占不到2%。许多在微软公司干了多年的人，对股票的分配方式产生了不满。他们有功劳，但股票却只发给了比尔·盖茨最亲密的伙伴。

在人们的呼声下，微软公司的股票购买权计划很快便实行了。当然，这一计划用了四年时间才陆续完成。微软公司的原始股价为每股95美分，可以给每位新雇的程序员5200股，来得较早的人得到得更多。到1992年，这些原始股每股值1500美元，购买原始股票的人都大赚一笔。当然，这已是后话，此时微软公司并未上市，股票只是公司内部分红的依据。

这种将股票购买权分给雇员的方法，可以使雇员产生一种拥有感，使员工确确实实地感到他们是在为自己工作。虽然微软公司的工资较同行业高，但员工经常会超时工作。相比之下，工资仍嫌不足，这也招致了员工的不满。因此，分配股权能大大缓解员工的情绪。

总的来说，微软公司人手始终不足，一直是在超量工作。当时作为总裁助理的史蒂夫·鲍尔默对公司人力缺乏的情况很了解，也知道完成所有项目所需要的人才。有一次他让比尔·盖茨批准雇50人，但比尔·盖茨不同意，说不能预先批准50人。一方面，盖茨希望对员工保持一定的工作压力，避免人浮于事的现象；另一方面，他希望所招的每个人都适合公司的需要。

微软公司需要的是技术尖子，但这并不十分好找。尽管招聘工作会经常进行，但人员还是紧缺。即使员工们每天工作14个小时，一周干7天，活儿还是干不过来。1981年11月,微软公司迎来了它的第100名职员。不久,微软公司搬迁到了离原址一英里外的一个二层小楼的顶层。

"精简高效"在行动上要下狠斧

在企业管理中,管理者应多学学泥鳅的方法,企业要避免危机、要逃脱危险,就应该进行"精简高效",而且一定要在行动上下狠斧。

动手要果断快速,决不能拖拉,拖拉也就失去了效益,也就失去了抢救的时间。精简员工的冗肿是一种方法,但一定要下狠斧,有时应做到无情。人与人之间的感情是原则问题的绊脚石,企业领导人一定要把绊脚石踢开。对生产线的改造也要下狠斧,要引进先进的技术,不能抱残守缺,永不放弃。对代理制进行改革,制定一系列完善的代理方式,以利于新产品上市的快速运转流通。

吉德拉即是利用了他的果断实现了精简高效。

1899年,乔瓦尼·阿涅利与他人联手创办了一家汽车公司。1906年,阿涅利将公司定名为意大利都灵汽车制造厂,后来改制为股份公司。F.I.A.T.(中文音译——菲亚特),既是公司名称的缩写,又是产品的商标名称。

1949年,阿涅利的孙子贾尼·阿涅利被指定为菲亚特公司副董事长。1966年,他被正式推举为菲亚特公司的董事长。在阿涅利的领导下,菲亚特公司发展迅速,旗下的菲亚特汽车公司成为意大利最大的汽车制造企业,也是世界上最大的汽车公司之一。

但是,在20世纪60年代,国际汽车市场疲软,在意大利本国工资升高、物价上涨的情况冲击下,再加上公司内部出现了管理问题,菲亚特汽车公司经历了历史上最不堪回首的日子,公司连年亏损,在世界汽车生产商的排名榜中接连下跌。此时,菲亚特集团的决策层中有不少人力主甩掉汽车公司这个沉重的大包袱。消息传出后，菲亚特汽车公司上下一片恐慌，都不知哪一天公司就会被卖掉或是解散。

1979年，阿涅利任命47岁的维托雷·吉德拉出任菲亚特汽车公司总经理。吉德拉能给员工们的心神不定带来什么呢？

吉德拉看起来没有什么办法。他总是带着微笑与大家在一起交谈、询问。他询问的问题倒是不少。不久，吉德拉的小本上已经记得满满的。一天，他合上笔记本，召开了公司管理人员会议。"诸位，近年来我们公司每况愈下，似乎要从欧洲汽车生产商的序列中消失了！对此，我作为一名老菲亚特人，深感痛心！今天，请大家思考一下，菲亚特的问题在哪里？"

一片沉默。

吉德拉随即宣布："散会。"

众人神情严肃地离开了会议室。

看着大家的背影，吉德拉满意地笑了。看来，他的计划已成功了一半：他相信今天的会议已经调动起了大家的情绪，首先是高层管理人员的斗志，别看大家默不作声，但其实都已经开动脑筋了。这样，才能为下一步的计划铺平道路。

几天后，吉德拉又召开了公司管理人员第二次全体会议。这一次，他可没有马上宣布散会，而是举起了其"三板斧"："我们要大幅度地进行机构调整，大家要有足够的心理准备和承受能力。"吉德拉严肃地说，"菲亚特汽车公司机构重叠、效率低下，是导致企业缺乏活力的重要原因。"

吉德拉动手果断，很快，他便关闭了国内的几家汽车分厂，淘汰冗员，职工总数一下子减少了1/3，由15万人降至10万人。这次机构改革的另一个重点是对菲亚特汽车公司的海外分支机构的调整。这些海外机构数量众多，但绝大部分效率低下，所需费用却很庞大，经常是入不敷出，成为了公司的沉重包袱。吉德拉毫不犹豫地撤掉了一些海外机构。他停止在北美销售汽车，还砍掉了设在南非的分厂和设在南美的大多数经营机构。吉德拉的"精简高效"遇到了强大的阻力。菲亚特汽车公司的员工人数在意大利首屈一指，被称为"解决就业的典范"，这次裁减人员的数量如此巨大，自然会引起各方的议论。但吉德拉丝却毫不为所动，坚定地完成了计划。

吉德拉的"第二斧"是对生产线的改造。吉德拉通过在工厂的实地调查，认为公司技术落后、生产效率低下是造成它陷入困境的重要原因之一。吉德拉大量采用新工艺、新技术，利用计算机和机器人来设计与制造汽车。正是根据计算机的分析，使汽车的部件设计和性能得到充分改进，使其更为科学和合理化，劳动效率也随之提高。新工艺、新技术的采用带来的另一个结果是公司的汽车品种和型号大大增加，更新换代的速度大大加快，这就增强了菲亚特汽车的市场竞争能力。

吉德拉的"第三斧"是对汽车销售代理制的改革。过去菲亚特汽车的经销商不需垫付任何资金，而且在销售出汽车后也不及时将货款返回给菲亚特，而是占压挪作他用。这使得菲亚特的资金周转速度缓慢，加重了公司的困难。吉德拉对此作出了一项新规定：凡经销菲亚特汽车，必须要在出售汽车前就支付汽车货款，否则不予供货。此举引起了汽车经销商的强烈反对。但吉德拉却始终坚持己见。结果有 1/3 的菲亚特汽车经销商被淘汰出局，其余的都接受了这一新规定，这大大提高了菲亚特汽车公司的资金回笼速度，减轻了公司的财政困难。

在吉德拉的主持下，菲亚特汽车公司通过一系列改革，成效显著，重新焕发了活力。

耐心地倾听

有一次，一个人捉住了一只夜莺，想把它杀死来吃。可是小夜莺对他说："你就是吃了我，肚子也还是不饱，人呀！你放了我，我给你三个忠告，它们能使你躲过灾难。"

这个人答应放掉夜莺，只要它说的是真话。

夜莺说出了第一个忠告："永远别吃不能吃的东西。"

第二个是："永远别惋惜不能追回的东西。"

第三个是："别相信愚蠢的话。"

这个人听了这三个忠告以后，便把夜莺放了。可是夜莺想试一试他，看他领会了没有。于是，飞到空中，对他说："嘻！你真不该放了我！你要是知道了我肚子里有什么财宝的话，那你永远也不会把我放了。我肚里有一颗值钱的大珍珠，你要是能得到它，马上就会成财主。"

那人听见这话，十分懊悔，朝空中跳去，要求夜莺回来。

可是小夜莺说："现在我才明白你真笨。你根本没听懂我的话，你惋惜那不可能再追回的东西，而对愚蠢的话却深信不疑！你瞧瞧：我长得多么小啊！肚子里怎么能放得下一颗大珍珠呢？"说完它就飞走了。

夜莺的话里是有话的，其实这个人只要认真地倾听，是能从语言中悟出它的道理的，关键是寓言中的人太傻，把它放飞了。

在企业管理中，倾听是一门艺术。优秀的企业管理者应该倾听他人的谈话而不是自顾自地在那儿滔滔不绝，或许这就是为什么上帝赐予我们两只耳朵的同时又赐予我们一张嘴巴的原因所在。

只要我们有足够的耐心聆听人们的长篇倾诉，通常我们都会在谈话的过程中自己找到解决办法的。但是倾听是有原则的，离开了这些原则，倾听便会失去很多意义。

一是在对方谈话时应聚精会神，全神贯注地聆听，把一切干扰置之度外。

二是在交谈时，双眼要直盯着对方，不要分散精力。

三是如果在谈话的过程中出现停顿的话，人们会感到紧张不安，有必要赶紧打破僵局，找到一个话题。

无论用什么销售策略和技巧，最重要的是能够倾听顾客的声音，而且要耐心地倾听，设法满足顾客的购买意愿。耐心地倾听是管理的艺术。世界上最成功的公司都是最善于倾听顾客意见，而不是喋喋不休告诉顾客应该怎么样，他们懂得先听后说的道理。

耐克公司总是用心和灵敏的耳朵去倾听，他们的学习对象是猫头鹰而不是兔子。兔子虽以拥有两片大耳朵而著称，但却不是最机敏的动物。猫头鹰的耳朵虽小，却是智慧的象征。

鲍尔曼曾说："上帝赐给我们两片耳朵，却只给了我们一张嘴，用意甚佳，就是要我们多听少说。"

从考塔兹牌开始，鲍尔曼就不断把运动员提出的建议和抱怨之声结合起来，形成他设计高质量的跑鞋的构思。为了把这些建议、信息、资料、手艺融会在一起，制成一双满意的运动鞋，这足足花了他20年的时间和心血。而耐克鞋店的店主们在20世纪70年代中后期，坐着面包车跑遍了所有僻静的山区，为中学运动队和教练们开设门诊部。他们经常不断地站在西北部寒冷冬季的雾中听取一批批长跑运动员发出的抱怨声，诸如稳定性、膝盖骨伸展过度、胫骨夹板等等问题。

善于倾听还意味着慎重行事。无论是顾客中的问题还是他们提出的反对意见有多可笑，对他们而言都是很重要的事。人们都希望被尊重，而把他的谈话当成重要的事就是尊重的第一步，尊重顾客的意见才能促成交易。

当耐克公司的产品开始享有盛誉时，他们开始倾听一群正在不断扩大的外行和业余赛跑运动员的意见。由于畅通了顾客与公司之间的信息渠道，耐克公司的产品不断提高工艺，越来越符合顾客的要求。人们为了购买一双耐克鞋会驱车50英里或更远些去买。自行车运动员、滑雪运动员和长跑运动员都青睐耐克鞋，这是耐克公司善于倾听所带来的销售优势。

你也许会说，顾客是上帝，这是谁都明白的道理，但是如果你看了耐克公司在倾听顾客意见的同时还能提升商品在顾客心目中的价值观,就不是所有的公司能做到的了。

那么,耐特定义了哪几种价值观呢,概括来说,有以下五种:

● 稀有价值——"以稀为贵",耐克公司的产品具有其他品牌所没有的特性,以此吸引顾客。例如耐克引以为豪的 NikeAir 气垫技术就堪称运动鞋中的一绝。

● 替代价值——在产品种类日新月异、品牌愈来愈多的情况下,顾客会考虑买的产品是否比原有的好。耐克公司产品在汰旧换新的需求下,充分发挥产品优势,提升了消费品的替代价值。

● 使用价值——"脚上无鞋矮半截",鞋本来就是穿在脚上的,但耐克公司在基本的穿着使用之外又为运动鞋增加了利于奔跑、跳跃、户外运动的功能,提供稳定可靠、充满活力的运动装备。

● 成本价值——耐克公司不断寻找最低廉的生产地址,主动替顾客降低成本费,因为精明的顾客都会在心中估算制造者用的材料贵不贵。

● 魅力价值——此种价值观,在发展中国家的顾客中表现得最为强烈。在中国,"耐克"鞋可谓是家喻户晓的名牌中的"高品牌"。在青年人,尤其是都市"名牌热"中,耐克鞋更是风靡一时,脚蹬一双式样新颖、色彩鲜艳的"耐克"显得意气风发、足下生辉。产品最具有魅力的一面,就是它在美观、新潮的外观之外还能显示出身份与地位。

美国人的销售口号是"顾客总是对的",耐克公司更前进了一步,他们喜欢被顾客牵着鼻子走。当一位顾客购买耐克的运动鞋时,一是为了穿它,二是为了说明他的身份。消费者购买的是耐克的象征。耐克公司把仔细考察顾客口味的做法叫作"软研究"。他们曾经用高清晰度镜头和照相机拍摄过往行人的脚部照片,以了解人们是如何走路的。然后,耐克公司根据不同的人的走路习惯设计出了各种特性的鞋。

任何细节都不嫌过分琐碎,只要是顾客需要的或想要的鞋,耐克就能把它做出来。这一点，连耐克公司的竞争对手也不得不承认："他们的每一件工作都做得很漂亮。"

其实，当耐克公司被顾客牵着鼻子走时，最后顾客也会被耐克的产品牵着鼻子走了。

多余的管理层级必须摒弃

一只蚊子停留在母牛的角上。过了一会儿，它想飞到别处去，它"嗡嗡"地叫着和母牛告别，问牛是否舍得它离去。母牛冷漠地回答它："你来的时候我不知道，现在你走了，我也不会失去什么。"

牛也许根本没有觉察到蚊子的存在，蚊子却认为自己很重要，还要虚张声势、自作多情，引起牛的注意。

人贵有自知之明。再有，一个人重不重要应该由他带给别人的价值来决定，一味自夸最后只能遭到别人的奚落和嘲笑。

一个企业，本可以设一个经理就够了，若还设了三个副经理在那里拿薪水乱管事，这种多余的管理层不正是累赘吗？我们要懂得管理越简单越好。

发动变革、裁撤冗员、业务重组这些策略使通用电气的面貌大为改观，但杰克·韦尔奇认为这些还远远不够。他觉得有必要减少现有的管理层次，以促使高级管理人员最大限度地发挥其潜能。他称这项策略行动为"减少层次"，旨在创立一种不拘泥于形式的、开放的组织机构。

在通用电气，过多的管理层次引发了许多不必要的麻烦，阻碍了在通用电气培育开放性思维。在过度官僚的气氛中太容易忘记公司经营的基本目标了——精干、灵活，赢得更强的竞争实力。过多的控制限制了公司管理者，降低了他们的决策效率，阻碍了他们跟上日新月异的经营环境的变化步伐。

通用电气的管理结构显得异常臃肿，似乎公司的每一个人都或多或少有个头衔：大约 25000 位经理、500 位高级经理、130 位副总裁以上职位的人员。这些经理们的主要工作就是监督其下一级经理的工作行为。备忘录等各种公司文件在他们之间层层上报又层层下达，韦尔奇认为这些无谓的工作只能大大降低决策效率。经理们会因为过度忙于阅读这些文件，而不能在问题出现的第一时间有所觉察。"减少层次"这一策略计划实施的最基本功能是：塑造韦尔奇极力倡导的雷厉风行的企业实干精神。20 世纪 80 年代，通用电气的事业部主管必须要向资深副总裁汇报工作；资深副总裁按规定向执行副总裁汇报；而所有这些资深副总裁和执行副总裁都拥有自己的下属员工和职责范围。韦尔奇废除了这些繁文缛节，要求业务主管们直接对 CEO 办公室，即韦尔奇和他的两位副董事长负责并汇报工作。

通过废除横亘于 CEO 和各事业部主管们之间的管理层次，韦尔奇可以直接与其业务主管们交流，而不再有管理层次的阻碍，管理等级从原有的 9～11 个层次降至 4～6 个层次。

当时，繁多的管理层次被视为珍品。按照等级管理层次之间层层监督的体制，曾被视为管理一家企业的经典方法。在这种背景下，难怪批评家们会指责削减管理层次将直接削弱通用电气的命令传达和控制体系。对此，韦尔奇反驳道，他所做的一切都是为了消除管理体系中的控制部分，并同时保留命令部分。通过通用电气减少的管理层次，韦尔奇决定将落实公司经营策略的职能从高级经理转移到事业部主管身上，从而使整个程序变得精简而迅捷。

除了老婆和孩子不能变外，其他一切都要变

有一天清晨，狼一大早便来到狐狸的屋前，高喊道："狐狸兄弟，您在家吗？"

"是的。"狐狸应声说,"什么事呀,您竟不让我好好休息?"

"唉,兄弟,您可怜可怜我吧!我已整整两天没吃没喝了,胃都快跟肋骨粘到一块啦。我要不赶快吃一块像样的肉,我就得完蛋啦。您有什么办法吗?"

"噢,要不我带您到丛林饭店去一趟,昨天那儿刚宰了两头猪,肉就挂在储藏室里。我已瞅准这个机会了。在这漫长的冬季,要是实在没法过下去,我便想靠这个来养活我的老婆和孩子。"

"可是,兄弟啊,难道您以为我是个贪心不足的大肚汉,会把东西统统拿走?您只要帮我弄一只腿,我就心满意足了。您救了我一条命,您也将会以此而自豪。其他剩下的肉,您还可以同您的太太和孩子们慢慢地尽情享用呢。"

狐狸被说得心软了,它从床上起来,刷了刷它那长长的外衣,擦了擦小胡子,穿戴打扮以后,便走出门来,领着狼到丛林饭店去了。到了那儿,它从一个很窄的洞里爬进挂着鲜猪肉的房间。它取下一只猪腿,从洞里推给了狼。那只饿狼当场就吞吃一尽。狐狸正想要走,狼却守在洞口,挡住了路。"兄弟,您听说过哪头狼只吃一只猪腿呢?既有一只后腿,那就应该还有一只啊!"

狐狸知道,这时同狼争吵也是无济于事的。再说,它也担心店主会被争吵惊醒,将它抓住,只好又拿了第二只猪腿推出去给狼。狼又当场吞吃了。可是,狼仍然站在洞口不动,不让狐狸出来,它说:"既然有后腿,那就该还有前腿。"狐狸非常害怕,越来越感到难受。它不敢反抗,只好又将前腿推了出去。等这两只前腿落到狼的胃里去后,狼又喊道:"既然有腿,那必定还有身躯。"狐狸二话不说,又将两边的肋骨和其他所有的肉统统推出洞去。"既然有身躯,那还有头哩!"就这样,连猪头也都统统进了狼的肚皮。

狐狸希望这下会放它出去了,因为整只猪都让这个贪得无厌的家伙吃掉了。可是，谁知狼又将它抵了回去，喊道："别想得太美！既然找到了一只猪，就该还有别的猪。这些可怜的家伙不该让它们分开。"

大家可以想象一下狐狸此时的处境。它对狼的愤恨和对店主的恐惧更加厉害了，但毕竟对店主的惧怕更强烈，它终于抑制住了对狼的愤恨。就这样，狐狸又毫无怨言地将另一只猪的肉一块接一块地推出洞外。它也不等狼开口再要，将所有的肉统统推出去了。它只想尽快地离开此地。直到它最后将猪头也推出洞外后，狼才离开洞口，还宽宏大量地说："我本来完全可以轻轻巧巧地将一段树墩子滚到洞口堵住，但我没这么干，那是为了让您看到我对您的忠诚和友谊。"

狐狸庆幸自己获得了自由，总算重见天日了。它将仇恨隐藏在心里，等待着机会报复。

狼心狗肺的"人"是不可相信的，面对着利益关系，也许昨天的兄弟就成了今天的仇人。变化是无止境的。关键是看如何面对变化，特别是面对"狼心"的变化，必要时应采取一定的手段。

在现代企业管理中，企业变化也是无止境的，想坐守旧境使企业发达，那是不可能的，特别是面对危机，更要变化多端。企业的变化要重视以下几点。

（1）一定要有对比

对比可以在同行中对比，产品对比、企业对比，可以在对比中借鉴别人的生存方法。对比是无情的，只要站在同一地平线上，高下立即会分出，何不迎头痛追？

（2）决不能盲目乐观

以为随便变化或者改变一下形式就能解决问题，这种不负责任的应付会毁了一个企业。

（3）变化要有牺牲精神

"舍不得孩子套不住狼"，如果不作出一点牺牲来变化就会毫无意义。

关键时刻，管理者必须要保持冷静，在危机中沉着应战。

1910 年，李秉哲出生在韩国汉城的一个殷实之家。李秉哲好读书，中学毕业后又赴日本就读于早稻田大学。1938 年，28 岁的李秉哲回国，创办了三星商会，从事贸易和酿造业，开始了创业。

李秉哲为三星公司制定了三星精神，也就是三个第一：品质第一，事事第一，利润第一。依靠三星精神，又经过两代人的不懈努力，到了 1993 年，三星公司销售额达到 513 亿美元，居世界 500 强企业第 14 位；利润额 5.20 亿美元，资产额达 505.9 亿美元，是韩国经营门类最庞大、海外经营最具实力的大工业公司，还拥有韩国所有银行几乎一半的股权。

上面为什么提到 1993 年呢？因为在 1987 年的时候，李秉哲与世长辞。李健熙出任三星集团会长，45 岁的他决心继承父亲未竟的事业，率领三星人踏上新的征途。6 年的时间很快就过去了，在李健熙的带领下，三星公司耀眼夺目。

1993 年对于三星公司来说，是改革之年。李健熙提出了一系列改革方案，被人称为"三星新经营"。李健熙在就职宣言中就提出了"一定要成为世界超一流的企业"的目标，在平稳地度过了 5 年并完成了新老交替后，他开始为自己的诺言付诸实践了。

1993 年 2 月 18 日，三星集团电子部门的副总经理以上干部得到通知：立即到李健熙会长那里开会。会议名为"电子部门出口商品现场比较与评价会议"。

会上，一向沉默寡言的李健熙一反常态，侃侃而谈："诸位，你们知道我们的商品在这里是一种什么处境吗？到电子商场看一看吧，我们的产品摆在什么柜台上？在每个商店的角落里，不细心的顾客难以发现的地方！上面落满了灰尘！"他的声音有些颤抖了。

手下的人有点不敢与他的目光对视。

"在美国，一只高尔夫球棒卖到 150～250 美元，是我们三星 13 英寸彩电的价格！要知道，我们的彩电是由 1000 多个零部件组成的。一只好的高尔夫球棒在这里卖 500 美元，而我们 27 英寸的彩电才卖 400 美元。即使如此，我们的产品在这里仍然灰尘满面。请问，这样的产品还能贴上'SAMSUNG'的商标摆在柜台上吗？"他怒吼了，"如此生产，如此经营……你们意识到问题的严重性了吗？这是对股东，对 18 万三星人的欺骗！是对韩国国民和祖国的亵渎！"

这次会议整整开了 8 个小时。会后，又用了整整一天时间在现场就世界 78 种产品与三星电子产品逐一进行了比较和分析，从而使三星人切实地认识到其电子产品在世界上所处的位置。

6 月 7 日，李健熙又发表了一个独特的主张，他明确地要求管理层和员工："除了老婆和孩子不能变外，其他一切都要变。"

三星公司的变革波澜壮阔。公司里任人唯贤，每年都有近百名怀揣 MBA 证书的年轻人被提拔为高级主管。鼓励创新，尊重员工的个性，有才能的员工感受到了快乐的工作氛围。最值得一提的是，李健熙大力将公司建成网络化、扁平式企业，实现了内部管理的科学化。在三星公司，决策和实施过程公开、透明，各种信息由下而上，通过网络广泛传递，管理层和被管理层积极参与，最基层的员工都可以直接通过电子邮件向总裁提出建议。

三星公司的管理革命让许多人看不懂了，就送给了三星公司一个"最不像韩国企业的企业"称号。而当亚洲金融危机袭来之时，人们知道了三星公司的未雨绸缪是多么明智。

金融危机来临时，三星公司一开始也陷入了混乱之中，但企业和员工的适应能力显然要强于韩国其他企业。如在裁员问题上，三星公司几乎没有碰到任何阻力，很多员工平静地接受了被裁减的事实。1997 至 1999 年的两年时间里，三星公司的 231 个企业进行了产权调整，多达 1.5 万名员工变更了隶属关系，员工总数减少了 32%——从 1997 年的 16.7 万人减少到1999年11.3万人。李健熙非常感谢离开的那些员工曾经对三星公司的付出。他告诫留下来的人，只有加倍努力，才无愧于那些在三星公司危机的时刻"支持"企业的人。

三星公司在裁员的问题上风平浪静，让李健熙更加应对有方。金融危机一发生，他便指挥三星公司大量出售存货，积极回收应收账款，甚至不惜变卖了19亿美元的资产，放弃了无线寻呼机、洗碗机等16个利润过低的产品。此举使三星公司现金收入大增，也使得债务降到了正常的50%，资产结构明显改善，三星公司实现了最初的解冻。

这个时候，李健熙更显出了大家风范。在危机中没有回避危机，而是在危机中对三星公司的产业结构进行了大刀阔斧的调整，大做"减法"，将原来的65个公司减少到40个，着重发展四个核心领域中的三个：电子、金融和贸易，其他业务全部被清理。1999年，三星公司毅然将汽车项目出售给了雷诺公司，仅此一项就损失了几十亿美元。这在韩国引起了不小的轰动，三星公司这种壮士断臂的举动充分表明了其专注于核心产业发展的决心。

在金融危机前，韩国大集团的排名位置为：现代第一，三星第二，大宇第三，LG第四。而后来，四大集团发生了明显分化，其中三星、大宇更是走上了截然不同的两条道路：三星公司扶摇直上，成为韩国金融复苏和经济振兴的典范，而大宇企业却负债累累、资不抵债，大宇神话一去不复返。

竞争，时刻都要在刀下讨生活

羊总想与狼和平相处，于是说："我们之间何必相互仇视，和平共处不是更好吗？"

狼振振有辞地回答："不是我不愿意和你们交朋友，而是因为那些围在你们身边的恶狗，它们总是凶猛地朝我们狂叫。你瞧，我刚一靠近，它们就扑过来了，又叫又咬的，太没礼貌了。这样吧，你叫它们走开，别老跟着你们，然后咱们立刻便可以签订永远和平的条约。"

羊听信了狼的话，把狗全部遣开，失去了保护，结果全都被狼吃掉了。

在危险的对手面前单方面取消防御，等于放下武器投降，这群笨羊就是最好的证明。敌人就是敌人，如果光凭言语就能打发，那么就不是敌人了。

弱者面对强敌时，常想摆脱威胁，以取得和解，然而解决的办法绝不是妥协退让，那只能招致杀身之祸，会败得更快。惟一的办法就是加强防备，以图反击。

在企业的竞争中，要想制胜，不在管理上下功夫不行，那么如何管理才能使企业在竞争中立于不败之地呢？

在制度管理上显神通，使公司井然有序而不乱成一团麻；在战略管理上要看全局，要有远见的目光；在生产管理上要抓效益，追求量的魅力；在质量管理上要抓产品的白璧无瑕；在企业文化管理上要团结协力，才能"家和万事兴"。

吉列在巴尔的摩瓶盖公司做推销员时，一个家伙跟他说，如能发明一种"用完即扔"的产品，顾客会反复购买，肯定能发财。

1895年盛夏的一个早晨，吉列在一家旅馆的客房里剃胡须。天气太热，又急于出去找客户，勉勉强强地刮好胡须，下巴上已变得血糊糊的，惨不忍睹。他恶狠狠地扔掉剃刀，怨恨道："这哪是在剃胡子，是割肉呢。"

一番怨恨，倒也提醒了他："我为什么不能开发出一种新的剃刀呢？"

有了这个念头后，吉列开始了艰难的设计、研制工作。时值炎热酷暑，吉利整天关在热似蒸笼的工作间里废寝忘食。一天，太太强迫他出去到树荫下乘凉。吉列看到不远处的田园里有一位农夫赶着牛，带着一张耙子，把地耙得又细又平。完全进入研究状态中的吉列，刹那间便豁然开朗起来：我何不把安全剃须刀设计成那耙子一样呢——"T"形的架子把刀片夹在中间，架子两边的夹片和中间的刀片几乎在一个平面上，这样，即使是粗心、毛糙的人也不会刮破脸皮。而且，中间的刀片可以拆卸、更换，用完即扔。

太好了！吉列激动得跳了起来，立即跑回到家里的工作间，用木头、竹片细心地雕出了模型。然后，他找到了瓶塞厂他的一位老相识——机械师威廉·尼克森，请他帮助做出了几件样品。

吉列拿着样品开始寻找投资者。投资者对吉列拿来的"玩艺"不感兴趣，看不出它有什么市场前景。但是，凭借多年推销员练就的才华，经过一番奔波，吉列还是找到了几个很小的投资者。资金不足，他又得到了妻子的全力支持：一面变卖首饰，一面回到娘家借来资金。

1901年，48岁的吉列终于开发出了"用完即扔"的产品，并成立了"吉列安全剃胡刀公司"。

吉列非常重视广告的鼓吹作用："新刀片瞬间就可装上。刮时不但不会伤到皮肤，而且舒适无比。想想自己刮胡子是何等的清洁、舒适与安全，而且又能摆脱上理发店的麻烦。想想你节省的时间——以及节省的钱。"

1904年，吉列公司取得了专利权，刀架的销售量达到9万把，而刀片则达到了1240万片。有了资金，吉列展开了更大的广告攻势。他还把自己的头像作为古列保险剃刀的"徽标"，让自己的形象——吉利——成为了男人最为面熟的形象之一。

为了扩大自己形象的社会影响力，1907年，吉列在经营刚刚兴旺发达不久便聘请了一位专家梅尔文·L.塞弗里为其撰写了《吉列的社会实践》的专著；然后，在别人的帮助下，又撰写了经营总结与抒发志向内容的《世界公司》。果然，吉列名声大噪。

时间到了1909年，吉列公司售出的刮胡刀有200万把，销售额达数千万美元。

吉列在公司赚得的滚滚利润中，开始变得狂妄和自负起来。他把公司的成功全部归功于广告。1912 年，吉列在写给董事会同僚们的一份备忘录中说："我们企业的成功完全要靠广告。"几年之后，他说："我们一定要做侵略者。我们必须不断攻击，凭借武力把竞争者逼退，我们的武器就是广告经费。"

1917 年 4 月，第一次世界大战已接近尾声，美国向德国宣战，并派兵进入到了欧洲战场。吉列抓住机遇，以成本价向军需品采购部门供应吉列安全剃刀。于是，美国国防部便向每个士兵发了一把吉利安全剃刀，并先后发放了几十枚吉列刀片，要求他们整肃自己的仪容，在欧洲大陆留下美好形象。

吉列的这一策略可谓"一刀四雕"：一是大批美国士兵与吉列安全剃刀结下了不解之缘，其中很多人成了吉列的终身顾客；二是美国士兵客观上成了吉列安全剃刀在欧洲市场的"义务宣传员"；三是生产批量增大，全部产品的成本大大下降；四是以成本价向美国士兵出售产品这一举措本身受到了美国各界的好评，这也是一次极好的提高知名度的宣传攻势。当年，吉列公司销售的剃刀便达到 100 多万把，售出刀片达 1.3 亿片。

到 1920 年时，吉列公司的触角已经伸到全球，大约 2000 万人都在使用"吉列"的刮胡刀和刀片。

1921 年，"吉列"的专利权期限届满，也就意味着竞争的来临。果然，五年过后，竞争者出现了——它就是在全球行销"自动磨刀安全刮胡刀"的亨利·盖斯曼（Henry Gaisman）。"吉列"的刮胡刀是用三根圆轴套住刀片上三个同样大小的圆洞来固定的，"盖斯曼"刀片带有设计更巧妙、更牢固的套洞，不但可以套在这种新刮胡刀的圆轴上，而且可以套在吉列刮胡刀的圆轴上。

盖斯曼询问吉列公司的最高主管，是否愿意购买他发明的新型改良式不易龟裂双面刮胡刀片的专利权。吉列一口回绝了。

盖斯曼决定自己干。于是，他拟订了推出 Probak 刮胡刀与刀片的计划。

"吉列"的反击措施是推出一种新型刮胡刀，刀片利用与刀片齐长的横条来固定（老式的洞还保留，以便维持消费者的念旧心理）。可是新的刀片却不能装在"盖斯曼"的刮胡刀具上。

在这同时，或是由于巧合或是由于工业间谍的原因，盖斯曼公司在吉列公司新设计的刮胡刀出现后的一周内就把 Probak 专利刮胡刀改成了横条固定式。"盖斯曼"经过退火处理后的刀锋，其质量似乎优于"吉列"，这让吉列公司匆匆忙忙地也做出了退火处理后的刀片。

盖斯曼公司的销售额不断增加，侵占了吉列公司的市场占有率。

吉列公司该怎么办呢？

它刚为了推出新型刮胡刀而把大笔资金投入到机具更新上，而销售却每况愈下。公司的投资报酬率迅速恶化。吉列公司的问题还不止这些，他们的高级主管的薪水太高、广告费太高，厂房设施和研究发展都是最先进和最昂贵的。换言之，吉列的管理费用太高，并且不管销售额有多少都一直固定不变。因此，当销售额下降时，每一把刮胡刀的利润也跟着下降——急速下降。

1930 年末，自负的吉列同意用自己的股票购进盖斯曼公司，以免覆亡。然而，有位审计员查核过吉列公司的账簿之后，发现这家长期都享有高利润的公司已经到了濒临山穷水尽的地步。而到这项并购正式生效时，盖斯曼公司已经聚集了相当多的吉列公司的股票，已取得这家往昔的竞争对手的控制权。它的产品以及一套新的生产技术，取代了老吉列公司的产品和生产技术。吉列公司以前的管理班底被放逐，吉列本人则忙着清偿债务，他被迫放弃了所持有的所有吉列公司的股票。

1931 年，在世界经济大萧条的年代，金·C.吉列去世了。吉列公司在金·C.吉列领导下，走过了 30 年辉煌的历程。而遗憾的是，它在一个一手创造和完全在自己控制之下的市场中被一个小小的竞争者击溃了。